U0660492

TA

语言测试与评估
专题研究丛书

Rasch测量理论
在语言测评中的应用研究

范劲松　张晓艺 著

外语教学与研究出版社
FOREIGN LANGUAGE TEACHING AND RESEARCH PRESS
北京 BEIJING

图书在版编目（CIP）数据

Rasch 测量理论在语言测评中的应用研究 ：汉文、英文／范劲松，张晓艺著.
北京 ：外语教学与研究出版社，2024.6（2024.9 重印）. —— （语言测试与评估
专题研究丛书）. —— ISBN 978-7-5213-5372-3

I. H09

中国国家版本馆 CIP 数据核字第 2024GY8185 号

Rasch 测量理论在语言测评中的应用研究

RASCH CELIANG LILUN ZAI YUYAN CEPING ZHONG DE YINGYONG YANJIU

出 版 人　王　芳
项目负责　周　娜
责任编辑　陈　阳
责任校对　周　娜
装帧设计　袁　凌
出版发行　外语教学与研究出版社
社　　址　北京市西三环北路 19 号（100089）
网　　址　https://www.fltrp.com
印　　刷　北京九州迅驰传媒文化有限公司
开　　本　650×980　1/16
印　　张　19.25
字　　数　284 千字
版　　次　2024 年 6 月第 1 版
印　　次　2024 年 9 月第 2 次印刷
书　　号　ISBN 978-7-5213-5372-3
定　　价　86.90 元

如有图书采购需求，图书内容或印刷装订等问题，侵权、盗版书籍等线索，请拨打以下电话或关注官方服务号：
客服电话：400 898 7008
官方服务号：微信搜索并关注公众号"外研社官方服务号"
外研社购书网址：https://fltrp.tmall.com

物料号：353720001

记载人类文明
沟通世界文化
www.fltrp.com

序

　　语言测试是应用语言学与心理测量学的交叉学科。测量理论在语言测试的开发和效度研究中发挥了重要作用。我很高兴看到范劲松和张晓艺两位老师合著的《Rasch 测量理论在语言测评中的应用研究》一书即将出版。正如作者在书中指出，Rasch 模型在推动考试测评效度和公平性方面发挥了重要作用。考试开发人员可以采用 Rasch 模型分析考试数据并在此基础上对试题进行修订，考试效度研究人员也可以采用适宜的 Rasch 模型分析考试数据，为考试的效度论证提供证据。特别值得一提的是，多层面 Rasch 模型在写作、口语和翻译等表现型测试的开发与效度研究中发挥着独特作用。目前并没有其他的统计模型能够像多层面 Rasch 模型一样探讨表现型语言测试中的诸多问题。

　　本书内容由浅入深，语言通俗易懂，从 Rasch 的基本概念讲到 Rasch 模型分析的高阶话题，既适合 Rasch 的初学者，也适合已经具备一定基础的学习者进一步深入学习。纵观本书，有以下几个亮点。首先是涵盖面广，内容丰富。本书涵盖了 Rasch 模型的基本概念（第二章）和在语言测试中使用最为广泛的几个 Rasch 模型，包括基础 Rasch 模型（第三章）、部分得分模型与评分量表模型（第四章）和多层面 Rasch 模型（第五章）。读者通过阅读这些章节，可以基本掌握这些 Rasch 模型的原理，并将其应用到自己的数据分析工作中。本书的第二个特点是理论与实践紧密结合。本书在介绍每个 Rasch 模型时都通过具体的案例分析帮助读者理解模型的工作原理并解读具体的分析结果。本书的附录部分还详细地介绍了使用 Winsteps 和 FACETS 软件进行 Rasch 分析的步骤，操作过程一目了然。同时，本书立足于语言测试的研究前沿。每介绍完一个 Rasch 模型后，本书提供了多个分析案例，供读者学习 Rasch 在语言考试开发与研究中的应用。书中的第六、七章还详细回顾了 Rasch 模型在国际、国内语言测试研究领域的应用情况，帮助读者在语言测试研究的宏观背景中理解 Rasch 模型的作用和价值。

本书的两位作者具有丰富的语言测试开发、实施和研究经验，对 Rasch 模型的理论和实践有深刻的理解。第一作者范劲松老师曾多次在国际、国内的学术会议上主持 Rasch 模型工作坊，并在 2018 年组织承办了国际 Rasch 模型领域的重要学术会议"2018 年环太平洋客观测量会议"。在 2019 年，他与 Ute Knoch 教授和 Trevor Bond 教授合作，在国际期刊 *Papers in Language Testing and Assessment*（现更名为 *Studies in Language Assessment*）中主编了"Rasch 模型在语言测评中的应用"专刊，并在同年与 Tim McNamara 教授和 Ute Knoch 教授合作出版了 *Fairness, Justice, and Language Assessment* 一书（牛津大学出版社），探讨 Rasch 模型在促进语言测评公平性中的重要作用。本书是两位作者在 Rasch 模型领域孜孜耕耘的重要成果，相信对国内的语言测试研究者和语言教师都具有重要的参考价值。

金艳

上海交通大学外国语学院教授

全国大学英语四、六级考试委员会主任

2024 年 2 月

前　言

　　近些年，Rasch 模型在语言测评研究领域的应用日益广泛。与传统的经典测试理论相比，Rasch 模型在数据分析方面具有很多显而易见的优势。例如，Rasch 模型可以将被试能力和试题难度放置到同一个等距量尺上，从而极大方便了两者的比较。Rasch 模型的分析结果包括每位被试和每道试题的详细统计信息，从而为探讨被试能力水平和试题质量等方面提供了重要依据。尽管 Rasch 模型的优势明显，但很多语言教师和测评开发人员发现学习和掌握 Rasch 测量理论存在一定的难度，进而影响了其在语言教学和评估中的正确应用及相关分析结果的解读。目前，虽有一些介绍 Rasch 模型的著作，但多数内容深奥，需要一定的数学和统计学基础。而且，目前尚无中文专著详细探讨 Rasch 模型在语言评估中的应用。

　　本书旨在通过浅显的语言和实际例证，详细阐述 Rasch 模型的基本原理，以及通过大量的分析案例详细展示其分析过程及结果解释。本书基于我个人在学习和应用 Rasch 模型的经验，以及过去十年间主持多场 Rasch 模型工作坊的心得。在本书的写作过程中，我们力求采用简洁明了的语言，并以日常生活中的例证解释 Rasch 模型的核心概念。例如，我们在第二章中以跳高为例解释 Rasch 模型中的被试能力、试题难度和拟合等核心概念及模型的基本工作原理。这些例证在每次工作坊中都得到了学员的积极反馈，对 Rasch 模型初学者了解其基本概念大有帮助。

　　本书面向语言测评开发和研究人员，包括语言教师、语言考试的命题员、语言评估的研究人员等。虽然本书重点讨论 Rasch 模型在语言测评中的应用，但是我们知道其在人文社会科学领域中的应用极其广泛。因此本书同样适用于所有对 Rasch 模型感兴趣的读者。大多数读者应能轻松理解第二章至第五章的内容。我们建议读者结合本书附录中的操作步骤，完成书中的分析案例，以便更深入掌握 Rasch 模型理论，并将其应用于自己的数据分析。对于基础扎实或学有余力的读者，我们建议阅读第八章关于 Rasch 模型分析的高阶话题，如单维检验、试题差异分析和考试等值分析等。我们还鼓励感兴趣的读者仔细阅读书中提供的应用实例，以深入理解 Rasch 模型在语言测试实践中的应用。

本书第一至六章、第八至九章由我撰写，第七章和附录软件操作（对应本书第三、四、五、八章内容）由复旦大学外文学院教师张晓艺撰写。在本书即将出版之际，我要感谢上海交通大学金艳教授多年来对我的指导和支持。我也感谢国际 Rasch 测量研究领域的权威专家 Trevor Bond 教授。2013 年，我有幸参加了他在广州举办的 Rasch 模型工作坊，这对我产生了深远的影响。他对 Rasch 模型的热情和执着一直激励着我前行。此外，我还要感谢我在墨尔本大学的同事和工作导师 Tim McNamara 教授。在学习 Rasch 模型的过程中，我多次受益于他的指导。遗憾的是，Tim 在 2023 年 10 月因病离世，愿他在天堂安息。本书的大部分撰写工作是我在 2022 年上半年的学术休假期间完成的。感谢我的工作单位澳大利亚墨尔本大学语言测试研究中心及中心所有同事对我的帮助和支持，特别是中心的主任 Ute Knoch 教授。

范劲松

2024 年 2 月于澳大利亚墨尔本

目　录

表　目

图　目

第一章
引言

1.1 语言测试的学科性质

在探讨 Rasch 模型在语言测试中的应用之前，我们需要先了解语言测试的学科属性。语言测试通常被视为应用语言学（applied linguistics）的一个分支（Bachman，1990），在许多高校的硕士和博士点中，语言测试的教学与研究常设于外语学院，隶属应用语言学学科。语言测试与其他应用语言学分支学科的不同点在于，前者还与教育和心理测量学（educational and psychological measurement）密切相关。因此，有些高校会将语言测试归入教育学院的教育和心理测量学科。语言测试研究包括两个关键问题，一是"测什么"，二是"怎么测"。前者关注语言测试所考察的语言能力，后者关注测试方法；前者探讨语言测试中的构念（construct）理论问题，后者涉及语言测试中的测量问题；前者以语言测试的效度（validity）为核心，后者与测量信度（reliability）紧密相关（范劲松，2018）。这两个关键问题奠定了语言测试的跨学科性质：应用语言学为语言测试提供语言能力构念的理论基础，即"测什么"；教育和心理测量学为语言测试提供科学、可靠的测量方法，即"怎么测"。因此，语言测试既是内容研究，也是方法研究（李筱菊，1997）。无论语言测试学科如何发展，这两个关键问题始终是其研究的核心。

　　长期以来，应用语言学界围绕第一个问题"测什么"开展了大量深入且卓有成效的研究，多项有关语言能力构念的理论应运而生，其中最著名的当属交际语言能力模型（Communicative Language Ability model）（如 Bachman，1990；Bachman & Palmer，1996；Canale & Swain，1981；Savignon，1976）。在研究整体交际语言能力的同时，研究人员也对各分项语言能力展开了深入探索，包括阅读能力（如 Alderson，2000）、写作能力（如 Weigle，2002）、口语能力（如 Luoma，2004）等。相关研究极大丰富了我们对语言能力构念的理解，对语言测试研究与教学具有重要启示和深远影响（Alderson & Banerjee，2001；2002）。

　　针对第二个问题"怎么测"，语言测试研究人员主要借鉴了教育和心理测量学领域的相关方法。以阅读能力测试为例，如果我们要测量学生的阅读能力，那么除了对阅读能力构念进行清晰的界定，"怎么测"也是考试设计的重点。我们可以采用多项选择题（multiple-choice question，MCQ）测量学生的阅读理解能力，因其信度高且评分效率高。但该题型命题难度大、考试的真实性（authenticity）差，对教学的反拨效应也不够理想（Alderson *et al.*，1995；Henning，1987）。我们也可以采用概要写作（summary writing）考查学生对阅读篇章的理解。这种测试方法较好地体现了现实生活中的语言使用情景，但由于该任务类型评分效率低于客观题，且完成任务还涉及考生的写作能力和概括能力，因此分数解释难度较大。简言之，语言测试实践中并没有完美的测试方法，考试开发人员需要综合考虑多种因素（如测试信度、效度、对教学的反拨作用、可行性等）选择恰当的测试方法。此外，"怎么测"除了测试方法，还包括对考试数据的分析。经典测试理论（Classical Test Theory，CTT）是分析考试数据的重要方法，对了解试题和考试的质量具有重要参考价值。CTT 也有其明显不足（Bachman，2004），我们将在本书第二章详细探讨。除了 CTT，本书探讨的 Rasch 模型也是近些年最常采用的考试数据分析方法之一。

1.2 语言测试的功能

语言测试在教育和社会生活中具有重要作用。我们可以根据考试目的将语言考试分为水平考试（proficiency test）、成就考试（achievement test）、诊断性考试（diagnostic test）等（Alderson *et al.*, 1995）。我们也可以参照考试性质、规模和分数使用，宽泛地将语言考试划分为课堂测试（classroom-based assessment，CBA）与大规模标准化考试（large-scale standardised test）。有些语言考试既具有大规模标准化考试的特征，又与课堂教学密切相关，如高校的校本英语考试（Fan *et al.*, 2022）。为便于讨论，我们在本书中将这类考试归入大规模标准化语言考试。

课堂测试可以为语言教学提供丰富的反馈信息，包括学生对教学内容的掌握情况以及教师的授课内容、进度和方法等（Genesee & Upshur, 1996；Hill & McNamara, 2011）。例如，语言教师可以通过学生的答题情况了解他们对重要知识点的掌握程度，进而调整教学内容与进度，提升教学效果。课堂测试的形式多样（Turner & Purpura, 2016），既有比较传统的测试形式，如期中、期末考试，也有一些非传统的评估方法（alternative assessment），如课堂讨论、学生自评与互评（self- and peer-assessment）、档案袋评估（portfolio assessment）等。无论采用哪种评估方法，课堂测试的最终目的都是为语言教学提供反馈信息、促进教学。在课堂测试中，教师既要开发考试，也需承担评分和成绩报告等工作。除课堂测试以外，很多语言教师还会参与到其他语言考试项目中，如校本考试、地区性考试等（如 Yan *et al.*, 2018）。在这些工作中，语言教师经常需要对考试数据进行统计分析，以了解试题和考试的质量和学生的答题情况。尽管要求语言教师成为数据分析专家并不现实，但是掌握基本的数据统计分析方法是他们应该具备的语言测评素养（language assessment literacy，LAL）（Taylor, 2009）。本书所探讨的 Rasch 模型便是一种有效且易于掌握的数据分析方法。在基于 Rasch 模型的分析中，语言教师可以通过相对简单的步骤获取大量试题和考试的质量的信息。根据这些反馈信息，语言教师可以修订试题并对考试难度、题型和结构等进行调整，使其更好地服务语言教学。我们希望通过本书对 Rasch 模型的介绍，语言教师能掌握一些基本的 Rasch 分析方法，并将其应用到日常教学与评估实践中。

与课堂测试相比，大规模标准化语言考试通常影响力更大，因为它们的实施与语言或教育政策密切相关（Knoch & Macqueen，2020），考试结果也往往对学生、教师、用人单位等利益相关群体（stakeholders）产生重要影响。我国的选拔性考试历史悠久，相关教育部门主办的语言考试在社会上享有普遍公信力，这些背景进一步引起了我国社会对大规模、高风险考试的高度关注。以每年考生人数近千万的高考英语科目为例，考生的高考成绩直接影响其大学录取层次和专业选择。全国大学英语四、六级考试（College English Test，CET）是我国另一项较为典型的大规模、高风险英语考试，目前每年约有两千万考生参加，是世界上规模最大的单科考试之一（金艳、杨惠中，2018）。CET 的考试成绩经常被用于高风险决策，如学生的毕业、就业、升职，甚至大城市的落户等（Jin，2014）。例如，有些高校要求学生在大学就读期间必须通过 CET 四级或六级考试，否则无法顺利毕业或获得学士学位（Fan et al.，2022）。这些教育政策无疑对学生的学习、生活等产生了重要影响。在国外，高风险语言考试在社会生活中同样发挥着重要作用。例如，绝大部分将英语作为第一语言的国外高校要求学生在申请入学时提供英语水平证明，留学生只有在雅思（International English Language Testing System，IELTS）、托福（Test of English as a Foreign Language，TOEFL）、培生英语考试（Pearson Test of English，PTE）等国际英语水平考试上取得规定的成绩才可以申请入学。另外，如果要申请移民到母语为英语的国家（如澳大利亚）或者去这些国家就业，同样需提供英语语言能力证明（Macqueen et al.，2021）。

由于考生在大规模标准化语言考试中的成绩经常被用于高风险决策，因此人们十分关注这些考试的质量、考试设计的科学性、考试成绩能否有效体现考生语言能力等相关问题。要解决这些问题，我们需要对考试数据进行科学、合理的统计分析，相关工作既是了解考试质量的重要依据，也是考试效度研究的重要组成部分（Bachman，2004）。鉴于此，本书的读者对象除了语言教师以外，也包括致力于大规模标准化语言考试实践和研究的从业人员，如考试设计者、命题员、评分员、研究人员，以及未来可能从事语言测试开发与评估的人员，如语言测试方向的硕士、博士研究生。我国标准化语言考试规模大、风险高、对教学具有重要反拨效应，考生的语言学习经历和社会背景复杂，对这些考试开展细致的效度和公平性研究在我国社会中尤其重要（范劲松，2014）。在本书中，我们将通过众多研究案例展示 Rasch 模型在语言测试试题质量监控与效度研究中的强大功能，分析 Rasch 模型如何从不同角度提供大量关于考试效度和公平性的重要信息。

1.3 语言测试的效度、公平性与 Rasch 模型

语言测试中的效度理论主要来源于教育与心理测量领域。随着教育与心理测量理论和实践的发展，测试效度的概念及验证模式也经历了许多变化（韩宝成、罗凯洲，2013）。传统的效度理论认为效度包括不同的类型，如预测效度（predictive validity）、共时效度（concurrent validity）、内容效度（content validity）、构念效度（construct validity）等（如 Alderson *et al.*，1995；APA，1954）。在 20 世纪 80 年代末，美国教育测试专家 Samuel Messick（1931—1998）在一系列著述中（如 Messick，1988，1989b）阐述了其效度一体化（validity as a unitary concept）的重要观点，提出了著名的效度分层框架（validity matrix），对推动效度理论的发展作出了卓越贡献。Messick 认为，传统的效度理论使效度研究的过程和结果显得零散，难以形成连贯的效度论据（validity argument）支持考试分数的解释和使用。Messick 提出的效度理论不仅强调效度研究的证据基础（evidential basis），也强调后果基础（consequential basis）。Messick 的效度理论丰富了测试效度研究的内涵和外延，使人们认识到考试效度

并非仅仅是对测试本身和考试成绩的评价，也应该包括对考试结果的解释和使用的评价。

尽管 Messick 的效度理论框架影响深远，但是该框架在实际应用中仍有不足。首先，尽管该框架要求研究人员收集不同方面的效度证据以构建连贯的效度论据，但却没有提供一套有效的机制将这些不同的效度证据进行整合。因此，基于该效度框架的研究可能仅仅是效度证据的罗列，而非系统性的效度论据的构建。其次，该效度研究框架强调构念在整个效度研究中的重要地位，将构念作为效度研究的出发点并贯穿效度研究始终。然而，语言能力作为一种能力构念有其独特之处。例如，语言交际在实际生活中易受到多种因素的影响，包括使用者、交际对象、使用环境等。因此，以构念为基础确定效度验证方案的难度极大（如 Chalhoub-Deville, 2016; Chapelle *et al.*, 2008）。基于以往效度理论研究的不足，另一位美国教育测试专家 Michael Kane 提出了基于论证的效度验证模式（argument-based validation approach）（Kane, 1992; 2002）。近年来，该模式在语言测试研究领域受到极大关注并被广泛应用于语言考试的效度研究。

Kane 提出的效度验证模式有其独特之处，它不是以考试所测量的能力构念为出发点制定效度研究方案，而是把效度研究视作一系列重要的推断（inference）过程，在这一模式下，考试的效度如何取决于这些推断是否能够得到足够的证据支持以及推断的过程是否严谨等。Kane 提出的效度验证模式包括评分（evaluation）、概化（generalizability）、外推（extrapolation）和使用（utilisation）四个重要推断。如图 1.1 所示，推断链条中的第一步是评分推断，即从考生在考试上的表现推断考生的观察分（observed score）；第二步是概化推断，即从考生的观察分推断到全域分（domain score）；第三步为外推推断，即从考生的全域分推断到目标域分（target score）；最后一步使用推断，即从考生的目标域分推断到决策（decision）。这一连串推断环环相扣，被 Kane 形象地比喻为一座座桥梁（inferential bridges）。若要构建一项考试的效度论据，效度研究人员需逐一评估每个推断链条的合理性。为评估这些推断链条，该效度验证模式借鉴了英国哲学家 Stephen Toulmin（2003）提出的实用推断模型。具体而言，研究人员需针对每一个推断提出主张（claim），每个主张可涵盖若干不同的假设（assumption），每个假设成立与否均需要证据支持（backing）或反驳（rebuttal）。如果反驳的证据相对于支持的证据更为有力，那么有可能得到与原来主张相反的主张（counterclaim）。Kane（2013）提出了三条评价论证推断链条的标准：1）论据的清晰度，即推断过程中的主张、论据等要以具体、清晰的方式表达；2）论证的连贯性，即各主张之间的推断应环环相扣，形成一个有说服力的完整推断过程；3）推断和假设的合理性，即所提出的推断和假设应合理、可行。

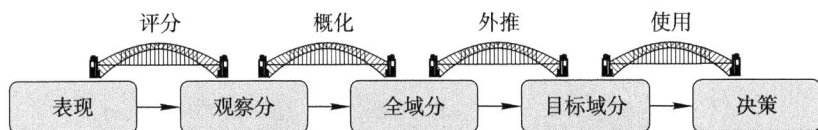

图 1.1　基于论证的效度验证模式中的推断链条
（摘自韩宝成、罗凯洲，2013，p. 416）

　　对于初次接触基于论证的效度验证模式的读者而言，其基本原理并不容易掌握。我们在本书中不对该效度理论展开讨论，感兴趣的读者可参考 Chapelle *et al.*（2010）了解该效度验证模式的独特优势，也可以查阅该效度验证模式在托福（Chapelle *et al.*, 2008）、培生英语考试（Wang *et al.*, 2012）等大规模标准化考试效度验证中的应用实例。该效度验证模式也在语言技能测试的效度验证研究中广泛使用，如写作测试（如 Knoch & Chapelle, 2018）、口语测试（如 Fan & Yan, 2020）等。

　　本书中，我们以基于论证的效度验证模式为基础，探讨 Rasch 模型在考试效度研究中的重要作用。以一项英语阅读期末测试为例。该阅读测试采用多项选择题和短问答题测试学生的阅读能力，教师根据学生的考试成绩确定他们对教学大纲中规定的阅读技能的掌握情况。在 Kane 提出的效度验证模式中，第一个链条为评分推断。如前所述，该推断链条从考生在考试上的表现推断其观察分。为了检验该推断链条的合理性，我们提出主张，即"学生在阅读考试上的成绩准确体现了他们的考试表现"。基于该主张，我们提出以下四个假设：1）考试任务难度合适；2）考试任务可以区分不同能力的学生；3）多项选择题的干扰项设置合理；4）教师在短问答题上的评分一致性理想。我们可以收集不同类型的证据检验这四个假设是否成立。在此我们主要探讨如何使用 Rasch 模型验证这些假设（见表 1.1）。

表 1.1　一项英语阅读测试的评分推断

主张：学生在阅读考试上的成绩准确体现了其考试表现	
假设	基于 Rasch 分析的证据
• 考试任务难度合适	• 试题难度分析 • 被试能力分析 • 试题难度与被试能力匹配度分析
• 考试任务可以区分不同能力的学生	• 被试能力分析 • 分隔系数 • 信度分析
• 多项选择题的干扰项设置合理	• 选择题干扰项分析
• 教师在短问答题上的评分一致性理想	• 多层面 Rasch 模型分析 • 评分员效应分析

对第一个假设而言，试题难度分析、被试能力分析、试题难度和被试能力匹配度分析等都可以通过 Rasch 实现。如果 Rasch 模型分析结果表明试题难度相较于学生能力过高或过低，那么该假设则无法得到证据支持，推断链条的合理性也因此被削弱。对第二个假设而言，我们可以通过 Rasch 模型分析结果的被试能力、分隔系数、信度系数等指标，了解试题是否能够有效区分不同能力的考生。Rasch 模型还可以对考试中每道多项选择题的命题情况进行分析，有关选择题干扰项的分析结果可以为第三个假设提供证据。评分员效应（rater error）方面，多层面 Rasch 模型（Many-facets Rasch Model，MFRM）也有其独特优势，分析结果可以提供大量关于评分员严厉度（rater）、一致性

等重要信息，用以探讨第四个假设是否成立。

除了评分推断外，Rasch 模型分析结果也能为概化推断提供重要证据。概化推断是从考生的观察分推断其全域分，例如，如果一项考试有多套平行考题，那么考生在这些平行考试上的得分是否具有可比性？同样，对于口语或写作等需要人工评分的任务而言，不同评分员对考生的评分是否一致？Rasch 模型中的被试能力分析、信度分析以及评分员效应分析等均可以为该推断提供证据。此外，作为概化推断在测试实践中的应用之一，Rasch 模型也可以用于考试等值研究，在多题多卷模式下客观报道不同批次考生的考试分数（见第八章）。Rasch 模型在外推推断和使用推断上的作用相对较小，但如果研究设计合理，Rasch 模型依然可以发挥作用。例如，Rasch 模型中的考生能力分析和多层面 Rasch 模型中的评分员效应分析等均可以应用于外推推断的论证。在使用推断方面，Rasch 模型也可用于调查问卷数据分析。

除效度之外，考试公平性也是评估考试的重要指标。早期研究认为考试具有公平性，即考试对考生成绩没有偏差（test bias）（AERA et al., 1985）。换言之，如果与测试无关的考生特征（construct-irrelevant test taker characteristics）（如性别、种族、社会经济地位等）对考生成绩产生了系统性影响，那么考试则存在公平性方面的问题（McNamara & Roever, 2006）。测试偏差的常见研究方法是试题差异分析（differential item functioning, DIF）。Xi（2010）以基于论证的效度研究模式为基础，构建了考试公平性论据（test fairness argument）。她认为考试公平性指在考试的各个阶段，考试实践和考试结果在各类考生群体间具有可比性，即"相对效度"（comparable validity）（p. 154）。McNamara & Ryan（2011）对考试公平性作了更加细致的界定，他们认为区分公平性（fairness）和正义性（justice）两个概念非常重要（McNamara et al., 2019）。前者的研究对象是考试本身的各项技术指标，后者则主要与考试的影响和后果有关。在 Messick 的分层效度矩阵中，前者和效度研究的证据基础相关，后者与后果基础相关。由于本书的核心 Rasch 模型更多应用于考试数据分析而非语言测试的社会学属性探讨，因此我们在书中主要讨论 McNamara & Ryan（2011）界定的考试公平性概念，即一项公平的考试是指其各项技术指标符合相关质量标准。在该定义下，Rasch 模型可以有效应用于考试技术指标的研究，也可以用于分析试题的 DIF 效应和评分员的评分效应，从而为考试公平性研究提供重要证据。我们将在本书第六、七章通过系统的文献回顾探讨 Rasch 模型在提升考试效度和公平性方面的重要作用。

1.4 本书结构

本书共九章。第一章简要介绍语言测试与 Rasch 模型的关系。第二章介绍 Rasch 模型的基本概念和原理。需要注意的是，"Rasch 模型"是一种较为笼统的说法，实际上包括了不同种类的 Rasch 模型，如基础 Rasch 模型、评分量表模型、部分得分模型、多层面 Rasch 模型等，我们将这些模型统称为 Rasch 模型家族。第三章到第五章分别介绍 Rasch 模型家族在语言测试研究中最常使用的四个模型，分别为基础 Rasch 模型（Basic Rasch Model）（第三章）、部分得分模型（Partial Credit Model，PCM）和评分量表模型（Rating Scale Model，RSM）（第四章）、多层面 Rasch 模型（第五章）。第六、七章通过文献综述，分别对国际、国内语言测试界近年采用 Rasch 模型的研究进行系统回顾与分析。第八章主要探讨 Rasch 模型应用中技术性较强的话题，包括数据的单维性检验、试题差异分析、考试等值研究等。第九章总结本书的主要内容并指出 Rasch 模型在语言测试领域的未来应用方向。在本书附录中，我们还详细介绍了常用 Rasch 模型在两个 Rasch 模型主流分析软件 Winsteps 和 FACETS 中的操作步骤，供读者参考使用。

第二章
Rasch 模型的基本概念

2.1 Rasch 模型的起源

Rasch 模型是由丹麦数学家 Georg Rasch（1901—1980）提出的对数转换模型（log-odds transformations）（Rasch，1960），用以解决现实生活中的问题 [1]（Linacre，2012）。然而，该模型最初并没有在数学界产生重大影响，也没有受到社会科学领域的足够重视，因为"社会科学学者觉得这个模型太复杂，而数据统计学家则认为其过于简单"（Linacre，2012，p. 19）。20 世纪 60 年代，Georg Rasch 应邀赴美国芝加哥大学讲学，听众中一位名为 Ben Wright 的数学家因需要解决一个数据分析难题，在会后决定赴丹麦与 Georg Rasch 探讨。Ben Wright 采用 Rasch 模型解决了他所遇到的问题，因而成为 Rasch 模型的忠实支持者并将 Rasch 模型介绍到全世界，进而引起了人文社科界对 Rasch 模型的浓厚兴趣，并将其应用到相关研究中（如 Bond & Fox，2015；Boone *et al.*，2014）。如果读者对 Rasch 模型的起源感兴趣，可以参阅另一位 Rasch 模型大家 David Andrich（Rasch 评分量表模型的提出者）对 Ben Wright 的采访节选 [2]。

McNamara & Knoch（2012）在 *Language Testing* 期刊发表题为 The

---

1 据报道，当时丹麦的教育部请 Georg Rasch 帮忙解决他们在教育考试数据分析方面的问题，Georg Rasch 提出了该数学模型，应用效果良好。
2 该采访节选详见网址：https://www.rasch.org/rmt/rmt0.htm（2023 年 10 月 18 日读取）。

Rasch wars: The emergence of Rasch measurement in language testing 的论文，详细回顾了 Rasch 测量理论在语言测评领域的兴起。现代语言测试学科起源于 20 世纪 60 年代，很多学者将 Robert Lado 在 1961 年出版的专著《语言测试：外语测试的开发与使用》（*Language Testing: The Construction and Use of Foreign Language Tests*）（Lado，1961）视为现代语言测试学的起点。受到社会教育与文化等因素影响，语言测试学在世界各地的发展历程、特点也有所差异。例如，英国的语言测试研究深受 20 世纪 70、80 年代关于学术英语能力讨论的影响，研究主题更侧重考试内容，与语言教学的关系也更为密切，典型代表是英国剑桥大学 20 世纪 80 年代开发的雅思考试。美国的语言测试研究强调考试数据的统计分析与考试的心理测量学属性，最具代表性的是美国教育考试服务中心（Educational Testing Service，ETS）在 20 世纪 60 年代开发的托福考试。澳大利亚的语言测试研究兼具英国和美国的特点，既重视考试内容，也注重数据分析（张培欣等，2021）。由于上述各个国家不同的测试研究传统，Rasch 模型最早被美国学者应用于语言测试的数据分析，后由澳大利亚学者进一步推广发展，澳大利亚也逐渐成为全球应用和研究 Rasch 模型的重要地区。

据 McNamara & Knoch（2012），最早在语言测试领域使用 Rasch 模型的学者包括 John De Jong（荷兰）、Grant Henning（美国）、Charles Stanfield（美国）、Tim McNamara（澳大利亚）等。这些学者大多参加过 Rasch 模型工作坊或相关会议，与 Rasch 模型结缘并对其产生浓厚兴趣。例如，20 世纪 80 年代中期，John De Jong 在 Ben Wright 主办的 Rasch 会议和美国教育研究协会（American Education Research Association，AERA）会议上了解到 Rasch 模型后，将其应用到他的博士研究项目中（De Jong，1991）。Grant Henning 同样在参加了 Ben Wright 组织的 Rasch 模型工作坊后，成为该模型的使用和推广者。Grant Henning 指导研究生将 Rasch 模型应用到相应研究中，并在 *Language Testing* 期刊发表论文，展示 Rasch 模型在语言测试研究中的应用。这些早期的努力对 Rasch 模型在语言测试领域的推广具有重要意义。但正如

McNamara & Knoch（2012）在文中指出的，各地区不同的社会环境和文化传统、研究人员对心理测试和数据分析的态度差异，引发了语言测试领域关于 Rasch 模型的大辩论（the Rasch wars），包括该模型对语言测试数据适用性的争论、Rasch 模型与其他项目反应模型之间关系的争辩等（见第六章）。然而，这场争论并没有阻挡 Rasch 模型在语言测试研究领域的发展。相反，20 世纪末和 21 世纪初以来，随着表现型测试（performance assessment）在语言测试实践中的日益流行，多层面 Rasch 模型成为研究此类测试效度和评分员效应最有效的分析方法之一，该模型的应用范围和影响力也进而扩大（Fan & Knoch，2019；Fan et al.，2019；McNamara et al.，2019；张培欣等，2021）。

2.2 Rasch 模型的基本原理

2.2.1 以跳高比赛为例

那么，什么是 Rasch 模型？我们以跳高比赛为例阐述 Rasch 模型的基本原理。在跳高比赛中，越过横杆高度最高的选手将成为冠军。参赛选手在跳高比赛中的表现会受到诸多因素的影响，譬如内部和外部因素。内部因素可能包括选手的心理素质、参赛当天的身体状况、竞技状态等；外部因素可能包括天气，如温度、湿度、风速等，也可能包括观众的因素。例如，主场比赛时，观众的欢呼和加油助威可能会使选手超常发挥。这些内部和外部因素固然在一定程度上会影响选手跳跃的高度，但是有两个决定性因素关系着选手能否顺利地越过横杆，一是选手跳高的能力，二是横杆的高度。事实上，选手跳高的能力正是通过横杆的高度体现的。让我们来看以下几种情况。

第一种情况，选手 A 的跳高能力很强。在以往的比赛中，A 多次轻松地越过 2 米的高度。如果横杆的高度在 1.8 米，那么 A 越过该高度的概率是多少？一方面，根据 A 以往的跳高成绩（代表了 A 的跳高能力），A 有很大的概率越过 1.8 米的横杆，因为这个高度相对于 A 的跳高能力而言并不困难。我们可以估计一个概率，例如 A 有 95% 甚至是 99% 的可能性越过这个高度。我们之所以会如此确信，是因为这个高度相对于 A 的跳高能力而言非常简单。然而，另一方面，由于这个高度对 A 而言没有任何难度，因此我们也可以认为 1.8 米的高度并不足以代表他的跳高水平。

第二种情况，跳高选手 B 的能力较弱。在以往的比赛中，B 几乎没有一次越过 1.8 米的高度。假设我们在站台上观看 B 参加比赛，横杆高度为 1.8 米，那么 B 能够越过横杆的概率是多少？大部分观众应该会认为他越过该高度的可能性很小，例如 5% 甚至是 1%，因为根据他以往的跳高成绩（代表了其跳高能力），该横杆的高度对于 B 的跳高能力而言几乎无法跨越。当然，与第一种情况类似，1.8 米也无法准确体现 B 的跳高能力，因为该高度对其过于困难。

第三种情况，选手 C 在以往的跳高比赛中有时候能够越过 1.8 米的高度，有时候不能。那么当选手 C 开始起跳冲击这个横杆高度时，他能够挑战成功吗？他成功越过横杆的概率是多少？基于其以往的比赛成绩，如果他发挥出色，或许他能够顺利越过；但如果发挥欠佳，那么很可能会失败。观众对其成功越过横杆概率的预测可能是 40%、50% 或60%，但是肯定不会很高（第一种情况）或很低（第二种情况）。

以上关于跳高的例证可以阐述一些 Rasch 模型的基本原理。首先，在跳高比赛中每位跳高选手都具备一定的跳高能力。在上述例子中，跳高能力是通过选手以往越过横杆高度的记录体现的。其次，横杆的高度体现了跳高的难度。高度越高，代表越过横杆越困难；高度越低，代表越过横杆越轻松。再次，选手能否成功越过横杆同时取决于选手的跳高能力和横杆的高度。如果选手的能力超过横杆的高度，那么其越过横杆的概率高；反之，其越过横杆的概率低；如果选手的能力和横杆的高度相当，那么其大概有 50% 的概率越过横杆。

在上述阐释中，有几个概念在 Rasch 模型中非常重要。第一是**能力**。在我们测量某个特征或能力之前，我们首先要确认被试具备该特征或能力。在进行物理测量的时候，测量对象往往是比较具体的，例如人的身高、体重，桌子的长度、宽度等。但是在人文社科领域，测量对象往往比较抽象，需要在测量之前对其进行定义，如人的智力、禀赋、外向、内向、焦虑程度等。在本书中我们讨论的测量对象是语言能力。我们在测量语言能力之前，首先需要认可被试具备一定的语言能力，且被试的能力存在差异。有的人语言能力强一些，有的人相对较弱。正如在跳高比赛的例证中，每位参赛选手都具备一定的跳高能力，且能力高低存在差异。

第二是**难度**。在跳高比赛这个例证里，难度是通过横杆的高度体现的。横杆越高，难度越高；横杆越低，难度越低。在考察被试的语言能力（如语法、词汇、阅读、听力）时，我们所命制的试题就好比横杆，试题难度就好比横杆高度，既有难度较高的试题，也有难度较低的试题。

第三是**能力与难度之间的差异**（the difference between ability and difficulty）。在跳高比赛中，如果选手的能力超过横杆的高度，那么他越过横杆的概率是比较高的；选手的能力越是高于横杆高度，即两者差异越大，选手成功越过横杆的概率也越高。反之，如果选手的能力低于横杆的高度，那么他越过横杆的概率较低；选手的能力越是低于横杆高度，其成功越过横杆的概率也越低。如果选手的能力和横杆的高度相当，那么他成功越过横杆的概率为50%。同理，对于语言考试而言，如果被试的能力显著高于某道试题的难度，那么他答对该试题的概率高；如果被试的能力显著低于某道试题的难度，那么他答对该试题的概率低；如果学生的能力与试题的难度相当，那么他答对该试题的概率为50%。

最后，**能力和难度在同一个等距量尺上且采用同样的测量单位**（ability and difficulty on the same interval scale using the same measurement unit）。在跳高比赛这个例证里，选手的能力和难度都是通过横杆高度体现的，如1.8米、2米等。也就是说，我们可以说选手A的跳高能力为2米，其面临的跳高难度是1.8米。这里能力和难度的测量单位均为"米"，标注在横杆两侧的标尺上。类似地，Rasch模型最显著的优势是将被试能力和试题难度放置在同一个量尺上且采用相同的测量单位，从而极大方便能力与难度之间的比较。在采用Rasch模型分析考试数据时，难度和能力采用的测量单位为"logit"。关于"logit"这个单位，我们将在下一节作更详细的介绍。

等距量尺这个概念对理解 Rasch 模型的分析结果也非常重要。在测量中，我们通常会使用三种类型量尺，分别为类别量尺（nominal scale）、顺序量尺（ordinal scale）和等距量尺（interval scale）。类别量尺代表了测量对象的不同类别，是最基本的一类量尺，划分的类别没有顺序上的差别。例如，我们可以将被试按照地区分为华东、华中、华北、东北、华南、西南等类别，按照性别分为男、女类别。顺序量尺比类别量尺提升了一个级别，不仅对研究对象进行了类别上的划分，还对类别进行了排序。例如，收入和教育背景的类别都是可以排序的，因此属于典型的顺序量尺。我们可以将被试按照收入情况划分为低收入、中等收入和高收入，也可以按照教育背景分为初中、高中、本科和研究生学历。然而，尽管顺序量尺可以排序，但是无法对不同类别进行直接比较。例如，我们无法直接比较高中、初中之间的差距和本科、高中之间的差距孰大孰小。在 Rasch 模型中，我们使用的是等距量尺。这种量尺比前两种量尺又提升了一个级别，不仅可以排序比较，还可以对不同类别进行直接、有实际意义的比较。例如，身高属于等距变量。如果 A 的身高为 175cm，B 的身高为 180cm，那么显然 B 比 A 高，差异为 5 厘米。C 的身高为 185cm，那么 C 比 B 高 5cm——这里的 5cm 和 B 与 A 身高差别的 5cm 意义相同。

由于 Rasch 模型使用的是等距变量，因此我们可以直接比较能力和难度并计算两者的具体差值。例如，被试 A 的阅读能力为 1.5 logits，被试 B 的阅读能力为 3 logits，被试 C 的阅读能力为 –1 logit。由于他们位于同一个等距量表上，因此我们可以说被试 B 的阅读能力比被试 A 强，他们阅读能力的差异为 1.5 logits。同理，被试 C 的阅读能力比被试 A 弱，差别为 2.5 logits。如果一道阅读试题（Item a）的难度为 2 logits，那么该试题难度超出被试 A 的阅读能力 0.5 logits，低于被试 B 的阅读能力 1 logit，高于被试 C 的阅读能力 3 logits。同理，如果一道阅读试题（Item b）的难度为 –1 logit，那么该难度比被试 A 的阅读能力低 2.5 logits，比被试 B 的阅读能力低 4 logits，与被试 C 的阅读能力相同。三位被试的阅读能力与两道试题难度之间的比较如图 2.1 所示。

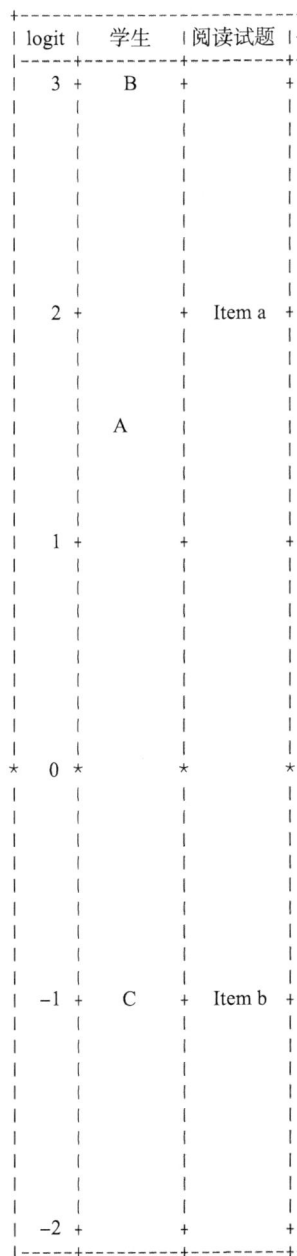

```
+-------------------------------+
| logit |   学生   | 阅读试题  |
|-------+----------+-----------+
|  3  +      B     +           +
|     |            |           |
|     |            |           |
|     |            |           |
|     |            |           |
|     |            |           |
|     |            |           |
|     |            |           |
|     |            |           |
|  2  +            +  Item a   +
|     |            |           |
|     |            |           |
|     |     A      |           |
|     |            |           |
|     |            |           |
|     |            |           |
|  1  +            +           +
|     |            |           |
|     |            |           |
|     |            |           |
|     |            |           |
|     |            |           |
*  0  *            *           *
|     |            |           |
|     |            |           |
|     |            |           |
|     |            |           |
|     |            |           |
| -1  +     C      +  Item b   +
|     |            |           |
|     |            |           |
|     |            |           |
|     |            |           |
| -2  +            +           +
|-------+----------+-----------+
```

图 2.1　学生能力与阅读试题难度等距量表（单位：logit）

我们将在第五章介绍多层面 Rasch 模型时提及另一个重要的概念
层面（facet）。对于基础 Rasch 模型而言，**能力**和**难度**是模型的两个层
面。在学习多层面 Rasch 模型时，我们会在模型中增加新的层面，如
评分员的严厉度、评分量表的难度等。

2.2.2 以考试数据为例

Georg Rasch 在 1960 年出版的著作（*Probabilistic Models for Some
Intelligence and Attainment Tests*）中精辟地阐述了 Rasch 模型的基本原
理，即"与能力较弱的人相比，能力更强的人答对一道试题的概率更
高；与答对难度较高的试题相比，一个人答对难度更低的试题的概率
更高"（Rasch，1960，p. 117）。下面我们通过一组简单的考试数据进
一步探讨 Rasch 模型的基本原理。

本章采用的数据改编自 Bond & Fox（2015）的一项数学测试。由
于本书的测量对象为语言能力，因此我们假设该组数据来自学生的课
堂语法测试（见表 2.1），该语法测试共有 15 名学生（A—O）参加，
测试一共 12 道考题（1—12），全部是多项选择题（只有一个正确选
项），采用 1/0 计分，答对计 1 分，答错计 0 分。

表 2.1　课堂语法测试数据

被试	试题											
	1	2	3	4	5	6	7	8	9	10	11	12
A	1	1	1	0	0	0	0	1	1	0	0	1
B	1	0	1	1	0	0	0	0	1	0	0	0
C	1	1	1	0	1	0	0	1	1	1	1	1
D	1	0	1	1	0	0	0	0	1	0	0	1
E	0	1	1	0	0	1	0	1	1	1	1	1
F	1	1	1	1	1	0	0	1	1	0	0	1
G	1	0	1	0	0	1	0	0	1	0	1	1

（待续）

（续表）

被试	试题											
	1	2	3	4	5	6	7	8	9	10	11	12
H	1	0	1	0	0	0	0	0	0	0	0	1
I	1	1	1	1	0	0	0	1	1	0	0	1
J	1	1	1	1	1	1	1	1	1	0	1	0
K	1	0	1	0	0	1	0	0	1	0	1	1
L	0	1	1	0	0	1	0	1	1	1	1	1
M	0	0	0	0	0	0	0	0	0	0	0	0
N	1	1	1	1	0	1	1	1	1	1	1	1
O	1	1	1	1	1	1	1	1	1	1	1	1

　　粗看表 2.1 中的数据，我们可能会觉得杂乱无章。可是，如果我们将数据复制到 Excel 表格，只需要简单的几个处理步骤就可以观察出一些分布规律。首先，我们将学生在每道试题上的得分相加并将该考试总分由高到低进行排序（见表 2.2 最右一列）；然后，我们再将每一道试题上全部学生的得分相加并将该试题总得分（即答对人数）由高到低进行排序（见表 2.2 最后一行）。每位学生在考试上的得分代表考生的"能力"，得分越高，表示语法能力越高；每道考题上所有学生的总得分代表试题的"难易度"，得分越高，表示试题越容易。

　　表 2.2 中的"能力"一列对于语言教师而言可能最为重要，因为它体现了学生的语法能力，也体现了学生的考试成绩排名。在教学和测试实践中，大部分语言教师对考试数据的分析可能也仅止步于此。对于 CTT 而言，被试的原始分（raw score）代表其在所考察构念上的能力。例如，O 得了满分，说明他的语法能力很强；M 得了 0 分，说明他的语法能力很弱。但是将原始分进行简单相加的缺点很多，最大的问题是该量尺为顺序量尺，而非等距量尺。例如，C 与 O 相差 3 分，

M 和 H 也相差 3 分（见表 2.2），但是由于我们无法确定考生做错的试题难度是否相当、内容是否可比等，两个 3 分在实践中无法直接比较，其意义也不相同。我们将在下一节探讨 Rasch 模型相比 CTT 的优势。表 2.2 同时显示，在试题设计均科学、合理的前提下，试题 3 的难度最低，因为 15 名学生中有 13 人答对该题；试题 7 的难度最高，因为仅有 2 人答对。

表 2.2　经过排序后的语法考试数据

被试	试题												能力
	3	9	1	12	2	8	11	4	6	10	5	7	
O	1	1	1	1	1	1	1	1	1	1	1	1	12
N	1	1	1	1	1	1	1	1	1	1	0	1	11
J	1	1	1	0	1	1	1	1	1	0	1	1	10
C	1	1	1	1	1	1	1	0	0	1	1	0	9
E	1	1	0	1	1	1	1	0	1	1	0	0	8
F	1	1	1	1	1	1	0	1	0	0	1	0	8
L	1	1	0	1	1	1	1	0	1	1	0	0	8
I	1	1	1	1	1	1	1	0	0	0	0	0	7
A	1	1	1	1	1	1	0	0	0	0	0	0	6
G	1	1	1	1	0	0	1	0	1	0	0	0	6
K	1	1	1	1	0	0	1	0	1	0	0	0	6
D	1	1	1	1	0	0	0	0	1	0	0	0	5
B	1	1	1	0	0	0	0	1	0	0	0	0	4
H	1	0	1	1	0	0	0	0	0	0	0	0	3
M	0	0	0	0	0	0	0	0	0	0	0	0	0
难易度	13	12	11	11	8	8	7	6	6	4	3	2	

下面，我们进一步观察表 2.2 数据，看能否发现更多规律。

● 在该例证中，学生的能力有高有低，试题的难易程度也各不相同。除了 O（满分）和 M（0 分）以外，有的学生得分较高（如 N、J），有些学生得分较低（如 B、H），还有些学生得分居中（如 L、I、A）。从总分分布来看，学生能力相对于试题难度是比较合适的。这涉及 Rasch 模型中的**匹配**问题（targeting）。在 Rasch 分析中，我们希望看到被试的能力和试题的难度匹配较好，这代表了较为有效的测量。与跳高比赛的例证相似，横杆的高度只有和跳高选手的能力较为匹配时，我们才能够比较有效地测量出选手真实的跳高水平。同样，在语言能力测评中，只有试题难度与被试能力匹配较好时，才能更为有效地测量被试的能力。被试能力相对于试题难度过高或过低，都会增加测量的**误差**（error），降低测量的精确度（precision）。

● O 和 M 在表中最容易引起注意。O 在考试上取得满分（12 分），M 的得分为 0 分。在 Rasch 测量理论中，O 和 M 的成绩很难解释，因为满分可能代表该测试对 O 而言过于简单，无法体现 O 的真实语法水平；0 分可能代表该测试对于 M 而言太过困难，也无法体现其真实水平。另外一种可能解释是 M 不属于该被试群体，或者说 M 本就不具备该测试所测量的能力。但是在这个例证中，后一种解释显然不成立，因为 M 和其他学生一样在学习语法课程。在使用 Rasch 模型进行的分析中，如果被试在所有试题上均答对或答错，Rasch 模型分析会将这些数据排除在外，因为它们没有提供与测量相关的有用信息。满分代表了"**天花板效应**"（ceiling effect），0 分代表了"**地板效应**"（floor effect），这两种效应对于有效测量均没有实际价值。

● N 和 J 能力较强，其原始分分别为 11 分和 10 分，但是二者的作答情况有所不同。被试 N 答对了所有简单题，但答错了难度较大的第 5 题。在 15 名被试中，仅有 3 人答对了这道题（见表 2.2 最后一行）。在 Rasch 分析中，Rasch 模型会根据被试能力和试题难度预测其答对某道试题的概率。从这层意义上讲，被试 N 答错第 5 题基本符合预期（expectation）。J 的能力和 N 相近，J 答错了第 10 题和第 12 题。

因为第 10 题难度较大，因此答错该题基本符合模型预期。然而，J 答错了难度较低的第 12 题，这并不符合模型预期。在该组被试中，能力较强的学生全部答对了该题，因此，依据 J 的能力和该题的难度，Rasch 模型预测他答对该题的概率本应很高。J 答错该题的原因很多，可能是粗心大意，如在填写答案的时候不小心填错等。但无论如何，J 在这道试题上的表现不符合 Rasch 模型的预期。上述学生表现是否符合 Rasch 模型预期的讨论还涉及 Rasch 分析中的一个重要概念：**拟合**（fit）。简单来说，Rasch 模型根据被试在所有考题上的作答情况预测被试答对某题的概率，然后将预测结果与被试在该题上的实际作答情况进行比较。若两者一致，那么数据与模型拟合，反之则存在拟合问题。

• 我们接着分析能力较弱的两位学生 B 和 H。H 在较难的考题上表现不佳，这与 Rasch 模型的预期相符，因为 H 的能力较差。在前四道难度最低的考题上，H 答对了三道。考虑到 H 的整体能力较差，答错第 9 题可能也并不奇怪。B 的情况与 H 基本类似。他答错了几乎所有难度较高的试题，但是答对了前三道难度最低的试题。然而，B 还答对了难度相对较高的第 4 题。他在该题上的答题情况不符合 Rasch 模型预期，可能存在拟合问题。B 答对第 4 题的原因可能是他碰到了熟悉的知识点，也可能是靠猜测（guessing）等答对。熟悉项目反应理论（item response theory，IRT）的读者可能会联想到，"猜测"是三参数 IRT 模型（three-parameter IRT model）中的一个重要参数。既然猜测是多项选择题作答中不可忽视的因素，那么 Rasch 模型是否也考虑该因素呢？这个问题涉及 Rasch 模型与其他 IRT 模型的关系，我们将在本书的第八章中探讨。

• 让我们再将目光聚焦到三位原始分相同的学生身上：E、F 和 L。尽管这三位学生原始分相同，但是答题情况并不一致。E 答错了较为简单的第 1 题，却答对了难度较高的第 6、10 题。就 E 的能力而言，他在第 1 题上的表现不符合 Rasch 模型预期，属于**拟合不足**（underfit）。F 答对了所有难度较低的试题，在难度较高的试题上有些答对、有些答错。F 的答题情况符合 Rasch 模型的预期，属于拟合良好。L 的答题情况与 E 相似，也属于拟合不足。

• 另外三位原始分相同的学生为 A、G 和 K。A 的能力在这群被试中相对居中（得分为 6）。该生在 12 道试题上的作答情况非常整齐，答对了难度较低的所有考题，答错了难度较高的全部题目。从拟合角度来说，这样整齐的数据似乎是我们期望的。但是，在 Rasch 模型分析中，这样的数据分布同样存在拟合问题，因为它太整齐了，现实生活中几乎不可能找到如此"完美"的数据。在 Rasch 测量理论中，这类数据被称为"古特曼类型"（Guttman pattern），相应数据分布被称为**拟合过度**（overfit）。在拟合过度的情况中，被试的作答情况与 Rasch 模型的预测高度一致，但却并非是我们想看到的，因为它与现实生活相去甚远。G 和 K 的应答情况完全相同，这在现实生活中也是小概率事件，尤其是当试题量继续增加时，发生的概率更低。因此，我们有理由怀疑这两位学生中可能有一位存在抄袭的嫌疑。

我们可将以上分析应用到每道试题上。事实上，在应用 Rasch 模型做考试数据分析时，我们不仅可以分析被试能力，还能从分析结果中获得大量试题质量的反馈信息，为语言教师和命题人员修订或删除试题提供重要依据。Rasch 模型对试题的分析和对被试的分析步骤基本相同，即根据试题难度和不同能力的被试在某道考题上的答题情况，计算被试答对该题的概率，然后将预测结果与被试在该题的实际作答情况进行对比，以评估试题与模型的拟合情况。如果试题难度较高，但能力较低的被试却能够答对，或者试题难度较低，但能力较高的被试却答错了，那么 Rasch 模型会认为这些试题存在拟合不足的问题，需要修订或删除。需要指出的是，在本例数据的 Rasch 模型分析中，我们首先将 O 与 M 的数据排除在外，因为获得满分或零分的被试对于 Rasch 分析没有意义。与被试能力分析相似，如果某道考题所有人都答对或答错了，Rasch 模型也会将这道题排除在外，因为这样的考题无法提供关于被试能力的有用信息。例如，在排除 M 以后，我们发现所有学生在试题 3 上的得分均为 1，因此试题 3 也需排除。在排除上述数据以后，共剩余 13 位学生和 11 道试题。

基于以上例证，我们将 Rasch 模型的基本工作原理简要总结如下：Rasch 模型会根据某位被试在所有试题上的答题情况估计该被试能力，同时根据所有被试在某道试题上的答题情况，估计该题难度。根据被试能力和试题难度的估计值，Rasch 模型计算被试成功答对试题的概率。通过对数转换（logarithmic transformation），Rasch 模型将被试的原始得分转换为同一**等距量表**上以 logit 为单位的（被试）**能力值**与（试题）**难度值**。通过 logit 值，我们可以直接比较被试能力和试题难度。

Rasch 模型进行对数转换的具体步骤如下。首先计算每位学生的考试分数，然后将该得分除以试题数量，获得学生在每道试题上的平均得分百分比（见表 2.3）。以学生 N 为例，他的考试得分为 10 分，其平均得分百分比为 10/11*100%=91%。也就是说，N 在 11 道试题上的平均得分百分比为 91%。同理，H 的得分为 2，其平均得分比例为 2/11*100%=18%。在语言教学与测试实践中，很多老师可能就是做到这一步，将原始成绩转换为百分制报告考试成绩。例如，N 的报告成绩为 91 分；H 的报告成绩为 18 分。但是，这样的成绩报告本质上依然是原始分，无法准确体现学生的能力。而且此类成绩的量尺是顺序量尺，而非等距量尺。我们固然可以将学生成绩按照百分制进行排序，却无法直接对不同学生的成绩进行有意义的比较。除了对学生的原始成绩进行换算，我们同样可以将所有学生在每道试题上的得分进行比例换算，换算结果代表试题的难度。例如，第 9 题共有 12 名学生答对，那么该题的得分率为 12/13*100%=92%，即平均 92% 的学生答对了这道试题。但是在试题难度数据的处理上，我们还需要增加一个步骤。准确地说，92% 代表了试题的容易程度，如果想得到试题难度，我们还需要用 100%–92% 得到 8%，即平均 8% 的学生答错该题。

在完成对学生成绩和试题得分的比例转换后，我们继续将结果转换为答对与答错的概率（odds）。例如 N 的成绩比例为 91%，转换后概率为 91/（100–91），即 N 答对这些试题的平均概率为 91/9。同样，对于 H 而言，他答对试题的平均概率为 18/（100–18），即 H 答对这些试题的平均概率为 18/82。同样的原理也适用于每一道试题。例如第 9 题，学生答错的平均百分比为 8%，平均概率为 8/92；对于第 7 题而言，学生答错的平均百分比为 85%，平均概率为 85/15。该组数据百分比和概率的计算结果见表 2.3。将这些数字转换为概率后，我们采用对数转换将这些概率值转换为 logit 值。在 Excel 表格中，我们可以通过 LN 函数轻松地将这些概率转为对数概率。在转换完成后，我们获得每位被试和每道试题的 logit 值（见表 2.3）。

如表 2.3 所示，N 的 logit 值为 2.31，是这组被试中能力最强的学生；H 的 logit 值为 –1.52，是这组被试中能力最弱的学生。同样，第 9 题的 logit 值为 –2.44，在所有试题中难度最低；第 7 题的 logit 值为 1.73，在所有试题中难度最高。将原始分转换为 logit 值后，学生能力和试题难度被放置在同一个量表上，计量单位均为 logit。因为是等距量尺，所以学生之间可以直接比较能力值，试题可以直接比较难度值，学生能力值与试题难度值也可以做直接比较。例如，C 的能力值为 0.99 logits，试题 2 的难度值为 –0.49 logits，因此 C 的能力远超过试题 2 的难度，差异为 1.48 logits；同理，B 的能力值为 –0.99 logits，试题 5 的难度值为 1.21 logits，因此 B 的能力远低于试题 5 的难度，差异为 2.20 logits。这与跳高比赛的例子相似。因为 C 的能力高于试题 2 的难度，因此 C 答对该题的概率较高；同理，因为 B 的能力低于试题 5 的难度，因此 B 答对该题的概率较低。具体概率取决于学生能力与试题难度的差异，差异越大，答对或答错的概率越高。如果学生的能力与试题的难度相同，那么答对的概率为 50%。表 2.4 显示了能力与难度之间的差异值与答对概率之间的关系。

表 2.3 学生能力与试题难度百分比与概率

被试	试题											得分	百分比	概率	Logit 值
	9	1	12	2	8	11	4	6	10	5	7				
N	1	1	1	1	1	1	1	1	1	0	1	10	91%	91/9	2.31
J	1	1	0	1	1	1	1	1	0	1	1	9	82%	82/18	1.52
C	1	1	1	1	1	1	0	0	1	1	0	8	73%	73/27	0.99
E	1	0	1	1	1	1	0	1	1	0	0	7	64%	64/32	0.69
F	1	1	1	1	1	0	1	0	0	1	0	7	64%	64/32	0.69
L	1	0	1	1	1	1	0	1	1	0	0	7	64%	64/32	0.69
I	1	1	1	1	1	0	1	0	0	0	0	6	55%	55/45	0.20
A	1	1	1	1	1	0	0	0	0	0	0	5	45%	45/55	-0.20
G	1	1	1	0	0	1	0	1	0	0	0	5	45%	45/55	-0.20
K	1	1	1	0	0	1	0	1	0	0	0	5	45%	45/55	-0.20
D	1	1	1	0	0	0	1	0	0	0	0	4	36%	36/64	-0.58
B	1	1	0	0	0	0	1	0	0	0	0	3	27%	27/73	-0.99
H	0	1	1	0	0	0	0	0	0	0	0	2	18%	18/82	-1.52
得分	12	11	11	8	8	7	6	6	4	3	2				
百分比	92%	85%	85%	62%	62%	54%	46%	46%	31%	23%	15%				
难度	8%	15%	15%	38%	38%	46%	54%	54%	69%	77%	85%				
概率	8/92	15/85	15/85	38/62	38/62	46/54	54/46	54/46	69/31	77/23	85/15				
logit	-2.44	-1.73	-1.73	-0.49	-0.49	-0.16	0.16	0.16	0.80	1.21	1.73				

表 2.4　logit 差异与答对概率之间的关系

logit 差异	答对概率（%）	logit 差异	答对概率（%）
5.0	99	−5.0	1
4.6	99	−4.6	1
4.0	98	−4.0	2
3.0	95	−3.0	5
2.2	90	−2.2	10
2.0	88	−2.0	12
1.4	80	−1.4	20
1.1	75	−1.1	25
1.0	73	−1.0	27
0.8	70	−0.8	30
0.5	62	−0.5	38
0.4	60	−0.4	40
0.2	55	−0.2	45
0.1	52	−0.1	48
0.0	50	0.0	50

在能力高于难度的情况下，能力与难度之间的 logit 差异值越大，答对的概率越高（见表 2.4 靠左的两列数据）。例如，如果被试的能力比试题的难度高 5.0 logits，那么被试答对该题的概率为 99%；如果两者的差异为 4.0 logits，那么答对该题的概率为 98%；如果两者的差异为 1.0 logit，那么答对该题的概率为 73%；如果两者的差异为 0.0，即被试的能力与试题的难度相同，那么答对该题的概率为 50%。反之，在能力低于难度的情况下，能力与难度之间的 logit 差异越大，答对的概率越低（见表 2.4 靠右的两列数据）。例如，如果被试的能力比试题的难度低 5.0 logits，那么被试答对该题的概率为 1%；如果两者的差异

为 4.0 logits，那么答对该题的概率为 2%；如果两者差异为 1.0 logit，那么答对该题的概率为 27%；如果两者的差异为 0.0，那么答对该题的概率为 50%。两者的关系也可以通过图 2.2 展示，横坐标（x 轴）为能力与难度之间的差异，纵坐标（y 轴）为被试答对试题的概率。如图 2.2 所示，在能力高于难度的情况下（位于 x 轴上 0 右侧），能力与难度之间的差别越大，被试答对试题的概率越高；在能力低于难度的情况下（位于 x 轴上 0 左侧），能力与难度之间的差别越大，被试答对试题的概率越低。两者相同的情况下（位于 x 轴上 0 的位置），被试答对试题的概率是 50%。

在这个例证中，我们采用一项简单的考试数据阐述了 Rasch 模型的工作原理。在实际教学与测试中，学生人数和试题数量、类型均与本例不同，但是 Rasch 模型的分析原理是相同的。对于比较复杂的考试数据，我们采用 Rasch 模型的电脑软件分析数据。在语言测试研究领域，Mike Linacre 开发的 Rasch 分析软件 Winsteps（Linacre，2012）和 FACETS（Linacre，2017a）应用最为广泛。Winsteps 主要用于基础 Rasch 模型、评分量表模型和部分得分模型的数据分析，FACETS 主要用于多层面 Rasch 模型的数据分析。在本书中，我们主要采用这两个分析软件展示 Rasch 模型在语言测试中的应用。

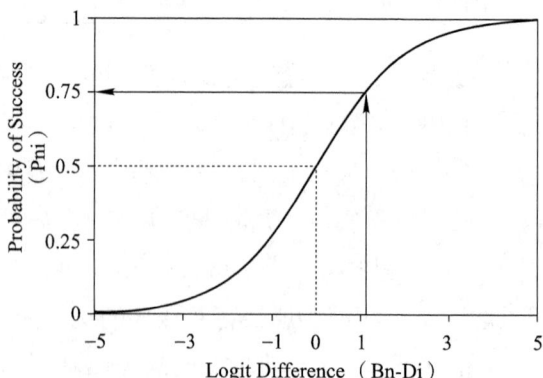

图 2.2 logit 差异与答对概率之间的关系
（摘自 Linacre, 2012, p. 22）

2.3 经典测试理论与 Rasch 模型

有些语言教师或命题人员可能比较熟悉 CTT 并将其运用到教学与测试的考试数据分析中。CTT 起源于 20 世纪初，主要针对被试的原始分展开分析。在 CTT 的框架下，数据分析通常包含以下三类（Alderson *et al.*, 1995；Henning, 1987）：

1）试题的难易度和区分度分析（item facility and item discrimination）

2）考试的信度分析

3）被试的能力分析

第一类分析是关于试题的，包括难易度和区分度。其中，难易度指的是被试答对试题的比例。例如，被试人数是 100，其中有 70 人答对了某道试题，那么该题的难易度为 70/100=0.7。显然，试题的难易度与被试群体的关系密切。例如，同样的试题，如果被试群体的能力更强，答对该题的人数增加，那么其难易度就会升高（如 90/100=0.9）；反之，如果被试群体的能力偏弱，答对该题的人数减少，那么其难易度就会降低（如 40/100=0.4）。试题的区分度指的是试题对被试能力强弱的区分效果，常体现为整体能力较强的被试和整体能力较弱的被试在某道试题上的答题情况差异。例如，我们可以根据被试的考试总分将其分为三组：排名前 1/3 的被试、排名中间 1/3 的被试和排名后 1/3 的被试，然后比较前 1/3 和后 1/3 的被试在试题上的答题情况。一般认为，排名靠前的被试应该比排名靠后的被试在该题上的答题情况更好，该逻辑在一定程度上源于试题所考察的能力构念与考试整体构念相关。如果排名靠后的被试比排名靠前的被试在某试题上的表现更好，那么试题质量存在问题，需要删除或修订。一般认为，区分度在 0.3 或以上的试题质量较好。但是，与试题的难易度相似，试题的区分度也受到被试群体的影响。

在 CTT 中，第二类分析是关于考试信度的。信度这个概念在 CTT 中至关重要，在 CTT 的框架下，一个考试如果信度较低，那么考试结果就会令人质疑，无法用于做高风险决定。信度分析需计算考试的信度系数（如 KR-20 或 Cronbach's alpha 等）。考试的信度系数受到试题难易度和区分度的影响。一般认为，如果试题的难易度有所差异（例如在 0.4 到 0.7 之间），而且试题的区分度比较理想（0.3 或以上），那么考试的信度也比较理想。考试的信度还与试题的数量相关。试题的数量越多，考试的信度也会随之提升。值得一提的是，在 Rasch 分析中也有信度的概念，但是 Rasch 中的信度系数和 CTT 中的信度系数的含义有所不同。我们将在第三章中阐述两者的差异。

第三类分析是通过计算被试在考试上的总分分析被试的能力，但是显而易见，此方法计算出的被试能力是随着试题难度变化的。如果试题难度增加，被试的原始成绩下降，那么计算出的被试能力也随之下降；反之，如果试题难度降低，被试的成绩升高，那么计算出的被试能力也随之升高。

CTT 的优点显而易见，该理论浅显易懂，容易学习且易于应用到考试数据分析中。在包括语言测试在内的教育与心理测试领域，CTT 已被广泛应用到考试评估与数据分析中，在试题和考试质量监控方面发挥了重要作用（Alderson *et al.*，1995；李筱菊，1997）。CTT 最显著的缺点是它对试题质量的评估结果与被试群体的特征密不可分。正如 Hambleton *et al.*（1991，pp. 2-3）所言，"CTT 最主要的缺陷是被试特征和考试特征无法分割，两者必须相互参照才能正确解释数据……如果考试的难度高，那么被试的能力就会下降；如果考试的难度低，那么被试的能力就会升高……试题的难易程度取决于被试的能力，而被试的能力高低又取决于试题的难易程度"。

与 CTT 相比，Rasch 模型对于初学者稍有难度，其基本原理和分析步骤也显得更复杂一些，但是却解决了上述 CTT 的主要缺陷。Rasch 模型分析基于被试在一套试题上的答题情况，通过计算处于某个能力级别的被试答对某道试题的概率，进而得出试题难度与被试能力之间的匹配程度。同样，试题的难度也是通过位于不同能力级别的被试在不同试题上的答题情况估算得出。与 CTT 采用原始分计算被试能力和试题难度不同，Rasch 通过计算被试在试题上的答对概率和对数转换估算被试的能力 logit 值。Rasch 也通过同样的原理估算每道试题的难度 logit 值。由于 Rasch 对被试的能力估计是通过被试在不同难度试题上的答对概率推算的，因此对被试能力的估计并不由特定的试题决定；同样，Rasch 对试题难度的估计是根据不同能力的被试在试题上的答对概率推算的，因此其难度的估计也不受特定被试群体制约。采用 Rasch 分析的另一个重要优势是被试的能力和试题的难度位于同一等距量表，从而极大方便了两者的比较，而这点在 CTT 分析中无法实现。最后，Rasch 模型可以估计每位被试的能力并评估其答题情况是否符合预期，也可以估计每道考题难度并评估被试在该题上的答题情况是否符合预期。我们将在第三章通过具体的数据详细探讨 Rasch 模型分析的优势。关于 CTT 和 Rasch 模型的详细区别还可以参照 Wright（1992）。

2.4 小结

在本章，我们首先简要介绍了 Rasch 模型的起源及其早期在语言测试研究领域的使用情况。然后，我们以跳高比赛为例介绍了 Rasch 模型的基本概念，并通过一项简单的课堂考试数据具体阐述了 Rasch 模型的工作原理。Rasch 模型中的重要概念包括能力值、难度值、能力值和难度值的差异、匹配、被试答对的概率、logit 量尺等。最后，我们总结了 CTT 与 Rasch 模型的关系。在第三章，我们开始探讨基础 Rasch 模型并以实例展示其在语言测试开发与研究中的应用。

第三章
基础 Rasch 模型

3.1 Winsteps 分析概述

本章探讨基础 Rasch 模型在语言测试中的应用。该模型适用于 1/0 计分的试题。例如，听力考试中的多项选择题，答对为 1 分，答错为 0 分。我们将采用 Rasch 模型的分析软件 Winsteps[1] 分析相关数据（Linacre，2017b），并提供详细的 Winsteps 分析步骤（见附录一），逐一阐释 Winsteps 的分析结果。在了解如何采用基础 Rasch 模型进行数据分析和结果解读后，我们将通过语言测试领域采用基础 Rasch 模型的研究案例进一步展示该模型在探讨试题质量和考试效度研究方面的重要功能。

在第二章我们探讨了 Rasch 模型的基本原理，我们提及基础 Rasch 模型仅涉及测量的两个重要方面，即被试的能力和试题的难度。简言之，能力越高的被试答对试题的概率也越高，能力越低的被试答

1　Winsteps 为商业软件。读者既可以购买 Winsteps 软件，也可以采用其免费的版本 Ministeps（https://www.winsteps.com/ministep.htm，2023 年 10 月 18 日读取）。Ministeps 拥有 Winsteps 的所有功能，但前者对分析的数据量有限制。Ministeps 可以分析的样本量最多包括 25 道试题和 75 名被试。如果超过此限制，Ministeps 将仅分析前 25 道试题和前 75 位被试的数据。正式版 Winsteps 可以分析的数据最多可包括 60,000 道试题和 10,000,000 位被试。读者可访问 Winsteps 网站下载和购买该软件（https://www.winsteps.com/winsteps.htm，2023 年 10 月 18 日读取）。

对试题的概率也越低。同理，被试在难度高的试题上答对的概率低，在难度低的试题上答对的概率高。被试答对某道试题的概率取决于被试的能力与试题难度的差异，如果被试的能力显著高于试题的难度，那么其答对试题的概率高，反之概率低。我们采用基础 Rasch 模型分析考试数据时，主要需解读以下结果：

- 变量图（Wright map）
- 总体分析结果（summary statistics）
- 试题统计分析（item statistics）
- 被试统计分析（person statistics）
- 拟合分析（fit statistics）

在解释这些基本结果的同时，我们还将简述多项选择题的干扰性分析（distractor analysis），该分析对于多项选择题的命题和修订具有重要参考价值。

Winsteps 的分析步骤可简要总结如下。首先，Winsteps 根据被试在所有试题上的得分计算其考试总分，并根据被试在每道试题上的得分计算每道试题的难度。接着，Winsteps 根据被试能力（由被试的考试总分确定）和试题难度（根据被试在每道试题上的得分情况确定）计算出每位被试在每道试题上的期望得分（expected score）和得分残差（期望得分和实际得分之间的差别）。根据计算结果，Winsteps 采用已有的信息通过重复迭代（iteration）改善模型，直到模型与实际数据之间的差异达到设定的标准。达到标准后，Winsteps 重新估算每位被试的能力值、每道试题的难度值，以及估算被试、试题与模型之间的拟合统计值（单位：logit）。简言之，Rasch 分析并非简单地看某位被试在某道试题上的答题情况，而是看被试样本中的所有人在某道题上的答题情况。类似地，根据被试在其他试题上的答题情况，也可以估算出某道的难度。接下来我们以一项听力考试数据（15 道试题、38 名学生）为例，对 Winsteps 分析结果的几个重要方面进行解读。

3.2 变量图

我们首先来看变量图（variable map）。该图有时候也被称为 Wright map，用以纪念第二章提到的将 Rasch 模型推广到全世界的美国数学家 Ben Wright。变量图是 Rasch 分析结果的重要组成部分，也是 Rasch 分析的重要优势。大部分 Rasch 分析软件都提供变量图，我们建议读者在详细解读各项 Rasch 分析结果之前先认真观察变量图。如果采用 Rasch 模型发表相关论文，我们也建议作者将变量图附在论文中方便读者解读分析结果。

变量图包含关键变量的信息。在基础 Rasch 模型分析中，相关的两个变量是被试的能力和试题的难度。本章听力考试数据分析的变量图如图 3.1 所示。值得一提的是，为了方便研究人员参考和使用变量图，Winsteps 还提供了多种不同形式的变量图（见附录一）。这些变量图尽管形式稍有差别，但图中关于被试与试题的核心信息是一致的。接下来，我们首先介绍位于图 3.1 中间的 logit 量尺，然后介绍被试能力与试题难度的匹配程度。

3.2.1 logit 量尺

在第二章中我们提及，Rasch 分析的重要优势是将被试能力与试题难度放置在同一等距量尺上，以方便两者之间的比较。图 3.1 中间的竖线即为量尺，量尺刻度对应的数值位于图 3.1 最左侧（单位：logit），在 Rasch 分析中用 measure（测量值）表示。就像学习所有新的测量单位一样，我们熟悉 logit 这个测量单位需要一个过程。例如我们在日常生活中通常使用"米"作为长度单位，用"平方米"或"公顷"作为面积单位。但是有些国家或地区，当地人可能更常用"英尺"（foot）作为长度计量单位，用"公顷"（hectare）作为面积单位。我们初到那些国家或地区时，熟悉和使用这些计量单位需要一个过程。再如，我们通常使用"摄氏度"（celsius）作为温度的计量单位（如今天的气温为 25 摄氏度），但是有些国家或地区可能更常用"华氏度"（fahrenheit）（如今天的气温为 77 华氏度）。熟悉"摄氏度"的读者需要一些时间和过程接受"华氏度"这个计量单位。同样，在传统的测试中，我们通常使用考试的原始分代表被试的能力。Rasch 模型则是通过数学公式对原始分进行处理之后，采用以 logit 为单位的数值报告被试的能力和试题的难度。随着我们不断深入学习 Rasch 模型，我们也会越来越熟悉 logit 这个计量单位。

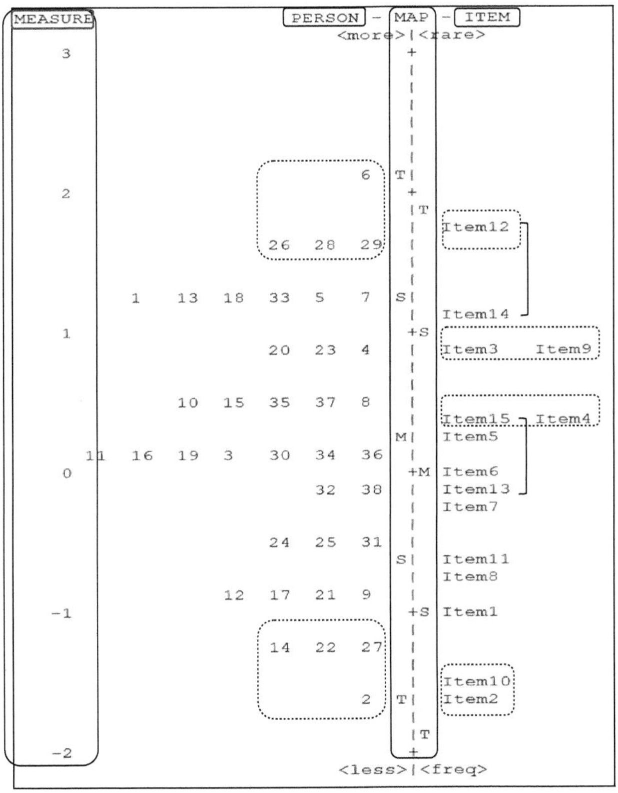

图 3.1　听力考试数据分析变量图（基础 Rasch 模型）

量尺将变量图分为左、右两个部分，左侧是被试的能力分布，右侧是试题的难度分布。如图 3.1 所示，本例中被试的能力值和试题的难度值均在 –2 到 +3 logits 之间。量尺上的 M、S 和 T 分别代表均值（mean）、一个标准差（standard deviation，SD）和两个标准差（two SDs）。Winsteps 在默认设置中将试题难度的均值（M）设置为 0 logit，我们可以在软件中对该默认值进行调整。如图3.1所示，被试的M略位于试题M的上方，为正logit值，这意味着被试的能力均值超过了试题的难度均值。换言之，总体而言，试题对于被试而言略显简单。如果被试的M位于试题M的下方，为负logit值，那么总体而言，被试的能力低于试题的难度，试题对于被试而言偏难。量尺右侧的试题分布显示，所有试题的难度均位于均值的两个标准差（即M±2SDs）以内；同样，量尺左侧的被试分布显示，所有的被试也基本位于均值的两个标准差以内。如果有试题位于两个标准差（即M±2SDs）以外，那么这些试题难度可能过高或过低。在第二章我们指出，试题难度过高或过低均不利于测量。因此，命题人员在修订试题的时候要特别注意这些试题。同样，如果有被试位于两个标准差以外，那么这些被试能力可能过高或过低，也不利于准确测量，原因可能是这些被试与其他被试在所测量的能力上并不属于同一组别。

3.2.2 匹配度

我们接下来看被试能力与试题难度的匹配程度。我们在第二章指出，只有在被试能力与试题难度比较匹配的情况下，我们对被试能力的测量才是有效的。如果被试能力与试题难度差别很大，那么试题便无法有效体现被试的能力，其估计值会不准确，会造成较大的误差。因此，观察被试能力与试题难度的匹配程度是解读变量图的重要步骤。图3.1的左侧显示的是被试的能力分布。该图左侧的上方标记 <more>，在下方标记 <less>，说明被试的位置越靠上，能力越强，位置越靠下，能力越弱。如图3.1所示，被试6、26、28、29的能力最强，被试14、22、27、2的能力最弱。同理，图3.1的右侧显示的是试题的难度分布，图右侧的上方标记 <rare>，说明位于越上方的试题难度越大，因此第12题最难。图右侧的下方标记 <freq>，说明位于越下方的试题难度越小，因此第10、2题最容易。该图显示，被试能力有强有弱，试题难度有高有低，整体而言，被试能力与试题难度匹配性较为理想，这为试题的整体质量分析提供了重要依据。

　　在实际分析中，也会出现被试能力与试题难度匹配性较差的情况。例如，我们在使用 Winsteps 进行数据分析时，可能会出现以下两种情况。第一种情况是被试的能力显著高于试题难度（见图3.2 的左侧），即试题对于被试而言过于简单。如图 3.2 左侧所示，图的上方有一些能力偏高的被试在右侧没有任何对应试题。由于没有足够的试题体现这些被试的能力，因此测试对这部分被试的能力估计值误差较大。相反，在右下方却有一些试题的难度偏低，只有极少数的被试与其对应，因此我们没有足够数据对这些试题难度进行估计，结果也是存在较大误差的。第二种情况是被试的能力显著低于试题难度（见图3.2 的右侧），即试题对于被试而言难度过高。如图 3.2 右侧所示，图的上方有一些难度较高的试题没有能力相当的被试与之对应。由于没有足够的被试提供关于这些试题的难度信息，因此对于这些试题的难度估计值准确性较差。相反，在左下方却有一些能力较低的被试没有与其能力相对应的试题。因为缺乏与之能力对应的试题，我们对于这些被试的能力估计准确性也较差。

　　我们也可以通过观察试题和被试各自的分布情况来考查匹配性。首先，我们注意到有些试题的难度估计值相同，如第 3 题和第 9 题，第 4 题和第 15 题（见图 3.1）。如果考试试题较多，那么可能出现多道试题难度估计值相同或相似的情况，命题人员可考虑在不影响考试内容覆盖面的情况下删除一些难度相同的试题。其次，我们注意到有些试题之间存在着较大空档，例如第 12 题和第 14 题、第 13 题和第 15 题，但有些被试的位置正处于这些空档中。由于缺乏足够的与这些被试能力匹配的试题，因此对他们的能力值估计误差就会相对较大。在高风险考试中，此类情形可能会引起考试公平性方面的担忧。

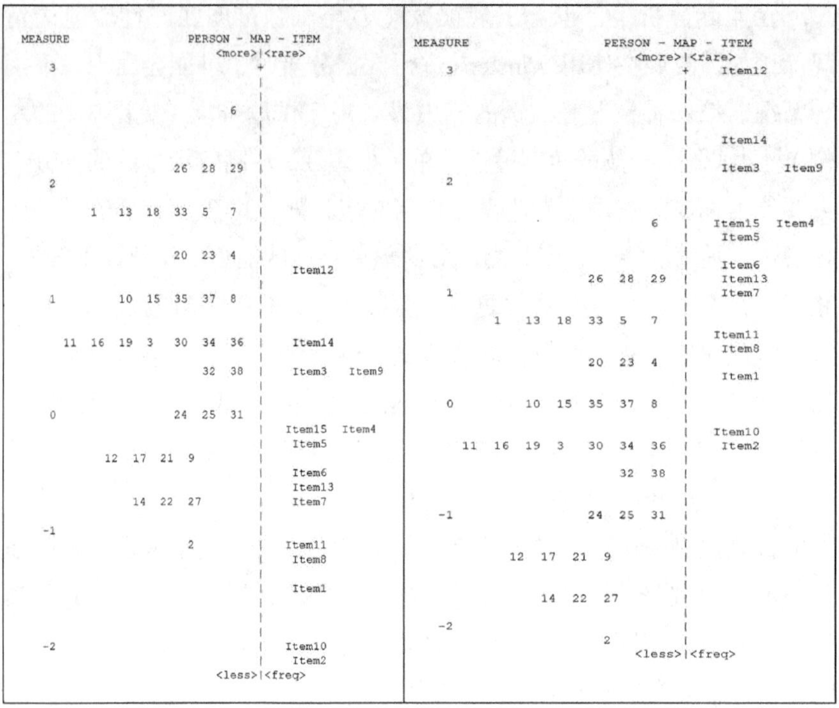

图 3.2　两个匹配性较差的例证（基础 Rasch 模型）

3.3 总体分析结果

在详细解读试题和被试分析结果之前，我们先看一下 Winsteps 提供的总体分析结果。Winsteps 分别提供被试和试题的总体分析结果。表 3.1 显示了被试能力总体分析结果。该表的第二列（total score）显示了被试原始分的统计分析结果，包括均值（8.2）、均值的标准误（standard error of mean，0.4）、总体标准差（population standard deviation，2.6）、样本标准差（sample standard deviation，2.7）、最高分（maximum，13）和最低分（minimum，3）。第三列（count）显示被试答题情况，即所有被试均完成了 15 道试题（最大值与最小值均为 15）。值得一提的是，Winsteps 软件允许存在缺失数据，即使有部分数据缺失，Winsteps 依然可以提供分析结果。第四列（measure）

显示被试的能力值，单位为 logit。该列显示，被试的能力均值为 0.26 logits，均值的标准误为 0.15 logits，总体标准差为 0.93 logits，样本标准差为 0.94 logits。样本中被试能力最高值为 2.17 logits，被试能力最低值为 –1.63 logits。这些信息在上文中提到的变量图 3.1 中也可以观察到，但是该表提供了具体的数据。第五列（model S.E.）显示了模型估计的标准误。该列显示，被试能力的标准误均值为 0.61，均值的标准误为 0.01，总体标准差的标准误为 0.05，样本标准差的标准误为 0.05，模型标准误最大为 0.79，最小为 0.57。这里的标准误即第二章提及的测量精确度，在解读被试能力和试题难度估计值时会再次提及这个概念。该表的后四列均为拟合方面的统计结果。我们将在本章后一部分详细解读拟合统计结果。

表 3.1 下方还有一些关于被试能力测量的重要信息。RMSE（Root Mean Square Error）为均方根误差，体现了 Rasch 模型对被试能力估计值误差的程度。其中，REAL RMSE 代表实际误差的程度，而 MODEL RMSE 代表模型误差的程度。与实际均方根误差相比，模型均方根误差偏小，因为其代表了最乐观的误差估计。表 3.1 显示，模型均方根误差为 0.61，而实际均方根误差为 0.63。TRUE SD 代表了被试能力估计的总体标准差。下面有两个数据非常重要，一是分隔系数（separation），二是被试信度系数（person reliability）。分隔系数体现了试题区分被试能力的程度。在测试实践中，一般要求分隔系数大于 2。也就是说，试题至少可以将被试分为两个能力等级。在本例中，分隔系数仅为 1.06，说明试题无法将被试能力分为不同的等级。分隔系数低的原因可能是被试样本同质性较强，在所测能力上的水平相似。另一个原因是试题的难易度接近。解决被试分隔系数低有两个方法，一是确保被试的能力有差别，二是增加试题数量，采用难易度不同的试题。必须注意的是，表中的被试信度系数并非传统 CTT 数据分析中的 Cronbach's alpha，而是分隔系数的信度。该系数表示试题对被试能力进行分隔的可复制性（reproducibility），即如果我们重复同样的测试步骤，是否可以获得相同或相近的分隔系数。如果信度

高，那么我们很有信心获得相同或相似的分隔系数；如果信度低，那么我们可能很难获得相同或相似的分隔系数。信度系数高能够确保如果重复测试步骤，高水平的被试依然是高水平，低水平的被试依然是低水平。对于高风险考试而言，我们希望信度系数大于 0.8，较低的信度系数应引起考试开发者和使用者的注意。对于本案例而言，被试的信度系数较低，仅为 0.53。

表 3.1　被试能力总体分析结果（基础 Rasch 模型）

```
|        TOTAL                        MODEL       INFIT         OUTFIT      |
|        SCORE     COUNT    MEASURE    S.E.    MNSQ   ZSTD    MNSQ   ZSTD  |
|-------------------------------------------------------------------------|
| MEAN     8.2     15.0      .26      .61     .99    -.02    1.03    .06  |
| SEM       .4       .0      .15      .01     .04     .14     .06    .16  |
| P.SD     2.6       .0      .93      .05     .21     .88     .39    .97  |
| S.SD     2.7       .0      .94      .05     .22     .89     .40    .98  |
| MAX.    13.0     15.0     2.17      .79    1.51    2.15    1.84   2.44  |
| MIN.     3.0     15.0    -1.63      .57     .62   -1.75     .44   -1.52 |
|-------------------------------------------------------------------------|
| REAL RMSE   .63 TRUE SD    .67 SEPARATION 1.06 PERSON RELIABILITY  .53  |
| MODEL RMSE  .61 TRUE SD    .70 SEPARATION 1.14 PERSON RELIABILITY  .57  |
| S.E. OF PERSON MEAN = .15                                               |
```

我们采用类似的方法解释表 3.2 中关于试题难度总体分析结果。表中的第二列是基于原始分数计算的结果，第四列显示试题的难度值。3.2.1 小节提到，在 Winsteps 中，试题的难度均值默认设置为 0 logit。表 3.2 下方的分隔系数和信度系数可以做类似解读。在该案例中，试题的分隔系数为 2.19，也就是说试题可以大约分为两个难度级别。试题信度系数比较理想，为 0.83，表示如果采用相同的被试重复同样的测试步骤，我们有较大的把握将试题分为同样的两个级别。本案例中的试题分隔系数和信度系数都比较理想。如果试题信度较低，那么可以采用两个方法提升信度：一是采用具有一定难度差异的试题；二是增加被试的样本数量且确保被试的能力有所差异。

表 3.2 试题难度总体分析结果（基础 Rasch 模型）

```
-----------------------------------------------------------------------
|            TOTAL                       MODEL      INFIT      OUTFIT   |
|            SCORE     COUNT    MEASURE    S.E.    MNSQ  ZSTD  MNSQ  ZSTD |
|---------------------------------------------------------------------|
| MEAN       20.9      38.0      .00       .38      .99  -.05  1.03   .10 |
| SEM         1.8        .0      .25       .01      .04   .25   .08   .30 |
| P.SD        6.9        .0      .95       .03      .15   .94   .29  1.10 |
| S.SD        7.1        .0      .99       .04      .16   .98   .30  1.14 |
| MAX.       32.0      38.0     1.81       .47     1.22  1.37  1.60  1.85 |
| MIN.        8.0      38.0    -1.68       .35      .67 -2.03   .56 -1.87 |
|---------------------------------------------------------------------|
| REAL RMSE   .40 TRUE SD  .87 SEPARATION 2.19 ITEM RELIABILITY  .83 |
|MODEL RMSE   .38 TRUE SD  .87 SEPARATION 2.27 ITEM RELIABILITY  .84 |
| S.E. OF ITEM MEAN = .25                                             |
-----------------------------------------------------------------------
```

3.4 试题统计分析

　　下面我们就每道试题和每位被试的统计分析结果进行解读。Winsteps 为每道试题都提供了多项分析结果，供命题人员或考试研究人员了解试题质量。用户可以根据需求选择分析结果的呈现方式，如按照试题序号排列、按照试题难度由高到低呈现结果等。表 3.3 显示了按照试题序号排列的分析结果。

　　表 3.3 的第一列显示试题序号，包括 15 道试题。第二列显示答对每道试题的人数，如有 28 位被试答对第 1 题，32 位被试答对第 2 题。第三列显示每道题的作答人数。本例没有缺失数据，因此每道题的作答人数均为 38。第四列显示通过联合最大似然估计方法（Joint Maximum Likelihood Estimation，JMLE）估算的每道试题的难度值（单位：logit）。JMLE 是 Winsteps 采用的迭代方法。由表中数据可知，第一题的难度值为 –0.94 logits，第 2 题的难度值为 –1.68 logits。在本例的 15 道题中，难度最大的是第 12 题，为 1.81 logits；难度最小的是第 2 题，为 –1.68 logits。Winsteps 除了提供每道试题的难度估计值之外，还提供它们对应的标准误（standard error，SE）。例如，第 1 题的标准误为 0.40 logits，第 2 题的标准误为 0.47 logits。我们发现，第 2 题和第 10 题的标准误差相对较大，分别为 0.47 和 0.44 logits。我们在解释变量图的时候指出，试题难度测量误差的大小与其对应的被试人数有关。由于这两道试题对应的被试人数很少（见图 3.1），因此测量误差相对较大。

　　接下来的两列显示每道试题的拟合指数。我们将在本章的下一节详细探讨如何解读 infit 和 outfit 统计值。再之后的一列显示试题的点相关系数（point-measure correlation），即被试在某道试题上的得分与其在其他试题上得分之间的相关系数。左边是观测（observed）相关系数，右边是当数据和模型拟合时的期望（expected）相关系数。在解读这些统计数据时应注意观测相关系数不应该显示为负值。如果试卷中某道题的观测相关系数为负数，那么说明该题所测量的能力构念和试卷测量的能力构念呈现相反的趋势。在实际数据分析过程中，命题人员可能需要删除点相关系数为负值的试题，因为这些试题会影响试卷的效度。在本案例中，所有的试题点相关系数均为正值。除了要确保点相关系数为正值，其大小也最好能够达到 0.3 或以上，这说明该题测量的能力构念和试卷测量的能力构念存在较强的关联性。在本案例中，第 1、4、12 和 14 题的点相关系数较低。在实际的试题质量评估中，我们需要重点检查这几道试题。值得一提的是，表 3.3 中提供的试题统计结果彼此之间可以相互印证。例如，点相关系数为负数或者数值较低的试题，其拟合指标往往也不够理想。下一列数据为确切匹配百分比（exact match）。其中，OBS% 表示实际观测数据值与模

表 3.3　试题分析结果（基础 Rasch 模型）

ENTRY NUMBER	TOTAL SCORE	TOTAL COUNT	JMLE MEASURE	MODEL S.E.	INFIT MNSQ	INFIT ZSTD	OUTFIT MNSQ	OUTFIT ZSTD	PTMEASUR-AL CORR.	PTMEASUR-AL EXP.	EXACT MATCH OBS%	EXACT MATCH EXP%	ITEM
1	28	38	-.94	.40	1.19	.99	1.60	1.80	.13	.37	73.7	75.4	Item1
2	32	38	-1.68	.47	1.00	.11	1.06	.29	.29	.31	84.2	84.1	Item2
3	14	38	.91	.37	.95	-.32	.94	-.25	.43	.39	73.7	69.6	Item3
4	18	38	.39	.36	1.18	1.37	1.24	1.42	.21	.40	63.2	67.2	Item4
5	19	38	.27	.35	1.07	.60	1.08	.54	.33	.40	65.8	67.1	Item5
6	21	38	.02	.36	1.08	.66	1.06	.42	.33	.40	57.9	67.9	Item6
7	23	38	-.24	.36	.83	-1.20	.74	-1.43	.58	.40	68.4	69.5	Item7
8	27	38	-.79	.39	.67	-2.03	.56	-1.87	.71	.37	86.8	73.7	Item8
9	14	38	.91	.37	1.03	.27	1.21	1.00	.31	.39	68.4	69.6	Item9
10	31	38	-1.47	.44	.83	-.64	.65	-.81	.51	.33	84.2	81.7	Item10
11	26	38	-.65	.38	.78	-1.35	.75	-1.04	.59	.38	84.2	76.3	Item11
12	8	38	1.81	.42	1.22	.98	1.17	.56	.12	.33	76.3	79.3	Item12
13	22	38	-.11	.36	.95	-.35	.91	-.46	.46	.40	71.1	68.7	Item13
14	12	38	1.18	.38	1.09	.62	1.51	1.85	.20	.37	78.9	71.4	Item14
15	18	38	.39	.36	.94	-.47	.90	-.58	.47	.40	68.4	67.2	Item15
MEAN	20.9	38.0	.00	.38	.99	-.1	1.03	.1			73.7	72.3	
P.SD	6.9	.0	.95	.03	.15	.9	.29	1.1			8.4	5.3	

型期望的数据值之间的差距小于 0.5 分的百分比，EXP% 表示预测的数据值与模型期望的数据值之间的差距小于 0.5 分的百分比。该表的最后一列显示试题在数据库中的名称。

3.5 试题拟合分析

在本书的第二章我们通过一项语法考试数据介绍了 Rasch 模型的基本原理。我们提及了 Rasch 分析中的一个核心概念——拟合。拟合可以分为三种：拟合良好、拟合不足和拟合过度。拟合良好指的是实际观测数据与基于 Rasch 模型的期望数据之间契合度较好。拟合不足指的是实际观测数据与基于 Rasch 模型的期望数据之间契合度较差。过度拟合指的是实际观测数据与基于 Rasch 模型的期望数据之间高度契合，实际观测数据缺乏应有的变化。

Rasch 分析软件均报告两个重要的拟合指数：加权的均方拟合统计量（Infit MnSq，全称 information-weighted mean square fit statistic）和未加权的均方拟合统计量（Outfit MnSq，全称 unweighted mean square fit statistic）。这两个拟合统计量在计算的时候稍有差别。Infit MnSq 是经过加权后计算的统计量，该值在计算时会考虑 Rasch 模型计算出的被试能力值、试题难度值、实际观测数据与基于 Rasch 模型的期望数据之间的差别。例如，根据 Rasch 模型的预测，某道试题的难度较低，但是能力很高的被试却答错了该题，在计算该题的 Infit MnSq 时，Rasch 软件会为这些高能力考生的数据赋予较低的权重。同理，如果某道试题的难度很高，但是能力很低的被试却答对了该题，在计算 Infit MnSq 时，Rasch 软件同样会为这些低能力考生的数据赋予较低的权重。Outfit MnSq 是未经加权处理后的拟合统计量，即使数据与 Rasch 模型的期望值明显不符合，Rasch 软件在计算均方拟合统计量时也不会对其区别对待。Infit MnSq 和 Outfit MnSq 的理想值均为 1，最小值为 0，最大值为无穷大。如果它们大于 1，说明数据与模型之间存在某种程度上的拟合不足；如果它们小于 1，说明数据与模型之间存在某种程度上的拟合过度。在实际的应用中，由于 Infit MnSq

值在计算的过程中考虑到了与模型预测明显不符的数据（或称为极值，extreme values 或 outliers），因此我们通常采用 Infit MnSq 作为衡量试题质量的重要指标。但是，这并不代表 Outfit MnSq 完全不用考虑。在高风险考试中，考试研究人员可能很有必要探讨考生在某些试题上的应答与 Rasch 模型的预测存在较大差别的原因。

我们通过表 3.4 中的数据进一步解释如何采用 Infit MnSq 和 Outfit MnSq 判断数据与模型的拟合程度。假设有一组多项选择题试题，其难度从左到右逐渐递增。我们来看五组数据。在第一组数据中，被试在容易的试题上全部答对（1 代表答对，0 代表答错），但是在难度中等的试题上有对有错（1 与 0 交替），在难度较高的试题上全部答错（均为 0）。Infit MnSq 和 Outfit MnSq 均接近理想值 1。该组数据与模型的拟合良好。在第二组数据中，被试在容易的试题上全部答对，而在难度较高的试题上全部答错。该组的数据非常整齐，但是正如第二章指出的，这样的数据在实际生活中很难出现。因此，Infit MnSq 和 Outfit MnSq 都很低，也就是数据与模型拟合过度。在第三组数据中，被试在容易的试题上全部答错，但是在难度较高的试题上全部答对。这显然有悖于常理，可能是数据在录入的时候把 1 和 0 颠倒所致，其结果是 Infit MnSq 和 Outfit MnSq 都很高，数据与模型的拟合不足。在第四组数据中，被试的数据基本符合模型的预期，但是在第一题较为容易的试题上答错。原因可能是在回答该题时粗心大意。表 3.4 中的数据显示，第四组数据的 Infit MnSq 值（1.0）并没有因此而受影响，但是 Outfit MnSq 值却很高（3.8）。同样，在第五组数据中，被试的答题情况与模型的预期基本相符，但却答对了最后一题难度较高的试题，原因有可能是该题考察的内容被试恰巧能够回答，或者是被试猜测成功。表 3.4 中的数据表明，Infit MnSq 值并没有因此受到影响，但是 Outfit MnSq 值却明显高于理想值 1。

表 3.4　数据与模型的拟合分析（基础 Rasch 模型）

试题	拟合指数		拟合结果分析
容易 → 困难	Infit MnSq	Outfit MnSq	
1. 111…011010…000	1.1	1.0	拟合良好
2. 111…110000…000	0.5	0.3	拟合过度
3. 000…000111…111	4.3	12.6	拟合不足
4. 011…111000…000	1.0	3.8	Infit 与 Outfit 不一致
5. 111…110000…001	1.0	3.8	Infit 与 Outfit 不一致

　　Linacre（2012）在 Winsteps 软件的操作手册中用音乐会作比喻阐述数据与模型的拟合程度。例如我们去参加一场音乐会，当我们听到音量适中、旋律优美的音乐声响起时，我们感觉非常愉悦。精确的测量正如音量适中、旋律优美的音乐，此时 MnSq 值为理想值 1。但是，如果我们听到音乐的同时也听到很多噪音，那么此时 MnSq 值大于理想值 1，而且噪音越强，MnSq 值也越高，测量的有效性也随之降低。如果噪音很大，甚至盖过了音乐的声音，那么说明测量的有效性很低，数据与模型存在拟合严重不足的情况（如表 3.4 中的第三组数据）。另外一种情况是，音乐的旋律优美，尽管没有噪音，但是音量太低，让人无法欣赏。此时，数据与模型的拟合过度，测量的有效性同样降低。

　　Bond & Fox（2015，p. 269）建议在解读 Infit MnSq 和 Outfit MnSq 值时可以采用 $1 + x$ 的公式以体现 Rasch 模型预测的数据之间拟合不足的程度。例如，如果某道试题的 Infit MnSq 值为 1.30，那么该试题的数据与 Rasch 模型的预测数据之间存在一定的差异，1.30（1 + 0.30）说明实际观测数据与 Rasch 模型的预测数据相比存在 30% 的差异。同理，如果某道试题的 Infit MnSq 值为 0.80，那么该试题的实际观测数据与 Rasch 模型的预测数据相比减少了 20% 的差异。Linacre（2012）认为，MnSq 值如果介于 0.5 到 1.5 之间说明测量有效性比较理想。但是，该值的解读要根据具体的测试情况确定。一般而言，风险越高的考试对 MnSq 值的要求也越高。高风险考试试题的 MnSq 值最好介于 0.8 到 1.2 之间；低风险考试的试题可以适当放宽为 0.7~1.3，甚至可放宽至 0.5~1.5。

Winsteps 不仅提供 Infit MnSq 和 Outfit MnSq 值，还提供它们的标准化 Z 值（Standardized Z 或 ZSTD）。之所以称之为 Z 值，是因为其分布为标准的正态分布，均值为 0，标准差为 1。根据我们通常对 Z 值的解释，如果该值大于 +2（说明拟合不足）或小于 −2（说明拟合过度），那么数据与模型的拟合存在统计意义上的差异（$p<0.05$）。换言之，当该值介于 −2 与 +2 之间时测量有效性比较理想。值得一提的是，MnSq 值和标准化 Z 值均受样本量的影响，前文提到的区间基本适用于 30-300 左右的样本量（Bond & Fox，2015）。如果样本量较大（如大于 400），那么 MnSq 值会变得较小，可能所有试题均在我们前面提到的区间内（如 0.8~1.2）。但是，如果我们观察试题的标准化 Z 值，很可能会发现有多道试题不在我们建议的区间内（−2~+2）。也就是说，如果样本量足够大，那么试题可能都符合 MnSq 值的区间要求，却并不一定符合 Z 值的区间要求。这是采用基于 Rasch 残差计算拟合统计量的缺陷。因此在实际应用中，读者需要根据 Winsteps 提供的不同分析结果综合判断试题质量。

依据以上讨论，表 3.3 中试题的拟合统计值说明试题的整体拟合情况较好。第 12 题 Infit MnSq 值稍高，应适当关注。第 1、4、9、14 题 Outfit MnSq 稍高，也可以适当关注，探究其中的原因。除了第 8 题（拟合过度），其他所有试题的 Z 值均在 −2 到 +2 的区间内。

对于拟合不足的试题，我们建议仔细检查其内容确定原因。如果是试题质量存在严重问题且无法修改，那么建议删除。在实际操作中，我们通常会考虑对其进行修订。例如，如果是多项选择题，拟合不足产生的原因可能是某些干扰项的设置不合理。在对其进行修订后，拟合不足的问题通常能够得以解决。与拟合不足相比，拟合过度的试题通常无需过于担心，因为尽管这些试题不能为测量提供更多的有益信息，但也并非测量中的噪音。对于拟合过度的试题，考试评估人员需考虑该试题与其他试题之间是否存在一定的依附关系（local dependence）。考试工作者也需要注意，拟合过度的试题过多也有可能造成测试的信度虚高。

3.6 被试统计分析

除了每道试题的分析结果，Winsteps还提供每位被试的分析结果。在前文我们指出，Winsteps采用多种方式呈现分析结果，例如，我们可以按照被试能力值由高到低，或者按被试的序号由低到高进行排列（见表3.5）。对被试分析结果的解读可以参照前面两节中关于试题分析结果的解读。表3.5的第四列非常重要，因为该列提供了每位被试的能力估计值。从中可知，第6位被试的能力值最高，为2.17 logits；第2位被试的能力值最低，为–1.63 logits。这些结果与图3.1听力考试数据分析变量图展示的结果完全吻合。Winsteps除了提供每位被试的能力估计值，也提供其对应的标准误。与解读试题难度估计值相似，被试能力标准误的大小取决于是否存在与其能力匹配的试题数量：这样的试题数量越多，标准误越小；试题数量越少，标准误越大。表3.5显示，第6位被试能力值最高，但是标准误也最大，说明试卷中缺乏与其能力匹配的试题。能力值居中的被试标准误相对较小（例如第19、30位被试），因为与其能力匹配的试题数量较多。如前文所述，精确的测量取决于试题难度与被试能力的匹配程度。匹配度越好，测量越精确。测量的精确度直接影响到考试的公平性，在高风险考试中尤其需要关注。

表3.5中的Infit MnSq和Outfit MnSq的解读与表3.4中试题拟合统计值的解读相似。MnSq的理想值为1，大于1表示拟合不足，小于1表示拟合过度。标准化Z值应在–2与+2之间，说明被试的答题数据与模型的预期拟合较好。对于高风险考试而言，我们可以采用比较严格的区间0.8~1.2；如果考试的风险较低，那么该区间可以适当放宽，例如0.7~1.3或0.5~1.5。同样地，Infit MnSq与Outfit MnSq的

主要区别在于前者在计算统计量时考虑到了被试的试题作答情况是否符合模型预期。例如，某位能力很高的被试却答错了一道难度很低的试题，那么在计算 Infit MnSq 统计值时，Rasch 软件会赋予这些数据较低的权重，而 Outfit MnSq 在计算时不会对这部分数据区别对待。因此，在评估被试与模型的拟合度时，我们更常采用 Infit MnSq 及标准化 Z 值。与拟合过度相比，拟合不足更值得关注。表 3.5 显示，当我们采用 0.7~1.3 的区间时，被试 2、14、32 和 38 显示拟合不足，被试 8、9、23 和 29 显示拟合过度。表 3.6 详细展示了这些被试的答题情况。我们以 Infit MnSq 最高的被试 32 在 15 道题上的答题情况为例展开分析。该被试的应答情况与模型的预期存在较大差异。例如，

表 3.5　被试分析结果（基础 Rasch 模型）

ENTRY NUMBER	TOTAL SCORE	TOTAL COUNT	JMLE MEASURE	MODEL S.E.	INFIT MNSQ	ZSTD	OUTFIT MNSQ	ZSTD	PTMEASUR-AL CORR.	EXP.	EXACT MATCH OBS%	EXP%	PERSON
1	11	15	1.20	.63	.97	.01	.77	−.36	.43	.37	66.7	75.2	1
2	3	15	−1.63	.69	1.33	.91	1.84	1.27	−.04	.34	73.3	80.0	2
3	8	15	.16	.57	.99	.01	.91	−.24	.44	.41	60.0	67.6	3
4	10	15	.83	.60	.84	−.59	.71	−.71	.56	.39	66.7	71.3	4
5	11	15	1.20	.63	.89	−.28	.73	−.44	.49	.37	80.0	75.2	5
6	13	15	2.17	.79	.96	.10	1.72	.97	.18	.29	86.7	86.6	6
7	11	15	1.20	.63	1.05	.28	1.74	1.40	.21	.37	80.0	75.2	7
8	9	15	.49	.58	.65	−1.75	.57	−1.52	.74	.40	86.7	68.8	8
9	5	15	−.82	.60	.62	−1.64	.53	−1.38	.76	.39	86.7	71.7	9
10	9	15	.49	.58	.83	−.72	.73	−.84	.58	.40	73.3	68.8	10
11	8	15	.16	.57	.71	−1.47	.64	−1.43	.70	.41	73.3	67.6	11
12	5	15	−.82	.60	1.06	.31	.97	.06	.36	.39	73.3	71.7	12
13	11	15	1.20	.63	.76	−.79	.60	−.80	.61	.37	80.0	75.2	13
14	4	15	−1.20	.63	1.34	1.13	1.83	1.53	−.05	.37	73.3	75.7	14
15	9	15	.49	.58	.75	−1.17	.67	−1.11	.65	.40	86.7	68.8	15
16	8	15	.16	.57	1.12	.63	1.35	1.24	.24	.41	73.3	67.6	16
17	5	15	−.82	.60	.95	−.09	1.01	.16	.41	.39	86.7	71.7	17
18	11	15	1.20	.63	1.22	.80	1.47	1.00	.10	.37	80.0	75.2	18
19	8	15	.16	.57	1.00	.06	1.06	.30	.40	.41	73.3	67.6	19
20	10	15	.83	.60	1.02	.15	1.03	.21	.36	.39	66.7	71.3	20
21	5	15	−.82	.60	1.15	.63	1.14	.48	.26	.39	73.3	71.7	21
22	4	15	−1.20	.63	1.28	.94	1.43	.94	.08	.37	73.3	75.7	22
23	10	15	.83	.60	.68	−1.36	.59	−1.12	.70	.39	93.3	71.3	23
24	6	15	−.48	.58	.86	−.55	.91	−.21	.52	.41	80.0	69.6	24
25	6	15	−.48	.58	.86	−.58	.77	−.71	.56	.41	66.7	69.6	25
26	8	15	.16	.69	1.06	.82	.82	−.09	.32	.33	73.3	80.5	26
27	4	15	−1.20	.63	1.07	.32	1.02	.21	.31	.37	73.3	75.7	27
28	12	15	1.63	.69	.90	−.15	.70	−.32	.45	.33	86.7	80.5	28
29	12	15	1.63	.69	.65	−.95	.44	−.90	.68	.33	86.7	80.5	29
30	8	15	.16	.57	1.17	.83	1.23	.87	.24	.41	73.3	67.6	30
31	6	15	−.48	.58	1.05	.28	1.01	.13	.37	.41	66.7	69.6	31
32	7	15	−.16	.57	1.51	2.15	1.79	2.44	−.13	.41	40.0	67.8	32
33	11	15	1.20	.63	.91	−.22	.76	−.36	.47	.37	80.0	75.2	33
34	8	15	.16	.57	.73	−1.35	.66	−1.34	.68	.41	73.3	67.6	34
35	9	15	.49	.58	1.12	.60	1.05	.27	.31	.40	60.0	68.8	35
36	8	15	.16	.58	1.08	.49	1.14	.58	.32	.41	60.0	67.6	36
37	9	15	.49	.58	1.14	.66	1.10	.41	.28	.40	60.0	68.8	37
38	7	15	−.16	.57	1.32	1.42	1.54	1.78	.07	.41	53.3	67.8	38
MEAN	8.2	15.0	.26	.61	.99	.0	1.03	.1			73.7	72.3	
P.SD	2.6	.0	.93	.05	.21	.9	.39	1.0			10.7	4.7	

在难度较低的试题上（第 2、10、1、8 题），该被试答对两题，答错两题。然而，该被试答对了难度最高的两道试题（第 14、12 题）。我们接下来观察拟合过度的被试的答题情况。例如，被试 9 与模型的预期几乎完全一致。该被试在难度较低的试题上几乎完全答对（除了第 11题），而在难度较高的试题上全部答错。

被试拟合出现问题的原因可能包括以下两个方面。一是被试不属于同一个群体。例如，一部分被试的母语为英语，另一部分被试的母语为其他语言，他们同时参加用英语呈现试题的数学测试。那么，有可能有些被试即使具备解答数学问题的能力，却因为语言问题无法理解试题，导致数据与模型拟合度差。二是试题本身存在质量问题。在遇到被试拟合度差的时候，我们建议检查被试应答的原始数据以探究拟合度差的具体原因。如果在一项测试中拟合度差的被试数量较多（如超过被试数量的 2% 甚至 5%），那么测试开发者可能要考虑对试题进行修订。值得一提的是，Winsteps 也可以将被试的能力测量值（单位为 logit）转换为学生和教师熟悉的分数报告形式（如百分制）。附录一将介绍如何进行这一转换。

表 3.6 拟合不足及拟合过度的被试答题数据（基础 Rasch 模型）

被试	2	10	1	8	11	7	13	6	5	15	4	9	3	14	12	Infit	拟合
2	0	0	1	0	0	0	0	1	0	0	0	0	0	1	0	1.33	不足
14	1	0	0	0	0	0	0	1	0	0	0	0	0	1	0	1.34	不足
32	0	1	0	1	0	0	1	1	1	0	0	0	0	1	1	1.51	不足
38	1	0	0	1	1	0	1	1	0	0	0	0	1	0	1	1.32	不足
8	1	1	1	1	1	1	1	0	1	1	0	0	0	0	0	0.65	过度
9	1	1	1	1	0	1	0	0	0	0	0	0	0	0	0	0.62	过度
23	1	1	1	1	1	1	0	1	1	1	0	0	0	0	0	0.68	过度
29	1	1	1	1	1	1	1	1	1	1	1	0	1	0	0	0.65	过度

试题（由易到难）

3.7 多项选择题中的干扰项分析

对考试的命题人员而言，Winsteps 的多项选择题干扰项分析是非常有用的功能。我们在本章的附录部分详细展示如何在 Winsteps 里进行干扰项分析。我们以 100 位被试在一项校本英语听力考试中三道多项选择题的 Winsteps 分析结果为例（见表 3.7），展示如何进行干扰项分析。表 3.7 的第一列从左到右依次显示试题编号、ABCD 四个选项以及干扰项和答案的编码。0 代表干扰项，1 代表答案。第二列显示每个选项的答题人数及百分比。下一列为选择各选项的被试平均能力估计值及该群体的标准差、标准误均值以及拟合指数统计量（包括 Infit MnSq 和 Outfit MnSq）的均值。PTMA CORR. 表示在该选择上答错的被试得分和答对的被试得分之间的点相关系数。

表 3.7　多项选择题干扰项分析结果例证（基础 Rasch 模型）

ENTRY NUMBER	DATA CODE	SCORE VALUE	DATA COUNT	%	ABILITY MEAN	P.SD	S.E. MEAN	INFT MNSQ	OUTF MNSQ	PTMA CORR.	ITEM
4	D	0	11	11	.11	.92	.29	.9	.9	-.24	ITEM4
	B	0	25	25	.39	.85	.17	1.0	1.0	-.20	
	A	0	17	17	.76	.53	.13	1.2	1.2	.03	
	C	1	47	47	.97	.84	.12	1.1	1.1	.30	
5	D	0	17	17	-.02	.85	.21	.8	.7	-.37	ITEM5
	C	0	1	1	.23	.00	.8	.7	-.05		
	A	0	19	19	.80	.80	.19	1.5	1.6	.06	
	B	1	63	63	.86	.80	.10	1.1	1.1	.25	
18	B	0	20	20	.11	.77	.18	.9	.8	-.34	ITEM18
	C	0	9	9	.11	.57	.20	.8	.7	-.21	
	D	0	3	3	1.21	.88	.62	2.0	2.9	.11	
	A	1	68	68	.92*	.80	.10	1.0	1.0	.38	

选择某干扰项的人数是评估其干扰力的指标之一。如果一个干扰项的选择人数很少，那么建议对其进行修订。例如，第 5 题的干扰项 C 只有一名被试选择，说明该干扰项的干扰力太弱，需要修订。选择干扰项的被试能力均值是评估干扰项的另一个重要指标。正常情况下，能力强的被试选择答案项，而能力相对较弱的被试选择干扰项。如第 4 题中，选择干扰项（DBA）的被试能力均值均低于选答案（C）的被试能力。最后，我们也需要看一下拟合指数统计量。如果干扰项或

答案项的 Infit MnSq 不在我们设定的区间内（如 0.8~1.2），那么我们也有必要对其进行检查或修订。

我们以第 5 题为例展示如何进行干扰项分析。如前文指出，选择干扰项 C 的被试人数太少，说明其设置不合理，需要修订。此外，干扰项 A 的拟合指数统计量显示拟合不足（Oufit MnSq=1.6），因此该干扰项可能也需要修订。从被试的能力均值来看，选择正确答案 B 的能力均值为 0.86 logits，大于选择各干扰项的被试能力均值。这是合理的，因为我们希望能力强的被试选择正确答案，而能力较弱的被试选择干扰项。但是，19 名选择干扰项 A 的被试能力均值为 0.80 logits，与选择正确答案的被试能力均值非常接近（0.86 logits）。这说明有部分能力较强的被试选择了干扰项 A，从而导致了该干扰项拟合不足，需要修订。

我们再以第 18 题为例展示干扰项分析。首先，干扰项 C、D 的选择人数很少，尤其是干扰项 D。其次，我们发现三位选择干扰项 D 的被试平均能力均值为 1.21 logits，超过了选择正确答案 A 的被试能力均值（0.92 logits）。这说明干扰项 D 的设置存在问题，需要修订。在 Winsteps 分析结果中，如果选择正确答案的被试能力均值小于选择干扰项的被试能力均值，那么软件会在前者的右侧标记星号，以提醒命题人员此题的答案或干扰项存在异常，需要修订。由于 18 题中选择干扰项 D 的人数很少且拟合不足，命题人员可能更应重点修订干扰项 D。

3.8 应用实例展示

本章最后我们通过两个具体的研究案例展示基础 Rasch 模型在考试质量评估和效度研究方面的应用。第一个研究案例采用 Rasch 模型分析探讨了一项词汇量测试（Vocabulary Size Test，VST）的效度（Beglar，2010）；第二个研究案例是对一项听写测试展开的效度研究（Leeming & Wong，2016）。

应用实例一

实例一对使用 Rasch 模型进行考试效度分析具有重要参考价值。

众所周知，词汇学习在语言学习中占据重要地位。本研究基于
Messick（1989b）的效度理论探讨了一项英语词汇量测试的效度。
VST 的测试对象为英语作为第二语言的学习者，测试的能力为书面词
汇运用的能力，涵盖英语中 1000—14000 词族的词汇。本研究中选用
的 VST 测试共包括 140 道题，以 1000 词族为单位，每个词族包括 10
道题。该测试的形式为四选一的多项选择题。例证如下：

Miniature: It is a miniature.

A. a very small thing of its kind

B. an instrument for looking at very small objects

C. a very small living creature

D. a small line to join letters in handwriting

(Beglar, 2010, p. 104)

本研究的被试共有 197 人，其中包括 19 名英语为母语的被试
和 178 名英语为外语的被试（高水平被试 29 人；中等水平被试 53 人；
低水平被试 96 人）。本研究的具体设计如下。英语为母语的被试
（n=19）和英语为外语的高水平被试（n=29）完成全部 140 道试题；
中等水平被试（n=53）完成 80 道试题（即基于第一个 1000 到第八个
1000 词族的试题）；低水平被试（n=96）完成 40 道试题（即基于第一
个 1000 到第四个 1000 词族的试题）。全部被试均完成前 40 道题，这
些试题中统计测量指标最佳的 23 道试题被用作锚题（anchor）以估算
测试中其他试题的难度。锚题的 Infit MnSq 值均在 0.9~1.1 区间内。我
们将在第八章详细探讨锚题和考试等值等话题。

作者根据 Messick（1989b）的效度理论，探讨了该词汇测试内
容、理论、结构等方面的效度。例如，内容效度的证据可以通过检查
试题难度的覆盖面和试题的技术指标获取。作者采用 Winsteps 中的变
量图展示不同词族试题难度的分布情况。Rasch 模型的分析结果表明，
不同词族的试题难度基本符合预期。例如考察第一个 1000 词族的试题
基本位于变量图的下方，说明其难度较低；而考察第 14 个 1000 词族
的试题基本位于变量图的上方，说明其难度较高。Rasch 分析结果中

的分隔系数表明 140 道词汇题可以大致分为 7 个级别，说明该测试适用于不同英语词汇水平的英语学习者，也可以用于检查他们在词汇习得上的进步情况。作者通过 Rasch 分析中的拟合统计量检查了每一道试题与模型的拟合情况，有 5 道试题被诊断为拟合不足。作者通过干扰项分析探讨了这 5 道试题拟合不足的原因。除了拟合不足的试题之外，作者还发现 3 道试题存在拟合过度的问题。作者指出，拟合过度可能是因为试题之间存在依存性。虽然这些试题对测量质量没有产生负面影响，但可能造成信度虚高的假象。在本案例中，由于拟合不足和拟合过度的试题数量相对较小（<5%），因此不会对 VST 的测量属性产生严重影响。

除了内容效度，作者还比较了几组不同英语水平的被试 Rasch 能力估计值，并将比较结果与词汇习得理论的预期进行对比，从而为 VST 的理论效度提供支撑。分析结果表明，英语为本族语的被试接受性词汇能力最强，其次是高水平、中等水平和低水平被试。而且，英语为本族语的被试与英语为二语的高水平被试的词汇知识之间的差别大于中等水平被试与低水平被试之间的差别，高水平被试与中等水平被试之间的差别也大于中等水平被试与低水平被试之间的差别，这些差别均与基于词汇习得理论的预期相符。

除了以上分析，作者还采用 Winsteps 中的维度分析探讨了 VST 的结构效度，分析结果证明了该测试的单维性。我们将在第八章详细探讨 Winsteps 中的维度分析。作者还分析了测试结果的稳定性和概化力。例如，VST 测试共包括 14 个词族，每个词族含 10 道题。作者从每个词族中随机抽取 5 题作为一组，剩下的 5 题作为另一组，将上述抽题步骤重复 14 次，最终得到两套各含 70 道题的试卷。接着，作者采用 Rasch 分析分别计算被试在这两套试卷上的能力估计值并做相关分析。结果表明，被试在这两套试题上的能力估计值高度相关（相关系数为 0.98），这为 VST 的测量稳定性提供了重要支持。Rasch 分析结果中的信度系数（0.96）为考生考试分数的概化力提供了重要证据。

应用实例二

实例二对使用 Rasch 模型评估和修订语言测试具有重要的参考价值。Leeming & Wong（2016）采用 Rasch 模型评估了一项课堂英语听写测试的质量。该研究的作者为英语教师，案例中的听写测试是作者开发的课堂测试。作者通过一系列的 Rasch 分析对该测试进行了修订。本研究在一所日本高校展开，被试为 146 名大学生。本研究中的听写测试是一篇长度为 93 个单词的短文，短文由作者录制成音频。被试在测试中听两遍录音，第一遍录音为正常语速，第二遍录音在适当的地方停顿，给被试听写的时间。被试完成测试以后，两位作者共同开发了评分细则并批改了被试的听写结果。在批改时，每个单词听写正确为 1 分，错误为 0 分。因此，在本案例中，每个单词可视为一道试题。

在采用 Rasch 模型对数据进行分析时，作者首先检查该测试中每个单词 / 试题与模型的拟合情况。考虑到本案例中的测试为课堂测试，作者采用了较为宽松的拟合统计量区间（0.7~1.3）。分析结果表明，8 道试题拟合不足，作者将这些试题按照其 Infit MnSq 值从大到小逐一删除。每删除一道试题，作者会重新用 Winsteps 分析数据并检查试题的拟合情况。在删除 8 道拟合不足的试题以后，所有试题的 Infit MnSq 值均在 0.7~1.3 之间，但是作者发现有 3 道试题的标准化拟合统计值 Z>+2，因此一并删除这 3 道试题。作者还采用 Winsteps 对测试数据做了维度分析和试题独立性检验。我们将在第八章详细探讨这两种分析。

Winsteps 的变量图表明，该听说测试对被试而言难度较低。其中 6 道试题位于变量图的最下方，左侧没有被试与其对应。作者检查学生作答情况后发现，所有学生均答对了这 6 道题，因此这些试题无法提供关于被试能力的有用信息。由于这些试题过于简单，因此作者决定将其删除。在删除这些试题后，试题分隔系数为 4.98，信度为 0.96；被试分隔系数为 2.89，信度为 0.89。尽管试题分隔系数和信度比较理想，但是作者在进一步分析后发现仍有 6 道试题的难度对于被试的能力而言过低，位于变量图的最下方，左侧没有被试与其对应。因此作者决定删除这些试题。在删除这些试题后，试题分隔系数为 5.62，信度为 0.97；被试分隔系数为 2.87，信度为 0.89。

　　为了进一步探讨该听说测试的效度，作者还将被试的 Rasch 能力估计值与他们在托业考试上的成绩做了相关分析。结果表明，被试的听写能力与他们在托业考试听力部分的成绩（0.76）和托业考试的总分（0.80）显著相关，与他们在托业考试阅读部分的成绩相关系数则略低（0.69）。这些分析结果也为该听写考试的效度提供了一定的支撑。该案例展示了语言教师如何使用 Rasch 模型分析他们命制的试题，并且根据分析结果对试题进行修订，对语言教师开发和修订课堂测试具有重要的指导作用。

3.9 小结

　　在本章我们探讨了如何使用基础 Rasch 模型分析语言考试数据，从而为试题修订和考试的效度研究提供重要依据。我们阐述了如何解读 Winsteps 中基础 Rasch 模型分析的各项结果，包括变量图、信度分析、分隔系数、试题统计分析和被试统计分析等。我们侧重探讨了试题和被试的拟合分析结果。我们也简要介绍了如何对多项选择题进行干扰项分析。在本章的末尾，我们分享了两项采用基础 Rasch 模型的研究案例。基础 Rasch 模型对于大规模考试和课堂测试均具有重要的使用价值。在第四章，我们将探讨 Rasch 模型家族中的另外两个重要模型及其在语言测试中的应用：部分得分模型和评分量表模型。

第四章
部分得分模型与评分量表模型

4.1 模型概述

在第一章我们指出，Rasch 模型是比较笼统的说法，其实际上包括了不同种类的 Rasch 模型。在第三章我们详细讨论了基础 Rasch 模型，用于分析 1/0 计分的试题（主要是多项选择题，答对计 1 分，答错计 0 分）。但是在实际的语言测评中，我们经常采用非 1/0 计分的试题，如听力测试中的听写题、阅读测试中的短问答题等。这些试题在评分时往往采用部分计分（partial credit）。以听写题为例，如果试题满分为 2 分，教师在评分时会根据学生的作答情况打分，可能是 0 分（完全错误），可能是 0.5 分（如听对个别重要的单词）、1 分、1.5 分或 2 分（完全正确）。有些试题的满分为 1.5 分，教师的评分结果可能是 0 分、0.5 分、1 分或 1.5 分。对于这样的数据，我们无法采用第三章中的基础 Rasch 模型进行分析，而需采用本章介绍的部分得分模型。该模型由 Geoff Masters（1982）提出，是对基础 Rasch 模型的拓展。在本章中，我们采用一项课堂英语听力考试数据展示 PCM 在数据分析方面的强大功能。

除了部分得分试题之外，在语言测评实践和研究中，我们还经常用到评分量表（rating scale）。例如，我们在评估学生的写作或口语表现时经常采用李克特评分量表（Likert scale）。李克特量表是"一项包含若干李克特量表试题的工具或问卷，用于测量某个抽象概念或研究人员感兴趣的能力"（Phakiti，2020，p. 103）。李克特量表包含多种类型，如测量同意程度的李克特四级量表（1= 完全不同意；2= 不同意；3= 同意；4= 完全同意）、李克特五级量表（1= 完全不同意；2= 不同意；3= 既不同意也不反对；4= 同意；5= 完全同意）、李克特六级量表（1= 完全不同意；2= 基本不同意；3= 有点不同意；4= 有点同意；5= 基本同意；6= 完全同意）等。例如，语言教师采用李克特五级量表从语法、词汇、发音、内容等方面对学生的口语考试表现进行评分，就是李克特量表在语言测评中的典型应用。在语言测试研究中，研究人员也经常采用基于李克特量表设计的问卷（Dörnyei & Taguchi，2010）进行数据收集。对于这样的数据，我们需要采用 Rasch 模型家族中的另一模型——评分量表模型进行分析。该模型最早由 David Andrich 提出（Andrich，1978）。在本章中，我们以一项考试焦虑量表数据为例展示 RSM 在语言测评研究中的应用。

4.2 部分得分模型

　　首先，我们来探讨部分得分模型。所用的数据源自一项课堂英语听写测试（spot dictation），46 名被试参与了测试。该测试共包括 8 道试题（分别用 SD1 到 SD8 表示），被试需要听两遍正常语速的录音后填写篇章中的空白部分。在这 8 道试题中，前四题（SD1—SD4）采用 1/0 计分，被试回答正确得 1 分，回答错误得 0 分；后四题（SD5—SD8）采用部分得分计分，SD5 计 0—3 分（即 0、1、2、3），SD6 计 0—2 分（即 0、1、2），SD7 计 0—4 分（即 0、1、2、3、4），SD8 计 3 分（即 0、1、2、3）。该测试的原始数据采用 Excel 记录，部分数据见表 4.1。在 Winsteps 中采用 PCM 的分析步骤见附录二。需要指出的是，在语言测试实践中我们经常采用 0.5 分的计分方法，例如 0、0.5、1、1.5、2。但是，Winsteps 仅接受整分数据。如果遇到这样的情况，在进行 Winsteps 分析之前，我们需要将原始数据进行适当的处理，转化为整分。这种处理并不会影响分析结果，因为原始成绩并非等距量表，仅代表五个不同能力级别（如得分为1分的学生比得分为0.5分的学生能力更强），且这一代表能力差异的数据的顺序正是Rasch分析看中的。也就是说，如果原始成绩为0、0.5、1、1.5、2，那么该数据分别代表了五个级别的能力（我们可以在Excel中将每个数据乘以2使其变成整数，使数据变成0、1、2、3、4五个能力级别。如果原始数据为1、1.25、1.5、1.75、2，那么我们可以考虑将每个数据乘以4使其变成整数，也即4、5、6、7、8五个能力级别，使数据满足Winsteps仅处理整数数据的要求。需要注意的是，在设计或开发试题的评分标准时，这些分数等级的具体意义需由测试开发者确定。以0、0.5、1、1.5、2这五个分数为例，在评分标准中，获得1分的被试在该题上的作答比获得0.5分的被试更好；同样，获得1.5分的被试作答比获得1分的被试更好。也就是说，在使用Rasch模型进行分析之前，我们应确保数据按照某种有意义的顺序排列，而非顺序错乱（如获得0.5分的被试比1分更好，而获得1.5分的被试比1分更好，这会导致顺序错乱）。接下来我们来解释该组数据的分析结果。

表 4.1　课堂听写测试原始数据

Student	SD1	SD2	SD3	SD4	SD5	SD6	SD7	SD8
1	1	1	1	0	3	2	1	2
2	1	1	0	1	3	2	4	2
3	1	1	1	1	3	1	2	2
4	1	1	1	1	2	1	1	3
5	1	1	1	1	3	2	3	3
6	1	1	1	1	3	1	1	2
7	1	1	1	1	3	2	3	2
8	1	1	0	1	3	2	3	3
9	1	1	1	1	3	2	2	2
10	1	1	1	1	3	1	2	3
11	1	1	1	0	3	1	3	2
12	1	1	1	1	3	1	2	2
13	1	1	1	1	3	1	3	1
14	1	0	0	1	3	1	2	2
15	1	1	0	1	3	1	1	2
16	1	1	1	1	3	1	3	1
17	1	0	0	0	1	1	1	0
18	1	1	1	1	3	2	2	2
19	1	1	1	1	3	1	2	3
20	1	1	0	1	3	2	0	1
21	1	1	1	1	2	2	3	3

4.2.1 变量图

首先，我们来看变量图（见图 4.1）。变量图的解读与第三章相似（见 3.2 节）。图的左侧代表被试的能力分布，图的右侧代表试题的难度分布。在该图的左侧，越靠上方的被试能力越强（如被试 2、38、39），越靠下方的被试能力越弱（如被试 18、13、41）。在该图的右侧，越靠上方的试题难度越大（如 SD8、SD7），越靠下方的试题难度越低（如 SD1、SD2）。图的最左侧显示的是被试能力和试题难度的跨度范围。从该图可以看出，被试的能力相对于试题的难度跨度更大，大概为 –3 到 +3 logits，而试题的难度跨度大概为 –1.5 到 +1.5 logits。我们同时观察到在这组被试中，被试 18 的能力最弱，且低于被试能力均值的两个标准差（位于 T 下方，即 <M-2SDs）。在第三章我们指出，这种情况表明该测试对于被试 18 而言难度过大，该被试的数据可视为异常值（outlier）。在该例中，听力老师应仔细探讨被试 18 在测试中表现不理想的原因并采取适当的措施。试题的难度均值（量尺右侧的 M）位于被试的能力均值（量尺左侧的 M）下方，说明试题难度对被试能力整体而言相对简单。试题难度与被试能力匹配整体上较好，但对有些能力较强的被试（位于变量图左侧的上方，如被试 2、38、39、6、32）而言，没有与其能力对应的试题（图的右侧试题部分为空白）。如果测试缺乏与被试能力相匹配的试题，那么该测试对被试能力的估计值准确性会降低，误差会增大。因此，测试开发者可以考虑增加一些难度较高的试题。但本例为课堂听力测试，学生在测试中整体表现良好说明他们对课堂上教授的内容掌握较好。

在使用 Winsteps 进行部分得分模型数据分析时，除了可以得到被试能力和试题难度的变量图（见图 4.1），我们还可以获得试题各分数点上的被试平均能力值（见图 4.2）。例如，在图 4.2 中的量尺右侧最靠下的部分，我们可以看到在这 8 道题上获得 0 分（即 SD1.0 到

SD8.0）的被试能力均值[1]，其对应能力均值可以从图中最左侧的数据轴上读出，如在第三道题上获得 0 分的被试平均能力值为 –0.03 logits，在第八道题上获得 0 分的被试平均能力值为 –1.09 logits。同理，我们也可以观察在各道试题上获得 1 分的被试的能力均值。如在第四题上获得 1 分的被试能力均值为 1.31 logits（SD4.1），在第八题上获得 1 分的被试能力均值为 0.44 logits（SD8.1）。

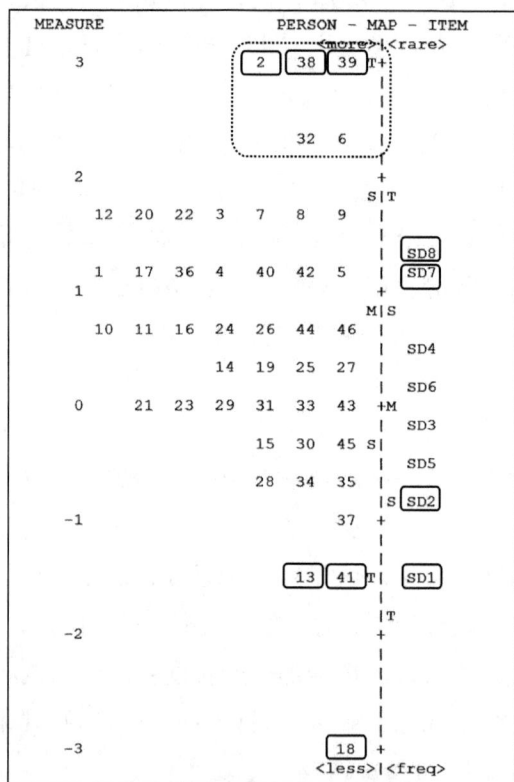

图 4.1　变量图（部分得分模型）

该变量图还为测试开发人员提供了以下重要信息，需特别关注：

- 在各试题上得分高的被试其平均能力值应该更强。也就是说，

1　在第五道题上因为没有被试获得 0 分，因此 SD5.1 与其他各题上获得 0 分的被试排列在一起。

得分更高的被试应处于变量图的更上方。例如，SD5.3 应处于 SD5.2 上方，SD5.2 应处于 SD5.1 上方。反之，如果得分更高的被试位于变量图的下方，那么测试开发人员需要对评分标准进行调整。

- 该图显示了在各试题上获得不同分数的被试能力之间的差距。例如，对于第七道题（SD7）而言，SD7.4 与 SD7.3 之间的差距远大于 SD7.2 与 SD7.1 之间的差距。也就是说，在第七道题上，获得 1 分与 2 分的被试之间能力差异不大，但是获得 3 分与 4 分的被试之间能力差异较大。这一方面说明原始成绩并非等距量表，同时也提醒测试开发人员如果 SD7.1 与 SD7.2 之间的被试能力差异很小，那么在设计评分量表可以考虑将这两个类别合并为一个类别。我们将在本章的 4.3.3 节详细探讨评分量表分析。

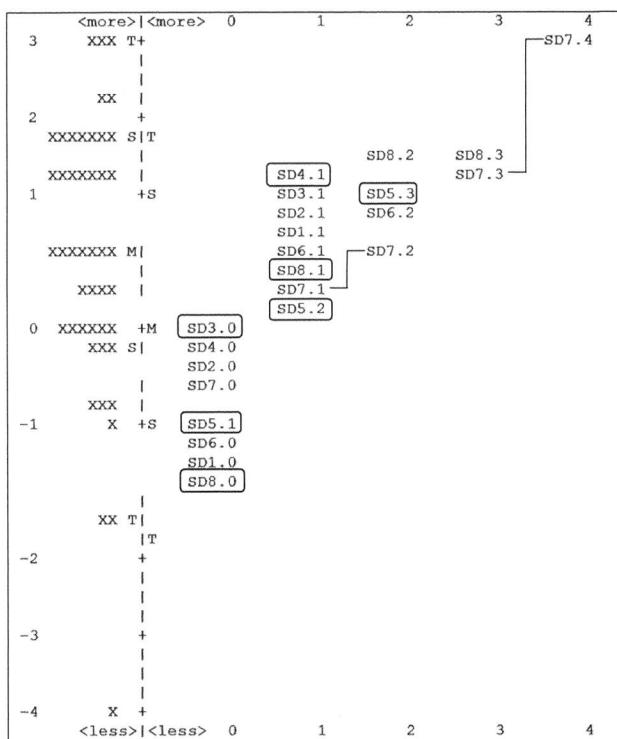

图 4.2　包含各分数段的变量图（部分得分模型）

4.2.2 整体分析结果

在变量图的分析中我们指出，被试 18 的能力过低，该测试对其而言难度过大，在有些分析中我们将其视作异常值处理。关于被试能力，Winsteps 提供两个表格，分别为包含极值（extreme）和不包含极值（non-extreme）的整体分析结果。数据分析人员应该视情况确定采用哪种分析结果。在大部分情况下，由于分析的目的是了解试题和考试的质量，因此我们通常将极值排除在外，防止其对测试质量指标产生较大的影响。在本例中，我们采用 Winsteps 中排除极值的整体分析结果。表 4.2 和表 4.3 分别展示了被试能力和试题难度的整体分析结果。关于这两个表格中分析结果的详细解释，读者可见第三章 3.3 节。表 4.2 显示分隔系数仅为 1.13，说明试题无法将被试的能力分为不同的能力等级，而且被试的信度也相对较低（0.56）。如果这是一项高风险测试，那么该例中的分隔系数和信度系数均无法达到有效测量的要求，考试开发者和使用者应予以关注。对于本例而言，由于课堂听力测试的目的并非将被试分为不同的能力等级，而是检查被试是否已经掌握了课堂上教授的内容，因此该分析结果并不一定意味着测试存在问题。被试的能力均值为 0.75 logits，高于试题的平均难度（默认设置为 0 logit），说明整体上，试题难度对于被试能力而言偏低。试题的分析结果相对较好，分隔系数为 2.50，说明试题的难度大约可以分为 2—3 个级别；试题的信度系数也比较理想（0.86）。

表 4.2　被试能力总体分析结果（部分得分模型）

	TOTAL SCORE	COUNT	MEASURE	MODEL S.E.	INFIT MNSQ	INFIT ZSTD	OUTFIT MNSQ	OUTFIT ZSTD
MEAN	9.7	8.0	.75	.67	.93	-.01	.99	.14
SEM	.4	.0	.17	.01	.07	.12	.11	.13
P.SD	2.6	.0	1.10	.09	.49	.81	.74	.85
S.SD	2.6	.0	1.11	.09	.49	.81	.75	.86
MAX.	14.0	8.0	3.05	.92	2.35	2.23	3.61	2.12
MIN.	4.0	8.0	-1.44	.57	.15	-1.60	.13	-1.25

```
| REAL RMSE   .73 TRUE SD   .82 SEPARATION  1.13  PERSON RELIABILITY  .56 |
|MODEL RMSE   .68 TRUE SD   .87 SEPARATION  1.27  PERSON RELIABILITY  .62 |
| S.E. OF PERSON MEAN = .17                                               |
```

表 4.3　试题难度总体分析结果（部分得分模型）

```
|-------------------------------------------------------------------------|
|         TOTAL                        MODEL      INFIT        OUTFIT      |
|         SCORE    COUNT    MEASURE    S.E.    MNSQ   ZSTD   MNSQ   ZSTD   |
|-------------------------------------------------------------------------|
| MEAN    54.5     46.0      .00       .32     .98   -.09    .99    .04   |
| SEM     10.9       .0      .35       .03     .06    .28    .11    .34   |
| P.SD    28.9       .0      .92       .09     .15    .74    .28    .91   |
| S.SD    30.9       .0      .98       .09     .16    .80    .30    .97   |
| MAX.   119.0     46.0     1.27       .47    1.27   1.09   1.46   1.51   |
| MIN.    25.0     46.0    -1.51       .18     .81  -1.14    .57  -1.09   |
|-------------------------------------------------------------------------|
| REAL RMSE   .34 TRUE SD  .85  SEPARATION 2.50  ITEM RELIABILITY .86     |
|MODEL RMSE   .33 TRUE SD  .85  SEPARATION 2.59  ITEM RELIABILITY .87     |
| S.E. OF ITEM MEAN = .35                                                  |
|-------------------------------------------------------------------------|
```

4.2.3 试题统计分析

接下来我们看试题分析结果。表 4.4 展示了将试题按照难度从高到低的排列结果。该表显示，SD1 难度最低，为 –1.51 logits；SD8 难度最高，为 1.27 logits，这些结果与变量图显示的结果一致。从命题的角度来看，这样的分析结果也比较符合预期。SD1 为第一道题，而且听写仅涉及一个单词；而 SD8 为最后一道题，而且涉及句子听写。关于拟合指数结果的解释，读者请见第三章 3.7 节。由于本例涉及的考试为低风险的课堂听力考试，我们可以将 Infit MnSq 和 Outfit MnSq 的标准适当放宽，采用 0.5~1.5 的区间标准（Linacre，2012）。如果我们采用 Infit MnSq 作为评估指标，那么本例八道听力试题的 Infit MnSq 全部在该区间范围内，而且标准化 Z 值也全部在 –2 和 +2 的区间内，说明被试在试题上的答题情况较符合模型的预期。本例中试题的点相关系数为 0.32-0.68，说明每道试题测量的听力能力与试卷所测量的听力能力存在较高的相关性。与第三章中采用的基础 Rasch 模型稍有不同的是，表 4.4 的最后一列显示所有的试题 G（Group）为 0，这表示我们所采用的分析模型为部分得分模型。在 Winsteps 中，若采用部分得分模型需要在程序文件中注明 "GROUPS=0"（见附录二数据文件），代表测试中的每道试题采用自己的评分结构，不属于任何的组别。如在本例中，第一题采用 0/1 评分，而第五题采用 0/1/2/3 评分。即使第 1—4 题均采用 0/1 评分结构，在使用部分得分模型分析时，模型依然将这四道题目看成是单独的评分结构，为每道试题单独计算 Rasch 临界点阈值（Rasch-Andrich Threshold）。在评分量表模型部分，我们会再次提及两个模型在 Rasch 分析方面的差异。

表 4.4　试题分析结果（部分得分模型）

```
|ENTRY   TOTAL   TOTAL  JMLE    MODEL|  INFIT  |  OUTFIT  |PTMEASUR-AL|EXACT MATCH|        |
|NUMBER  SCORE   COUNT  MEASURE S.E. |MNSQ ZSTD|MNSQ ZSTD |CORR.  EXP.| OBS%  EXP%| ITEM  G|
|   8      62      46    1.27    .23| .81  -.95| .82  -.88| .67   .60| 55.6  54.8| SD8   0|
|   7      75      46    1.24    .18| .98  -.02|1.00   .05| .68   .68| 28.9  42.6| SD7   0|
|   4      25      46     .46    .34| .85 -1.14| .79 -1.09| .56   .45| 80.0  69.6| SD4   0|
|   6      50      46     .16    .34|1.27  1.09|1.38  1.34| .32   .52| 73.3  77.1| SD6   0|
|   3      31      46    -.24    .36|1.12   .76|1.46  1.51| .36   .45| 71.1  73.7| SD3   0|
|   5     119      46    -.58    .25| .89  -.35|1.03   .29| .59   .58| 66.7  67.7| SD5   0|
|   2      35      46    -.79    .39|1.07   .39| .57  -.21| .43   .45| 75.6  79.4| SD2   0|
|   1      39      46   -1.51    .47| .83  -.50| .57  -.67| .56   .44| 86.7  86.6| SD1   0|
| MEAN    54.5    46.0    .00    .32| .98   -.1| .99    .0|           | 67.2  68.9|        |
| P.SD    28.9     .0     .92    .09| .15    .7| .28    .9|           | 16.8  13.2|        |
```

部分得分 Rasch 模型将每道试题视为采用单独的评分结构，因此分析结果比基础 Rasch 模型多了一个表格，用于显示不同分数点上的得分信息（见表 4.5）。我们先来看难度最低的第一题 SD1。表 4.5 显示，在 SD1 上，得 0 分的为 7 人，占 15%；得 1 分的为 39 人，占 85%。表 4.5 的下一列显示，得 0 分的被试平均能力值为 –1.09 logits，得 1 分的被试平均能力值为 0.95 logits。这与我们的预期相符，即答对该题的被试能力应超过答错的被试。该列中的 Infit MnSq 和 Outfit MnSq 值解读方法在第三章 3.5 节已经详细讨论，大于 1 表示拟合不足，小于 1 表示拟合过度。当采用 0.5~1.5 的区间时，本例中两个值均在区间范围内。我们再来看一下难度最高的 SD8。被试在该题上的得分可能是 0/1/2/3。表 4.5 中的数据表明，大部分被试得 1 分（n=16，占 35%）或 2 分（n=20，占 43%），仅有 2 位被试得满分 3 分（占 4%），8 位被试得 0 分（占 17%）[1]。接下来，我们观察获得各分数点的被试的能力值。表 4.5 显示，得 0 分的被试能力均值为 –1.09 logits，得 1 分的被试能力均值为 0.44 logits，得 2 分和 3 分的被试能力均值分别为 1.42 logits 和 1.44 logits，得 3 分的被试能力略高于得 2 分的被

1　此处各项百分比之和为 99%，原因是 Winsteps 在计算过程中采用了四舍五入的方法。

试。这些数据基本上与我们的预期一致，即被试在试题上得分越高，其能力值也越高。然而，因为获得 2 分和 3 分的被试能力相差很小，所以在修订试题时可能要特别关注评分标准中 2 分和 3 分所代表的含义以及评分员在评分时是否能够有效区分这两个分数级别。

表 4.5 试题中各分数点的得分情况分析（部分得分模型）

ENTRY NUMBER	DATA CODE	SCORE VALUE	DATA COUNT	%	ABILITY MEAN	P.SD	S.E. MEAN	INFT MNSQ	OUTF MNSQ	PTMA CORR.	ITEM
8	0	0	8	17	-1.09	1.29	.49	.6	.6	-.61	SD8
	1	1	16	35	.44	.85	.22	1.0	1.0	-.11	
	2	2	20	43	1.42	.89	.20	.7	.7	.52	
	3	3	2	4	1.44	.26	.26	1.2	1.3	.13	
7	0	0	10	22	-.59	1.35	.45	1.0	1.0	-.49	SD7
	1	1	11	24	.31	.86	.27	1.1	1.1	-.14	
	2	2	14	30	.85	.87	.24	1.3	1.2	.11	
	3	3	8	17	1.37	.63	.24	1.1	1.1	.26	
	4	4	3	7	3.05	.00	.00	.3	.4	.49	
4	0	0	21	46	-.15	1.27	.28	.9	.8	-.56	SD4
	1	1	25	54	1.31	.91	.19	.8	.8	.56	
6	0	0	4	9	-1.06	1.83	1.06	1.3	1.2	-.40	SD6
	1	1	34	74	.76	1.09	.19	1.3	1.3	.15	
	2	2	8	17	1.00	1.22	.46	1.5	1.5	.12	
3	0	0	15	33	-.03	1.53	.41	1.2	1.6	-.36	SD3
	1	1	31	67	.97	1.04	.19	1.1	1.1	.36	
5	1	1	8	17	-.99	1.47	.55	1.0	1.1	-.57	SD5
	2	2	3	7	.29	.76	.53	1.1	.7	-.07	
	3	3	35	76	1.05	.97	.17	.8	.8	.55	
2	0	0	11	24	-.36	1.39	.44	1.0	.8	-.43	SD2
	1	1	35	76	.96	1.11	.19	1.1	1.1	.43	
1	0	0	7	15	-1.09	1.43	.58	.7	.5	-.56	SD1
	1	1	39	85	.95	1.01	.16	.9	.9	.56	

4.2.4 概率图分析

Winsteps 用图形提供被试在每道试题中获得各分数点的得分概率。我们以 SD1 为例（见图 4.3），x 轴代表被试能力与试题难度的差异值（被试能力—试题难度），y 轴代表被试获得某个分数的概率。以 y=1 为起点的递减曲线代表获得 0 分的概率，以 y=1 为终点的递增曲线代表获得 1 分的概率。从图 4.3 可以看出，随着被试的能力由小到大（在 x 轴上从左到右），被试得 0 分的概率逐渐减小（左侧上方曲线呈现下降趋势），而得 1 分的概率逐渐增加（左侧下方曲线呈现上升趋势）。图中两条曲线相交的地方对应在 x 轴上的能力值（箭头所指，相对于试题难度）是区分得 0 分与 1 分的 Rasch-Andrich 阈值。若被试能力低于该值，那么得 0 分的概率更大；若被试能力高于该值，得 1 分的概率更大。SD1 仅有 0、1 两个分数点。下面我们看一下 SD8 四个分数点（0、1、2、3）的得分概率图（见图 4.4）。

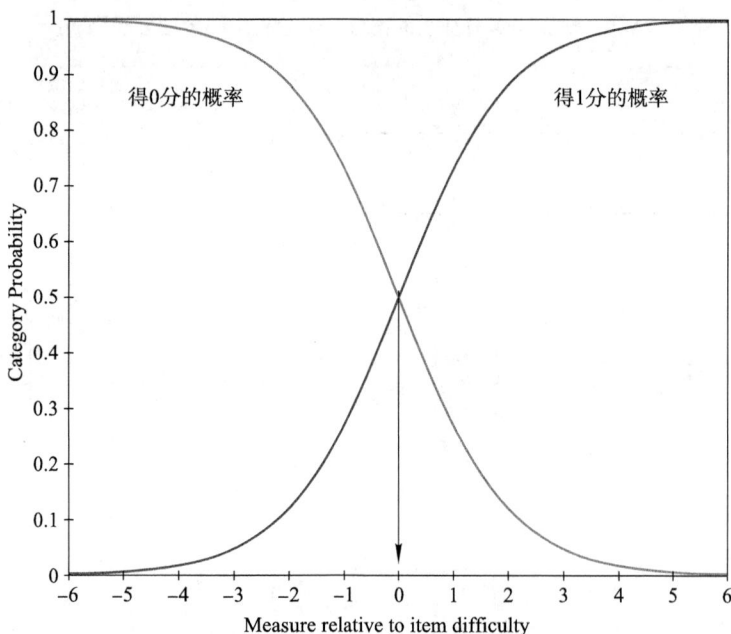

图 4.3　SD1 各分数点的得分概率（部分得分模型）

　　与 SD1 的概率图相似，*x* 轴代表被试的能力与试题难度的差异值（被试能力—试题难度），*y* 轴代表获得某个分数点的概率。该图中不同曲线分别代表获得不同分数的概率，图最左侧以 y=1 为起点的递减曲线表示，中间从左到右波峰最低的曲线表示得 1 分的概率，波峰较低的曲线表示得 2 分的概率，图最右侧以 y=1 为终点的递增曲线表示得 3 分的概率。图 4.4 的解读与图 4.3 相似，只是更复杂些。如图 4.4 所示，随着被试能力的提高（在 *x* 轴上从左到右），被试在该题上获得低分数点的概率降低，获得高分数点的概率提升。例如，随着被试能力的提高（相对试题难度值），最左侧上方表示得 0 分概率的曲线呈现下降趋势，最右侧上方表示得 3 分概率的曲线呈现上升趋势。图中代表得 1 分概率的曲线既有上升的部分，也有下降的部分。该曲线的波峰在 x 轴上有个对应能力值（相对于试题难度值，图中左侧箭头所指）。随着被试能力的提高，越靠近该值，得 1 分的概率越高；但是超过该值以后，得 1 分的概率降低，得 2 分的概率随之升高。图中表示得 1 分和得 2 分概率的两条曲线相交处在 x 轴上对应的能力值是阈值（相对于试题难度，图中右侧箭头所指）。被试能力（相对于试题难度）低于该值，说明其得 1 分的概率超过其得 2 分的概率；高于该值，说明其得 1 分的概率低于得 2 分的概率。概率图可以帮助分析人员了解评分标准中各分数点在实际得分中的表现情况。

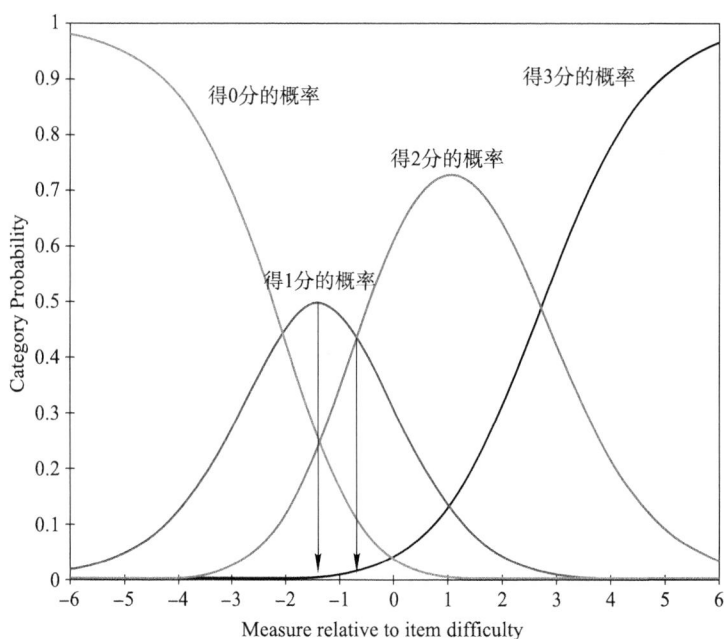

图 4.4　SD8 各分数点的得分概率（部分得分模型）

4.2.5 项目特征曲线分析

Winsteps 为 我 们 提 供 了 项 目 特 征 曲 线（Item Characteristic Curve，简称 ICC），包括模型预期的 ICC（expected ICC）和实际的

ICC（empirical ICC）。顾名思义，模型预期的ICC代表了Rasch模型的预测，实际ICC则基于被试的试题作答情况得出。我们以SD8为例来详细讨论。我们看一下模型预期的ICC（如图4.5所示）。在这张图中，x轴代表被试能力与试题难度的差异值（被试能力—试题难度），y轴代表被试在该题上的得分情况。从图4.5可以看出，Rasch模型预测随着被试能力的提高，他们在该题上的得分也随之提高。整条曲线单调递增。图中的虚线显示了Rasch半点阈值（Rasch half-point threshold），该阈值将x轴划分为不同的区域，对应量表上的原始分。例如，如果被试的能力估计值落在0.5~1.5分对应的阈值区域，那么他的得分为1分；同样，如果被试的能力估计值落在1.5~2.5分对应的阈值区域，那么他的得分为2分。需要强调的是，这里的Rasch半点阈值虽然在数值上与Rasch-Andrich阈值很接近，但两者并非同一概念。Rasch-Andrich阈值代表被试获得量表上每个得分的概率情况。

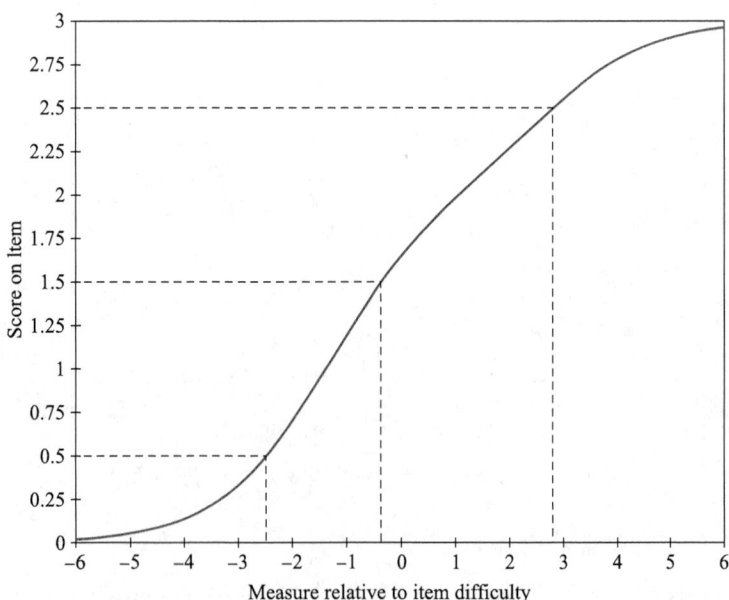

图4.5　SD8模型预期项目特征曲线（部分得分模型）

图 4.6 同时展示了 SD8 的期望与实际项目特征曲线。图中的星号表示 95% 置信区间内的实际观测分均值，基于模型预测的得分位于图中间的 ICC 曲线上。图 4.6 显示，实际的曲线与 Rasch 模型的期望曲线趋势基本相同。图中期望 ICC 曲线上下两条线代表了 95% 的置信区间（confident interval）。如果实际 ICC 曲线落在 95% 的置信区间范围内，那么说明模型的预期与实际数据的拟合比较理想。在本例中，实际 ICC 曲线基本（带有星号 x 的折线）基本上位于这两条线之间，说明模型预测与实际数据拟合情况较好。

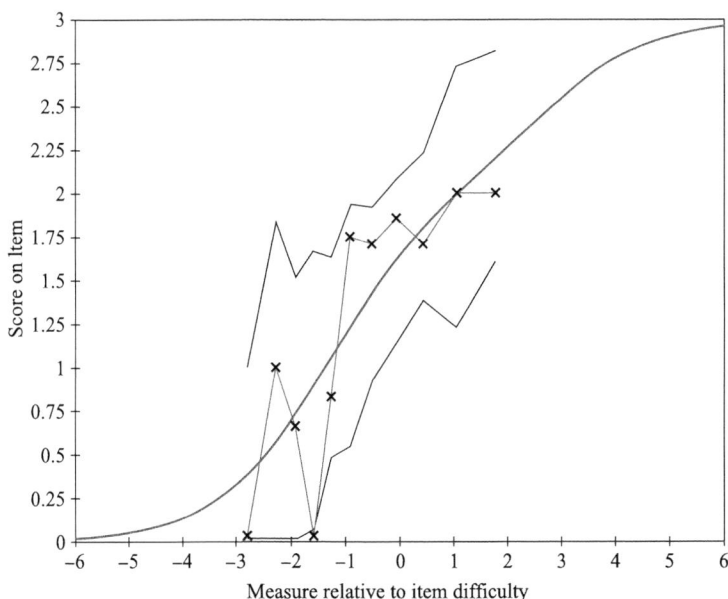

图 4.6　SD8 模型预期与实际项目特征曲线（部分得分模型）

4.2.6 成绩报告

尽管 Rasch 模型与 CTT 相比在测量上有许多显而易见的优势，但是让不具备教育测量与统计背景的考试利益相关群体（如教师、学生、家长、政策制定者等）理解并接受 Rasch 分析结果绝非易事。例如，在教学与测试实践中，我们显然无法直接把基于 Rasch 分析的以 logit 为单位的能力测量值呈现给学生或家长，因为他们可能无法理解该测量值的实际意义。大多数被试或其他利益相关者（如家长）更习惯百分制的成绩报告方式。为了应对这一问题，Winsteps 提供了将被试能力值转化为百分制分数进行报道的功能。

在探讨分数转换之前，我们先来看一下 Winsteps 的成绩报告功能。在本例中，SD1—SD4 的总分为 4 分，SD5 为 3 分，SD6 为 2 分，SD7 为 4 分，SD8 为 3 分，因此该听力测试的满分为 16 分。表 4.6 中列出了被试在该测试中所有可能的原始得分与其对应的能力估计值。例如，如果被试原始得分为 2 分，那么其能力值为 –2.88 logits；如果被试的原始得分为 10 分，那么其能力值为 0.74 logits。同样，如果被试的原始得分为 15 分，那么其能力值为 4.12 logits。与原始成绩相比，采用 Rasch 模型计算出的能力值更为精确地体现了被试的能力。

表 4.6　被试原始成绩与能力值匹配结果（部分得分模型）

```
---------------------------------------------------------------------------
| SCORE  MEASURE    S.E. | SCORE  MEASURE    S.E. | SCORE  MEASURE    S.E. |
|------------------------+------------------------+------------------------|
|    1    -4.23E    1.89  |    7    -.33       .57  |   13     2.32      .82  |
|    2    -2.88    1.10   |    8     .00       .58  |   14     3.06      .92  |
|    3    -2.00     .82   |    9     .35       .61  |   15     4.12     1.17  |
|    4    -1.44     .69   |   10     .74       .64  |   16     5.59E    1.93  |
|    5    -1.02     .62   |   11    1.19       .69  |                         |
|    6     -.66     .58   |   12    1.71       .75  |                         |
---------------------------------------------------------------------------
```

在 Winsteps 中，我们可以方便地将这些能力值转化为百分制的成绩（具体操作请见附录二）。表 4.7 列出了分数转换后的结果。该表显示，如果被试原始得分为 2 分，那么其百分制成绩约为 14 分；如果被试的原始得分为 10 分，那么其百分制成绩约为 51 分；如果被试的原始得分为 15 分，那么其成绩约为 85 分。需要注意的是，这些成绩虽然采用百分制，但是它们代表的不是原始得分，其本质上是基于 Rasch 分析得出的能力估计值，这比原始得分更能准确地反映被试的实际能力。

表 4.7 被试能力值转换为百分制成绩结果（部分得分模型）

```
---------------------------------------------------------------------
| SCORE  MEASURE    S.E. | SCORE  MEASURE    S.E. | SCORE  MEASURE    S.E. |
|------------------------+------------------------+------------------------|
|    1      .00E   19.21 |    7    39.75    5.84 |   13    66.69    8.31 |
|    2    13.81   11.18 |    8    43.14    5.93 |   14    74.28    9.38 |
|    3    22.75    8.31 |    9    46.72    6.17 |   15    85.02   11.93 |
|    4    28.42    7.00 |   10    50.68    6.55 |   16    99.98E  19.62 |
|    5    32.71    6.29 |   11    55.20    7.04 |                        |
|    6    36.36    5.94 |   12    60.48    7.62 |                        |
---------------------------------------------------------------------
```

4.3 评分量表模型

4.3.1 问卷数据分析：传统方法与基于 Rasch 的方法对比

在语言测评研究和实践中，我们经常采用评分量表进行问卷调查。我们将在第五章"多层面 Rasch 模型"中深入探讨 Rasch 模型在评分量表制定和评分员效应研究中的重要作用。在本章，我们主要聚焦评分量表模型在问卷数据分析中的应用优势。近些年，随着测试效度理论的进一步深化（AERA *et al.*，1999，2014；Chalhoub-Deville & O'Sullivan，2020），学界普遍认为测试的效度不仅关乎考试的各项技术指标，还涉及对于考试价值观的判断，如考试的社会影响和后果等；而且，考试的效度研究还需要考虑教师、学生、政策制定者等利益相关群体的视角。为了探讨考试的影响与后果以及利益相关群体对考试的看法与态度，语言测试研究人员经常采用大规模问卷调查收集研究数据。

在这一部分，我们以一组关于考试焦虑的调查问卷数据为例，展示 RSM 在分析问卷数据方面的重要作用。考试焦虑是与考生态度和心理状况相关的变量，与考生的语言能力不直接相关。但如果考试焦虑对学生的考试成绩造成了显著影响，那么就说明与构念无关的差异（construct-irrelevant variance）已经削弱了考试的构念效度（Messick，1989b），需要引起重视。为了评估学生的考试焦虑程度，研究人员基于现有的文献和实证研究设计了一份调查问卷。该问卷包括 18 道问题，所有问题均采用李克特五级量表的形式（见表 4.8）。

表 4.8　考试焦虑问卷的问题

量表问题	完全不同意	基本不同意	既不同意也不反对	基本同意	完全同意
1. 考试的前一天，我会因为担心考试而辗转难眠。					
2. 考试时我会担心其他学生的表现是否会超过我。					
3. 考试开始前，我会因为紧张而变得思路不清。					
4. 考试过程中，我感到紧张。					
5. 考试过程中，我会想到考不好的后果。					
6. 考试过程中，我会想着去卫生间。					
7. 考试过程中，我的心跳加快。					
8. 考试过程中，我感觉口渴。					
9. 考试过程中，我会手心出汗。					
10. 考试过程中，我感觉缺乏自信。					
11. 考试过程中，我无法集中注意力。					
12. 考试过程中，我感到双眼疲惫。					
13. 如果遇到某道试题我不知道如何解答，我的大脑会一片空白。					

（待续）

（续表）

量表问题	完全 不同意	基本 不同意	既不同意 也不反对	基本 同意	完全 同意
14. 我总是担心我在考试时能否正常发挥。					
15. 如果考试中我感觉试题很难，我就会有挫败感。					
16. 我无法发挥出自己的正常水准。					
17. 考试结束以后，我觉得我可以考得更好。					
18. 考试时我由于紧张而犯一些低级错误。					

　　在传统的问卷数据分析中，我们通常先将李克特量表中的五个类别转化为如下数值：

- 完全不同意 =1
- 基本不同意 =2
- 既不同意也不反对 =3
- 基本同意 =4
- 完全同意 =5

　　在本例中，数值越低代表焦虑程度越低，数字越高代表焦虑程度越高。以第一题"考试的前一天，我会因为担心考试而辗转难眠"为例。选择"完全同意"（5）的被试的考试焦虑程度比选择"既不同意也不反对"（3）的被试更高。在传统的数据分析中，我们常常简单地将被试在每道问题上的作答累加，得出的总分即代表了其考试焦虑程度，也即该问卷所测量的能力构念。例如，如果被试 A 在所有问题上全部选择了"完全同意"，那么被试 A 的考试焦虑得分为 5*18=90 分；如果被试 B 在所有问题上均选择了"完全不同意"，那么其考试焦虑得分为 1*18=18 分。然而，这样简化的累加方式存在以下几个问题。

首先，这样处理数据的前提是每道题代表的考试焦虑程度是相同的，如第一题选择 5 分和第二题选择 5 分所代表的焦虑程度是一样的。但实际上，仔细观察每个问题，我们会发现其代表的焦虑程度其实并不相同。例如，第二题"考试时我会担心其他学生的表现是否会超过我"和第十三题"如果遇到某道试题我不知道如何解答，我的大脑会一片空白"所体现的焦虑程度并不同。与第二题相比，第十三题表示的焦虑程度更高。如图 4.7 所示，第二题中第三个类别（既不同意也不反对）所体现的考试焦虑程度与第十三题中的第二个类别（基本不同意）大致相当；而第二题的第五个类别（完全同意）与第十三题中的第四个类别（基本同意）也大致相当。但是传统的数据分析并不考虑这些差异。Rasch 分析能够可以有效地解决这一问题。

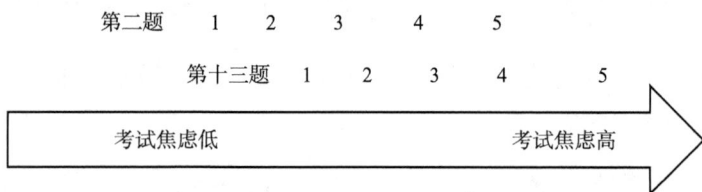

图 4.7 试题所体现的考试焦虑程度差异

其次，传统的统计分析还有另外一个重要前提，它把李克特量表看作等距量表，即量表中两个相邻类别（如从 1 到 2、从 2 到 3）之间的差距是一致的（见图 4.8）。然而，李克特量表实际上是顺序量表。以李克特五级量表为例，从"完全不同意"到"基本不同意"的距离为 1（2–1=1），从"基本同意"到"完全同意"的距离也是 1（5–4=1），但是这两个"1"所代表的含义并不相同。这与我们在第一章中谈及的考试原始成绩为顺序变量的观点是类似的。例如，从 55 分到 60 分和从 95 分到 100 分尽管分差都是 5 分，但是其代表的能力差异是不同的。Rasch 模型分析将李克特量表中的类别视为"顺序变量"而非"等距变量"，这意味着 Rasch 分析承认量表中各类别之间存在差异（例如

"基本不同意"大于"完全不同意"，或 2>1），但是不认为两个相邻类别之间的距离是一致的（例如从类别 1 到类别 2、从类别 4 到类别 5 的距离不同）。

当采用 Rasch 模型中的评分量表模型分析问卷数据时，我们不仅可以得到被试能力与试题难度的估计值，还可以得到大量关于量表设计的诊断性信息。例如，Rasch 分析能够判断李克特五级量表设计是否合理，被试在回答问卷中的问题时是否能够明确区分量表中的不同类别等。这些诊断性信息包括两个相邻类别之间的阈值估计值（threshold estimate，即我们在前文中提及的 Rasch-Andrich 阈值）。当被试能力与此阈值相等时，其选择前后类别的概率是一致的。如图 4.9 所示，李克特五级量表中，Rasch 分析会产生四个阈值估计值。例如，如果被试的能力估计值等于图中的阈值 1，其选择"完全不同意"和"基本不同意"的概率相同；同理，如果被试的能力估计值为图中的阈值 2，说明其选择"基本不同意"和"既不同意也不反对"的概率相同。图 4.9 还显示了不同类别之间的步长（step）也不一致。例如，从"完全不同意"到"基本不同意"之间的步长显然小于从"基本不同意"到"既不同意也不反对"之间的步长。传统的问卷数据分析方法忽视了这些差异。

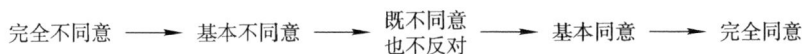

图 4.8　传统问卷数据分析方法的假设

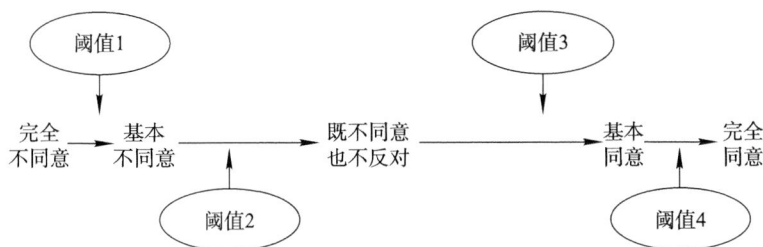

图 4.9　基于 Rasch 模型的量表分析结果

4.3.2 评分量表模型分析：基本分析结果解释

本例中，共有235名考生填写了该问卷。现在，我们来深入探讨RSM的分析结果。与采用基础Rasch模型和部分得分模型类似，当采用RSM分析时Winsteps同样为我们提供了变量图和关于被试和试题的统计信息。关于变量图的详细解释，读者可参照第三章3.2节。如图4.10所示，被试的能力估计值（在本例中该值为被试的考试焦虑程度）为–3到+3 logits，大于试题的难度估计值范围（大约为–1到+1 logit）。总体而言，被试的能力与试题的难度匹配较好，但变量图显示问卷缺乏难度较高或偏低的试题，大部分试题难度居中。有部分被试的焦虑程度超出均值的两个标准差以外（即大于或小于M ± 2SDs）。在第三章我们指出，这部分被试可以被视为异常值。所有的试题难度估计值都在均值的两个标准差以内。

在之前关于基础Rasch模型和部分得分模型的讨论中，我们使用了真实的考试数据。在那些分析中，被试的能力估计值代表其语言能力，试题的难度估计值代表试题的难度。在本例中，被试的能力估计值代表被试的考试焦虑程度，越靠近变量图上方的被试越容易同意问卷中的问题，表示其考试焦虑程度越高；越靠近变量图下方的被试考试的焦虑程度越低。同理，越靠近变量图上方的试题代表其难度越高，表示该问题体现的考试焦虑程度越高。在本例中，第6题"考试的过程中，我会想着去卫生间"处于最上方，说明其代表的考试焦虑程度在所有问题中是最高的；反之，第17题"考试结束以后，我觉得我可以考得更好"处于最底部，说明其代表的考试焦虑程度在所有问题中是最低的。这个发现进一步证实了一个观点：传统问卷数据统计分析中所假设的"所有题目所代表的考试焦虑程度相同"是不准确的。

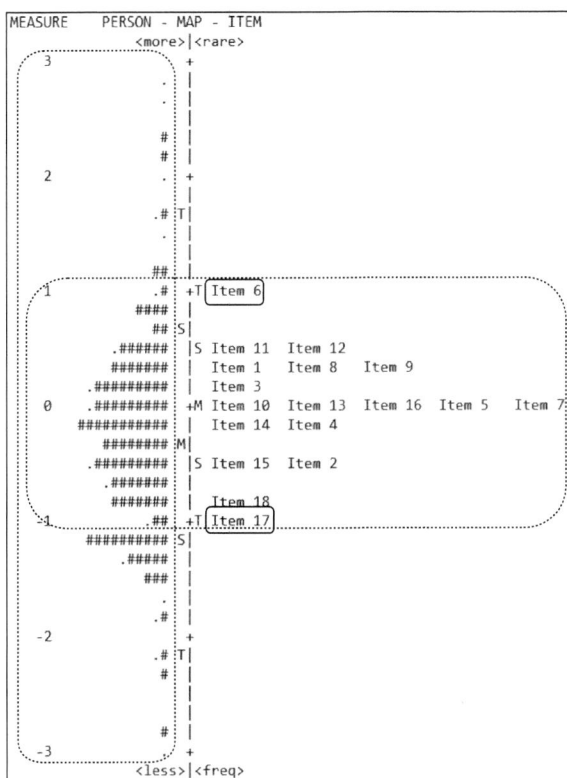

```
MEASURE    PERSON - MAP - ITEM
                <more>|<rare>
    3       .       +
            .       |
                    |
            #       |
            #       |
    2       .       +
                    |
          .#|T
                    |
          ##.       |
    1      .#  +T Item 6
         ####       |
         ##|S
       .###### |S Item 11   Item 12
       ######  |  Item 1    Item 8    Item 9
      .####### |  Item 3
    0 .######### +M Item 10  Item 13  Item 16  Item 5  Item 7
      ########## |  Item 14  Item 4
       ########|M
      .######## |S Item 15  Item 2
       .####### |
       ######   |  Item 18
        .##  +T Item 17
  -1 ######### |S
       .#####   |
          ###   |
          .     |
           .#   |
    -2     .#|T
           #    |
                |
                |
           #    |
    -3          +
              <less>|<freq>
```

图 4.10　变量图（评分量表模型）

除了变量图，Winsteps 还提供了另一种展示被试能力和试题难度的方法：气泡图（bubble chart）。在 Winsteps 中，用户可以便捷地制作关于被试和试题的气泡图。具体的操作步骤在附录二中有详尽讲解。在本例中，我们仅针对试题的气泡图进行说明。气泡图可以显示每道试题的难度（用 measure 表示），而且可以显示每道试题的拟合情况。在本例中，我们采用标准化 Z 值作为试题拟合指标。图 4.11 的 x 轴代表标准化 Z 值，y 轴代表试题的难度估计值。该图显示，试题的难度集中在 –1 到 +1 logit 范围，其中第 6 题难度最高，第 17 题难度最低。在本例中，试题的难度反映了考试焦虑程度，因此，第 6 题体现的焦虑程度最高，第 17 题体现的焦虑程度最低。在某些研究中，若试题代表了被试在不同学习阶段所要掌握的知识或技能情况，那么气泡度则能有效地展示这些知识和技能的难度以及被试在这些构念上的发展变化情况（development pathway）。图 4.11 同时显示（见 x 轴），有几道试题的标准化 Z 值超出了 –2~+2 的范围。如第 6、17 题拟合不足（>+2）；如第 4、10 题拟合过度（<–2）。这些试题可能存在问题。但需注意，标准化 Z 值很容易受到样本量的影响。如果样本量较大，那么试题的标准化 Z 值容易超出 –2~+2 的区间范围，我们需结合其他拟合指标进行综合评估。

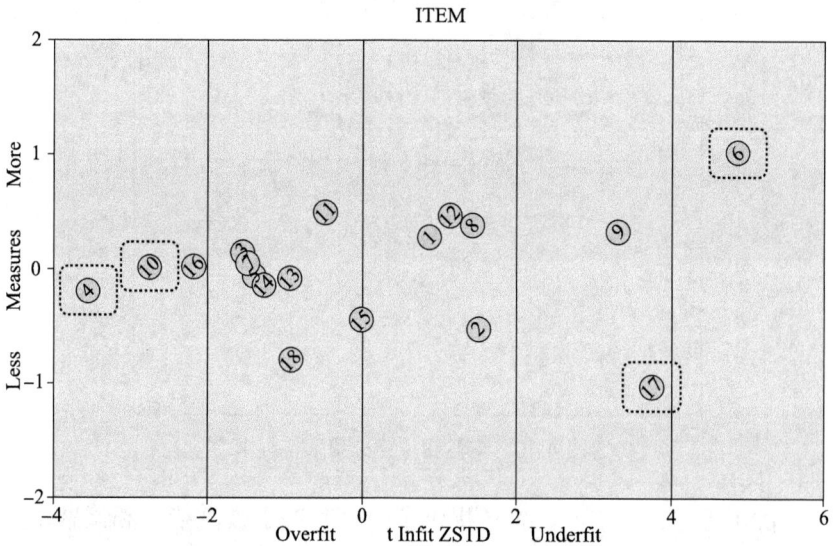

图 4.11　气泡图（评分量表模型）

　　表 4.9 和表 4.10 分别显示了被试和试题的总体分析结果。表 4.9 的数据表明被试的能力均值为 –0.27 logits，其分隔系数为 2.84，意味着该问卷可以将被试的考试焦虑程度分为大约三个等级。被试的分隔信度比较理想（0.89）。表 4.10 中的数据表明试题的平均难度值为 0 logit（Winsteps 默认设置试题的平均难度值为 0），高于被试的能力均值为 –0.27 logits，说明试题体现的焦虑程度比被试的测量值均值稍高一些。试题的分隔系数为 6.37，意味着这些试题所代表的焦虑程度可被分为大约六个等级，试题的分隔信度非常理想（0.98）。

表 4.9　被试总体分析结果（评分量表模型）

```
----------------------------------------------------------------------
|              TOTAL                   MODEL       INFIT      OUTFIT   |
|              SCORE    COUNT  MEASURE   S.E.    MNSQ  ZSTD  MNSQ  ZSTD |
|--------------------------------------------------------------------|
| MEAN        50.2      18.0   [-.27]    .26    1.06  -.14  1.08  -.08 |
|  SEM          .9        .0     .06     .00     .04   .12   .05   .12 |
| P.SD        13.9        .0     .94     .05     .62  1.81   .73  1.80 |
| S.SD        13.9        .0     .94     .05     .62  1.81   .73  1.80 |
| MAX.        86.0      18.0    2.91     .59    3.74  4.25  6.37  5.47 |
| MIN.        21.0      18.0   -3.07     .23     .12 -4.53   .13 -4.45 |
|--------------------------------------------------------------------|
| REAL RMSE    .31 TRUE SD    .88 SEPARATION [2.84] PERSON RELIABILITY [.89]|
|MODEL RMSE    .27 TRUE SD    .90 SEPARATION  3.33 PERSON RELIABILITY  .92 |
| S.E. OF PERSON MEAN = .06                                            |
----------------------------------------------------------------------
```

表 4.10　试题总体分析结果（评分量表模型）

```
----------------------------------------------------------------------
|              TOTAL                   MODEL       INFIT      OUTFIT   |
|              SCORE    COUNT  MEASURE   S.E.    MNSQ  ZSTD  MNSQ  ZSTD |
|--------------------------------------------------------------------|
| MEAN       654.8     235.0    [.00]    .07    1.02   .02  1.08   .60 |
|  SEM        23.4        .0     .12     .00     .05   .54   .06   .60 |
| P.SD        96.6        .0     .48     .00     .21  2.24   .26  2.49 |
| S.SD        99.4        .0     .49     .00     .22  2.30   .27  2.56 |
| MAX.       862.0     235.0    1.03     .08    1.55  4.87  1.73  6.22 |
| MIN.       458.0     235.0   -1.02     .07     .73 -3.55   .73 -3.35 |
|--------------------------------------------------------------------|
| REAL RMSE    .07 TRUE SD    .47 SEPARATION [6.37] ITEM RELIABILITY [.98]|
|MODEL RMSE    .07 TRUE SD    .47 SEPARATION  6.70 ITEM RELIABILITY  .98 |
| S.E. OF ITEM MEAN = .12                                              |
----------------------------------------------------------------------
```

　　表 4.11 显示了问卷的试题难度分析结果（试题按照难度估计值由大到小排列）。与变量图显示的结果一致，第 6 题的难度最高，为 1.03 logits；第 17 题的难度最低，为 –1.02 logits。关于拟合指数的具体解释，可以参照本书第三章的 3.5 节。在本例中，我们采用较为宽松的参考区间 0.5~1.5。由表 4.11 可知，被试在试题上的作答情况与模型的拟合较好。在该问卷的 18 道试题中，只有第 6 题的 Infit MnSq 和 Outfit MnSq 超出了该参考区间。同时，我们发现第 17 题的 Infit MnSq 接近 1.5，其 Outfit MnSq 超出了 1.5 的区间，说明拟合可能存在问题。综合气泡图的分析结果，我们可考虑将第 6 和 17 题移除后再次进行数据分析。与采用其他 Rasch 模型的分析相似，Winsteps 也提供每位被试的能力测量值分析结果。如前文指出，在

该例中能力值越高，说明考试焦虑程度越高；能力值越低，说明考试焦虑程度越低。

表 4.11　试题难度分析（评分量表模型）

ENTRY NUMBER	TOTAL SCORE	TOTAL COUNT	JMLE MEASURE	MODEL S.E.	INFIT MNSQ	INFIT ZSTD	OUTFIT MNSQ	OUTFIT ZSTD	PTMEASUR-AL CORR.	PTMEASUR-AL EXP.	EXACT OBS%	MATCH EXP%	ITEM
6	458	235	1.03	.08	1.55	4.87	1.51	3.97	.48	.60	43.4	46.8	Item 6
11	552	235	.50	.07	.96	-.48	.98	-.17	.64	.63	42.6	40.3	Item 11
12	557	235	.47	.07	1.10	1.14	1.41	3.83	.60	.63	40.9	39.8	Item 12
8	574	235	.39	.07	1.13	1.43	1.18	1.82	.58	.63	37.4	38.8	Item 8
9	585	235	.33	.07	1.31	3.31	1.32	3.19	.57	.63	34.5	39.0	Item 9
1	594	235	.29	.07	1.07	.87	1.18	1.84	.57	.63	35.3	38.2	Item 1
3	621	235	.15	.07	.87	-1.55	.98	-.16	.62	.64	46.4	38.4	Item 3
7	643	235	.05	.07	.88	-1.48	.89	-1.29	.70	.64	40.9	38.3	Item 7
10	649	235	.02	.07	.78	-2.75	.84	-1.93	.71	.64	47.2	38.5	Item 10
16	650	235	.02	.07	.83	-2.18	.83	-2.02	.70	.64	39.6	38.2	Item 16
5	666	235	-.06	.07	.88	-1.40	.87	-1.46	.68	.64	39.6	38.5	Item 5
13	670	235	-.08	.07	.92	-.94	.91	-1.04	.67	.64	43.8	38.5	Item 13
14	683	235	-.14	.07	.89	-1.27	.85	-1.71	.73	.64	41.3	38.6	Item 14
4	693	235	-.19	.07	.73	-3.55	.73	-3.35	.71	.64	44.3	38.6	Item 4
15	747	235	-.44	.07	1.00	-.02	.98	-.15	.67	.63	38.3	39.6	Item 15
2	764	235	-.52	.07	1.13	1.51	1.12	1.30	.59	.63	37.4	40.1	Item 2
18	818	235	-.79	.07	.92	-.92	1.18	1.82	.62	.62	40.9	41.3	Item 18
17	862	235	-1.02	.07	1.38	3.75	1.73	6.22	.42	.60	41.7	42.7	Item 17
MEAN	654.8	235.0	.00	.07	1.02	.0	1.08	.6			40.9	39.7	
P.SD	96.6	.0	.48	.00	.21	2.2	.26	2.5			3.4	2.1	

4.3.3 评分量表模型分析：量表分析

　　Winsteps 中提供大量关于量表设计的诊断性信息，为量表的设计和修订提供了重要参考。在量表的试测阶段，我们建议研究人员采用 RSM 对试测数据进行分析，然后根据试测数据分析结果对量表作出必要调整，从而有效提升数据的质量。例如，如果试测数据分析结果显示量表的类别数量过多，那么我们应在正式收集数据前减少量表类别数量或将使用较少的类别与其相邻的类别合并。如果数据已经收集完毕，那么我们也可以通过类别合并等方法提升量表的有效性。在采用 RSM 分析数据时，Winsteps 不仅提供每道试题的统计信息，也提供量表中每个类别的统计信息。这部分的统计分析结果与第三章 3.7 节中的多项选择题干扰项分析解读相似。

　　我们以拟合较差的第 17 题为例。表 4.12 显示选择每个类别（1—5）的被试人数及其所占的百分比。同时，表中也包括选择每个类别的被试能力均值。该列的结果显示，选择"完全不同意"（类别 1）和

"基本不同意"（类别 2）的被试焦虑程度均值差异很小（–0.91 logits
和 –0.62 logits），这意味着这两个类别可能不能有效区分被试在所测量
能力构念上的差异。另一个明显的问题是选择"既不同意也不反对"
（类别 3）的被试平均焦虑水平（–0.76 logits）小于选择"基本不同意"
（类别 2）的被试平均焦虑水平（–0.62 logits），这与我们的预期相违背。
在 Winsteps 分析中，异常值会被自动标记为 *。此外，类别 1、2、3 的
Infit 和 Outfit 拟合统计量也均显示它们与模型不符。在 Winsteps 提供的
每道试题的项目特征曲线中（见图 4.12），我们也可以看出被试在第 17
题上的应答情况与模型期望曲线存在偏差，尤其是在被试能力较强（焦
虑程度较高）的情况下偏差更为明显（实际测量数据超过 95% 的置信
区间范围）。这些分析结果进一步证实了第 17 题存在质量问题。

表 4.12　第 17 题类别分析结果（评分量表模型）

```
|ENTRY   DATA  SCORE |  DATA    |  ABILITY    S.E.  INFT OUTF PTMA |       |
|NUMBER  CODE  VALUE | COUNT  % | MEAN  P.SD  MEAN  MNSQ MNSQ CORR.| ITEM  |
|--------------------+----------+----------------------------------+-------|
|                    |          |                                  |       |
|  17    1      1    |  11    5 | -.91  1.03  .33   1.7  3.4  -.15 |Item 17|
|        2      2    |  28   12 | -.62   .75  .14   1.8  2.0  -.14 |       |
|        3      3    |  49   21 | -.76*  1.00 .14   1.5  2.2  -.27 |       |
|        4      4    |  87   37 | -.23   .60  .14   .9   .8   .03  |       |
|        5      5    |  60   26 |  .36   .96  .12   1.2  1.1  .39  |       |
|                    |          |                                  |       |
```

Winsteps 所呈现的量表诊断性信息还包括量表类别结构（category
structure）。表 4.13 展示了问卷量表类别结构的整体分析结果。
"OBSERVED" 这一列下展示了选择各类别的人数及其占比。例如，
选择第一个类别（"完全不同意"）的被试人数为 839，占 20%。选择
第二个类别（"基本不同意"）的被试人数为 1052，占 25%。选择第五
个类别（"完全同意"）的人数比例最少（11%）。需要注意的是，我们
应关注选择人数较少的类别，并考虑删除该类别或者将其与其相邻的
类别合并。在此例中，五个类别都有足够的被试选择，因此不需担心
这个问题。该表的下一列显示了选择每个类别的被试能力（即焦虑水
平）估计值均值。被试在五个类别上的焦虑水平均值应该呈现逐渐递
增的趋势（即选择后一个更高类别的被试焦虑水平大于选择前一个更

低类别的被试），表 4.13 的数据与这一趋势吻合。下一列的 Infit MnSq
和 Outfit MnSq 指的是选择每个类别的被试 Infit MnSq 和 Outfit MnSq
的均值。在第三章我们指出，Infit MnSq 和 Outfit MnSq 的理想值均
为 1，大于 1 表示拟合不足，小于 1 表示拟合过度。该例中的五个类
别的 Infit MnSq 和 Outfit MnSq 都接近 1，这是比较理想的情况。

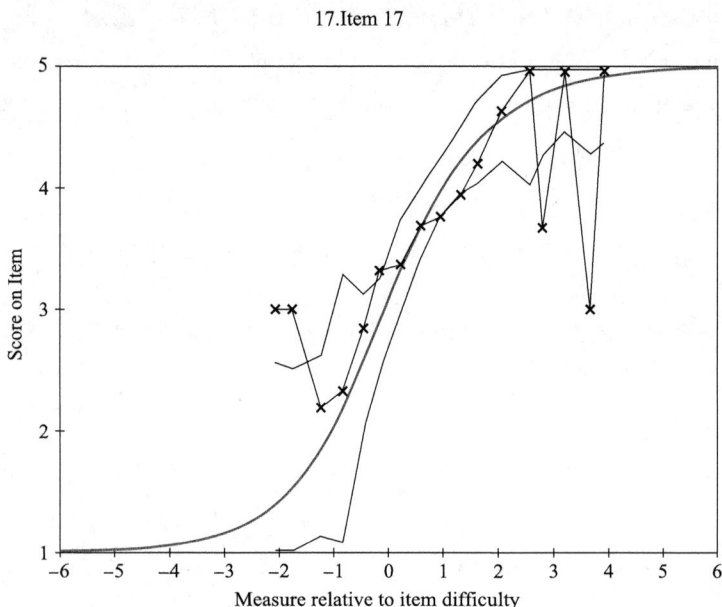

17.Item 17

图 4.12　第 17 题模型预期与实际项目特征曲线（评分量表模型）

表 4.13　量表类别的整体分析结果（评分量表模型）

```
--------------------------------------------------------------------
|CATEGORY     OBSERVED|OBSVD SAMPLE|INFIT OUTFIT|| ANDRICH  |CATEGORY|
|LABEL   SCORE COUNT %|AVRGE EXPECT| MNSQ  MNSQ ||THRESHOLD| MEASURE |
|--------------------+------------+------------++---------+---------|
|   1     1   839  20| -1.32 -1.26| .93   1.04||  NONE   |( -2.54)| 1
|   2     2  1052  25|  -.58  -.68|1.07   1.12|| -1.18   | -1.03  | 2
|   3     3   961  23|  -.20  -.18|1.01   1.09||  -.34   |  -.06  | 3
|   4     4   930  22|   .29   .34|1.01   1.09||   .11   | 1.00   | 4
|   5     5   448  11|  1.11  1.07|1.05   1.09||  1.41   |( 2.69)| 5
--------------------------------------------------------------------
```

　　在进行量表分析时，Rasch-Andrich 阈值是重要的参考指标，在
该阈值上，被试有相同的概率选择一个类别和其相邻的类别。该参
数有时候也被称为步长难度值（step difficulty）、步长校正值（step

calibration)、Andrich Threshold、Tau 或 Delta。评分量表的阈值总数应该比其类别数量少一个。例如，五级的评分量表有四个阈值（即从1至2，2至3，3至4，4至5）；三级的评分量表有两个阈值（即从1至2，2至3）。与测量平均值相似，Andrich Threshold 应呈现单向递增的趋势。该趋势被打破的情况在 Rasch 测量领域被称为"disordered deltas"，意味着量表的设置存在严重问题，需要对其进行修订。

除了单向递增的趋势，两个相邻的 Andrich Threshold 值应有一定的差异，确保量表上的相邻类别能够清晰地区分所测量的潜在构念。但若两者的差异过大，我们需要在两个类别之间增加一个新的类别，以保持测量的准确性。Linacre（2004）认为，相邻类别间的差值应该大于1.4 logits 而小于5 logits。如果该值小于1.4 logits，表明量表类别的界定不够明确。在本例中，类别1和2之间的阈值为 –1.18 logits，类别2与3之间的阈值为 –0.34 logits，这两个相邻阈值之间的差异很小，仅为0.84 logits。类别3与4之间的阈值为0.11 logits，与前者（–0.34 logits）差异也很小，仅为0.45 logits。这说明三个类别（2、3、4）之间的步长很短，对测量构念（即考试焦虑）的界定不够清晰。如果问卷的数据收集已经完成，那么我们可以尝试通过合并类别的方法解决这个问题。在本例中，考虑到类别3和类别4之间阈值的差别很小（0.45 logits），我们可以尝试将这两个类别合并后重新进行数据分析。若问题仍未得到解决，我们还可以尝试将类别1与类别2合并后再进行分析。

除了量表类别结构的整体分析结果，Winsteps 还为我们提供类别概率图。图4.13显示了本例中五个类别的概率图。该概率图体现了被试能力与选择各个类别之间的关系。本例中，被试能力体现为焦虑程度，焦虑程度越高，选择更高类别的概率越大。若 Rasch 分析结果符合这一趋势，那么图4.13中的曲线从左到右应依次代表量表上的1到5五个类别。换言之，随着 x 轴上被试焦虑程度的升高，其选择右侧更高类别的概率增加。若图中出现了顺序错乱（例如类别3的曲线在类别2的左侧），则说明上述趋势被打破，量表的设计存在问题，需对其进行修订。其次，类别1和类别2的曲线相交的地方（即概率图中最左侧箭头所指处）在 x 轴上体现为类别 2 的 Andrich Threshold （–1.18 logits，见表 4.13）。如果被试的能力估计值为 –1.18 logits，那么其选择类别 1 和类别 2 的概率相同。同理，类别 2 和类别 3 的曲线相交处代表了类别 3 的 Andrich Threshold （–0.34 logits），解释和前者相似。从图 4.13 也可以看出，类别 2、3、4 的 Andrich Threshold 之间差异较小，这与表 4.13 中的分析结果一致。前文指出，如果采用 RSM 分析数据，Winsteps 是将量表中所有的试题合并分析，然后确定 Rasch-Andrich 阈值；但是如果采用 PCM 分析，那么 Winsteps 是将量表中的每个试题进行单独分析，确定每个试题的 Rasch-Andrich 阈值。如果研究人员无法确定量表中每个试题的 Rasch-Andrich 阈值是否大致相同，建议采用 PCM 和 RSM 分析数据并比较数据分析结果。若两个模型的分析结果显示 Rasch-Andrich 阈值并无显著差异，那么我们推荐采用 RSM 模型，因其更简约。想进一步对比两个模型的读者可以参考 Weaver（2005）（即 4.4 节中的应用实例一）。

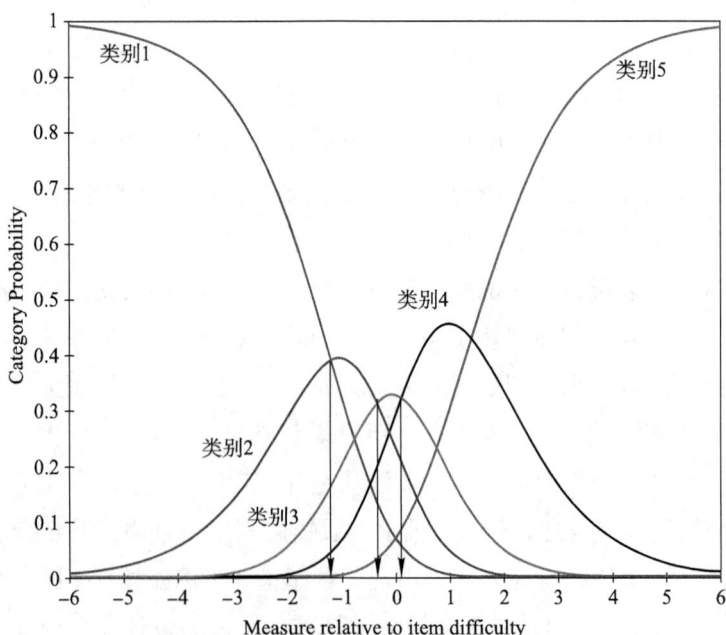

图 4.13　类别概率图（评分量表模型）

最后，我们总结一下量表分析的基本原则（Linacre，2004）。如果数据分析符合这些原则，那么量表的设计比较合理；如果数据分析结果不符合以下原则，那么应考虑对量表进行修订，以确保研究的效度。

• 量表的每个类别应至少有 10 位被试选择。如果被试很少使用某个类别，那么 Rasch 分析对估计步长就会既不精确、也不稳定。在量表编制和修订时建议将其删除，或者将其合并到其邻近的类别，然后重新分析数据。

• 用于 Rasch 分析，较为理想的数据是量表每个类别的被试频数分布比较均衡的数据。这样的分布有利于确保步长值的计算比较精确。

• 量表每个类别的测量均值应呈现由低到高单向递增的趋势，高类别的测量均值相应较高，低类别的测量均值相应偏低。这一趋势的破坏会导致量表各类别含义不明确，进而降低测量的有效性。如果有些高类别的平均测量值与前一个相邻类别的差异很小，那么可以考虑先将两个类别合并再重新分析数据。

• 各类别的 Outfit MnSq 值应小于 2。如果 Outfit MnSq 大于 2，那么说明测量中的"噪音"过多，通过量表收集的数据无法体现测量的有效性。在量表中，某一个类别的 MnSq 值较大说明被试使用该类别的情况不符合模型的预期。

• 步长校正值应呈现单向递增趋势。随着被试能力值的提高，他们选择更高类别的概率也应该越大。

• 相邻类别的 Andrich Threshold 值应大于 1.4 且小于 5。

• 各类别的概率曲线图应呈现独立的尖顶（即有且只有一个波峰）。

4.4 应用实例展示

接下来，我们通过两个具体案例展示部分得分模型和评分量表模型在实证研究中的应用。第一个研究案例采用部分得分模型验证并分析了二语学习者在语言课堂里的交流意愿问卷（Weaver，2005），第二个研究则是利用评分量表模型对一项外语能力自评量表进行效度验证（Fan，2016）。

应用实例一

首先，我们来看一则部分得分模型的应用实例。在该实例中，Weaver（2005）利用 Rasch 模型对二语学习者在语言课堂里的交流意愿问卷（willingness to communicate，WTC）进行了验证与分析。该研究目的有二：一是将 WTC 的构念由最初的仅包含口语交流扩展至口笔交流；二是探究二语课堂里与口语、写作任务相关的描述能否有效界定二语学习者的 WTC。

问卷共包含 34 道题，其中 17 道题调查被试在大学英语课堂中用英语口语进行交流的意愿，其余 17 道调查他们用英语写作进行交流的意愿。该研究的参与者为日本某大学 500 位非英语专业学生。问卷采用李克特四级量表（1= 肯定不愿意，2= 可能不愿意，3= 可能愿意，4= 肯定愿意）。在该研究中，Rasch 分析产生的被试能力值对应着学生的交流意愿（WTC），试题难度对应学生同意试题中关于 WTC 表述的程度。被试越难以同意某一试题，说明该题中的表述对应的 WTC 要求越高，Rasch 分析产生的试题难度值也越大。经过数据筛查后，本研究共获得 490 份有效问卷，采用 Winsteps 软件进行数据分析。

分析伊始，研究者首先对比了使用评分量表模型和部分得分模型分析结果的差异。尽管同属 Rasch 模型家族，评分量表模型和部分得分模型在估算 Rasch 临界点阈值方面有所差异。前者假设临界点阈值对所有项目来说都是一致的，后者则认为每个试题临界点阈值不同，需单独估算。研究者分析后发现，两个评分模型所产生的大部分问卷试题难度估值较为一致，但在少数难度最高和最低的试题上部分得分模型的计算结果与评分量表模型存在一些差异。例如，在估算"give directions to your favourite restaurant"的第三个临界点阈值（即类别 3 和类别 4 之间的临界点）时，部分得分模型计算出的试题难度值低于评分量表模型估算的结果。这说明被试在部分得分模型下更容易选择该试题的类别 4。分析表明，就交流意愿要求最高的八道试题而言，部分得分模型对各题难度的估算与研究人员设计问卷时的初衷有所差异，但是总体上差异不大。由于两个模型产生的分析结果差异不大，因此作者遵循模型分析的简约性原则（parsimony），采用了更为简约的评分量表模型进行数据分析。在 Rasch 分析中，研究者着重分析了以下指标：试题的 Infit 和 Outfit 统计值、试题的部分相关系数（partial correlation）、被试的分隔系数、被试的平均能力值和试题的平均难度值等。分析结果表明，大部分数据与模型拟合较好，学生用口语交流的意愿度稍高于书面交流。

　　作者还对李克特四级量表的使用情况进行分析，着重检查了项目类别概率图和项目特征曲线。结果表明，量表每个类别上至少均有 10 位被试选择，类别 2（即"可能不愿意"）的选择频数最高，试题难度随着被试的 WTC 能力估计值呈单调递增。相邻类别间距满足 Linacre（1999）提出的 1.4~5.0 logits 区间，说明该四级量表的类别能够较好地区分不同级别被试的交流意愿。此外，研究者还对问卷数据进行了维度和 DIF 分析。我们将在本书第八章详细探讨这两个话题。纵观整个研究，研究者为我们展示了如何利用 Rasch 模型分析量表类型的实验数据，相关分析结果既可用于评价问卷质量，又为研究人员进一步修改问卷与相关问题描述提供了依据。

应用实例二

　　接下来我们看另一则 Rasch 模型的应用实例。在该实例中，Fan（2016）利用 Rasch 评分量表模型对一英语能力自评量表进行了效度验证，主要涉及量表的信度、学生在量表各道试题上的作答情况与 Rasch 模型的拟合度等方面。该量表问卷主要根据我国某研究型大学的英语教学大纲编制，由 26 道"能做"表述（can-do statement）构成，覆盖听、说、读、写四个语言能力模块。问卷试题采用李克特五级量表（1= 强烈反对，2= 反对，3= 不反对也不赞成，4= 赞同，5=强烈赞同）。本研究的参与者为该大学 244 名非英语专业本科生。在正式进行数据分析前，作者首先对比了部分得分模型和评分量表模型的数据分析结果，发现两者在类别临界点阈值估算方面并无显著性差异。

根据模型选择的简约性原则，作者在后续研究中选择了更为简约的评分量表模型。

在对 Winsteps 输出总体结果的分析中，作者首先通过变量图和整体统计数据讨论分析了学生能力、试题难度、两者的分隔系数与信度系数等。在对变量图的进一步观察中，作者发现问卷中缺少针对位于 logit 量表上端学生的"能做"陈述，这可能是由于参与本研究的学生群体本身英语能力较强，也说明我们需要为这部分高水平学习者开发难度更高的描述语。在试题分析环节，作者首先通过点相关系数和残差主成分分析验证了问卷的单维性（试卷的维度分析见本书第八章）。通过对试题的 Infit 和 Outfit 统计值分析，作者发现"阅读学术文章或报告"这一能力描述不符合模型预期，可能是由于该能力描述超过了大部分被试（大一、大二非英语专业大学生）日常使用英语的范畴。作者还分析了量表的使用情况，并将模型分析结果与 Linacre（1999）提出的判断原则（见本章 4.3 节）进行比对。结果显示，量表在各类别的选择人数、单向递增性、与模型拟合度、相邻类别间的步长、各类别的概率曲线图等方面的整体表现均比较理想。这些分析结果为该量表的效度提供了重要支撑。在本研究实例中，作者将 Rasch 模型用于量表构念效度验证，对每一步 Rasch 分析的原理都进行了深入浅出的阐述，适合初学 Rasch 的读者进行阅读。在当今各类语言能力量表的开发和效度验证中，Rasch 模型常常发挥着重要作用，作为语言教师、科研人员和语言测试专业研究生，掌握相关的分析方法无疑是大有裨益的。

4.5 小结

本章我们探讨了如何使用 Rasch 模型家族中的部分得分模型和评分量表模型对非 0/1 计分的数据进行分析。我们详细阐述了如何解读两个模型在 Winsteps 中的分析结果，包括变量图、被试总体分析结果、试题难度总体分析结果、试题统计分析等。对于部分得分模型，我们还着重探讨了各分数段的变量图、类别概率图、项目特征曲线以及对如何将被试能力 logit 值转化为百分制结果进行报道等。在评分量表模型部分，我们解释了气泡图、试题类别分析结果、模型预期与实际项目特征曲线图等。最后，我们分享了两例应用部分得分模型和评分量表模型进行研究的实证案例。部分得分模型和评分量表模型是基础模型的拓展，在分析部分计分的试题、李克特量表等类型的数据上有独特优势。在第五章，我们将探讨 Rasch 模型家族中另一应用广泛的模型：多层面 Rasch 模型。

第五章
多层面 Rasch 模型

5.1 模型概述

Mike Linacre 将 Rasch 部分得分模型和评分量表模型进一步拓展（Linacre，1989），形成多层面 Rasch 模型。多层面 Rasch 模型中的"层面"指影响被试考试成绩的各种因素，包括评分员的严厉程度、评分标准、测试任务的难度等。多层面 Rasch 模型是 Rasch 模型家族的重要成员，在 Rasch 模型的发展历程中具有里程碑意义。自 20 世纪 80 年代末出现以来，多层面 Rasch 模型已在语言测试领域得到了广泛的应用（Bachman，2000；Eckes，2015），也是目前在口语、写作、翻译等表现型测试中应用最多的测量模型（Fan & Knoch，2019；McNamara & Knoch，2012；McNamara *et al.*，2019）。

在本章，我们采用由 Linacre 开发的 FACETS 软件进行 MFRM 分析（Linacre，2017a）。Winsteps 软件主要用于基础 Rasch 模型、PCM 和 RSM 的分析，而 FACETS 则主要用于涉及多个层面的数据分析，通常为口语、写作、翻译等表现型测试的评分数据。当然，我们也可以采用 FACETS 完成基础 Rasch 模型的数据分析，此时我们将基础 Rasch 模型看成两个层面的分析，即被试能力和试题难度。但与 Winsteps 相比，FACETS 在进行基础 Rasch 模型分析时无法提供大量关于被试和试题的诊断性信息。因此，这两个分析软件各有所长。

我们建议读者在分析诸如多项选择题、填空题、问卷等数据时采用Winsteps；在分析诸如口语、写作、翻译等表现型测试的评分数据时采用 FACETS 软件。

MFRM 可以探讨表现型测试中很多重要研究问题，如评分员的评分一致性和严厉度、评分标准中各维度的难度、评分标准的设计、测试任务的难度等，相关分析结果对探讨表现型测试的效度和公平性具有重要的参考价值（Eckes，2015）。评分员效应是本章探讨的重点之一，因为在表现型测试中，我们需要评分员根据评分量表对被试的考试表现进行评价，评分员对该类型测试的效度和公平性具有重要影响。本章中，我们采用一项课堂中译英翻译考试数据阐述 MFRM 的应用。最后，我们通过两个研究案例进一步展示 MFRM 在表现型语言测试中的重要作用。

5.2 评分员效应

评分员效应是口语、写作、翻译等表现型测试开发与评估的重要考量因素。评分员效应有时候也称"评分员误差"（rater error）或"评分员偏差"（rater bias），指评分员评分差异导致的与考试构念无关的差异。这一差异将影响测量相关能力构念的准确性，并进一步影响考试效度和公平性（Eckes，2015，pp. 39-40）。评分员的打分直接决定被试的考试成绩，而考试成绩经常被用于做各种高风险的决定，因此评分员效应十分重要。然而，评分员效应很难有效监控，因为人的评判是个非常复杂的过程，误差和偏差几乎无法避免（Eckes，2015；McNamara，1996；Myford & Wolfe，2003）。以一项高风险的口语考试为例。该口语考试的评分标准包括发音、词汇、语法和内容四个维度，每个维度均采用李克特五级量表。两名口语能力相当的被试 A 和 B 分别由评分员 C 和 D 打分。其中，C 比较严格，D 相对宽松。表5.1 展示了两位评分员 C 和 D 对两位被试 A 和 B 的打分情况。该表显示，评分员 C 对被试 A 的打分相对偏低，而评分员 D 对被试 B 的打分相对偏高。被试 A 的总分为 13 分，被试 B 的总分为 17 分。尽管两位被试的口语能力相当，但是由于评分员的严厉度不同（评分员 C 比 D 更严格），被试 A 的考试成绩比被试 B 低 4 分。在高风险考试中，4 分的差别可能意味着被试 B 通过了考试，而被试 A 却没有通过考试，或是被试 B 被顺利录取，但被试 A 却被拒之门外。

表 5.1　两位评分员的评分结果

	评分员 C				
	发音	词汇	语法	内容	总分
被试 A	3	3	4	3	13
	评分员 D				
被试 B	4	4	4	5	17

固然，影响被试在表现型测试中成绩的因素很多，并不仅限于评分员效应。McNamara（1996）在 *Measuring Second Language Performance* 一书中提出了影响被试在表现型测试中成绩的因素并绘制成图。我们对原图稍作改编，增加了 inferences（推断）和 decisions and consequences（决策与后果）两个部分（见图 5.1）。图 5.1 显示，影响被试在表现型测试中成绩的因素很多，包括被试在所测量的语言能力构念上的能力（candidate）、任务的难易程度（task）、评分员的严厉度、评分量表或标准的设计（scale/criteria）等。在互动性口语任务中，会话交际对象（interlocutor）对其表现也会产生一定影响。

在这些众多的影响因素中，评分员的影响尤为突出，因其评分直接决定被试的考试成绩。考试使用者根据评分员的评分结果对被试的语言能力进行推断并做出决定，如果决定是高风险的，那么相应产生的后果也更明显。由于评分员在表现型测试中十分重要，因此很多考试机构通常采取措施减少评分员在评分过程中可能出现的错误或偏差。例如，大部分考试机构在正式评分之前会对评分员展开全面的评分培训，以帮助他们了解考试能力构念、评分量表中各等级的描述语含义、不同能力等级考生的典型表现等。有些机构还会对评分员进行认证，只有通过认证的评分员才能进行评分。此外，大部分考试机构采用双评或多评的机制（double or multiple marking），即每位被试由两位或多位评分员打分。与多评机制相比，双评的应用范围更广。如果两位评分员的分数差异超过一定范围，那么会由第三位专家评分员进行仲裁。此外，很多考试机构也会对评分员的评分结果进行抽查，看他们在评分过程中是否出现偏差。通常采用的检测指标是评分员之间的评分信度（inter-rater reliability）。

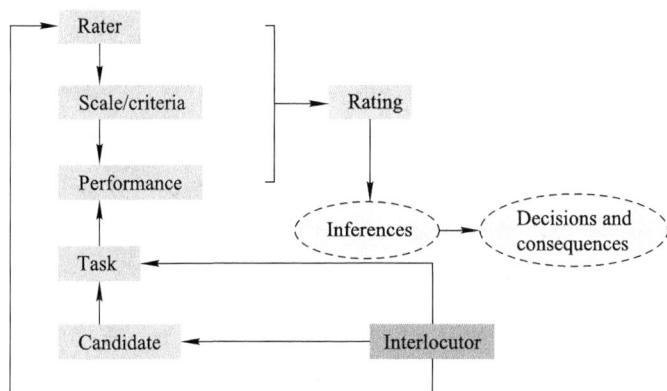

图 5.1　影响表现型测试成绩的因素（改编自 McNamara, 1996, p. 86）

评分员的评分是个异常复杂的过程。正如 Myford & Wolfe（2003，p. 387）所言："无论是做非正式还是正式的判断，都是一个处理信息的过程。人们要通过非常复杂的思考过程做出决定：通过观察从储存记忆中提取信息，然后整理、组合、权衡，最后综合所有信息做出判断。"大量的实证研究表明，即使评分员接受了系统培训，他们在评分过程中依然会显示出一定的差异（Knoch，2010；Lim，2011），这些差异（评分员效应）主要体现在以下几个方面：

1）**严厉度**（severity/leniency）。不同的评分员在评分过程中的严厉度会有所差异。如我们在前文中指出，评分员的严厉度对于表现型测试的公平性具有重要影响。如果被试碰到比较严格的评分员，那么其成绩可能偏低；相反，如果被试碰到比较宽松的评分员，那么其成绩可能偏高。在 MFRM 分析中，评分员的严厉度通常是研究人员关注的重点。由于评分员的严厉度对被试的成绩有重要影响，因此 FACETS 的分析结果中不仅提供被试的原始成绩，也提供每位被试经过模型修正后的公平分（fair average）。

2）**光环效应**（halo effect）。所谓的光环效应指的是评分员对被试某个方面表现的评判会影响其对该被试其他方面表现的评判。例如，评分员在采用分析性评分量表（analytic rating scale）评判被试的写作能力时，如果被试的"语法"得分较高，那么该评分员在评价该被试"词汇"方面的表现时，打分也可能偏高；同理，如果被试在"语法"上的得分偏低，那么评分员在"词汇"上的打分可能也偏低。光环效应会使评分员无法有效地将被试在不同方面的语言能力进行区分，造成评分结果的同质化（如在四个评分标准上的打分均为 4 分）。FACETS 分析可以帮助研究人员发现评分员的光环效应。

3）**趋中效应**（central tendency effect）。评分员在打分的时候经常会频繁地使用中间等级（如 3 分或 4 分），而避免使用量表两端的等级（如李克特六级量表上的 1 分和 6 分），这就是评分中的趋中效应。以写作评分为例，即使评分员认为被试的写作表现优秀，但在给分时仍然倾向选择评分量表偏中间的等级，这就是典型的趋中效应。趋中效应导致量表两端的类别使用频率低，评分结果也无法准确体现被试的语言能力。FACETS 分析可以帮助研究人员发现评分员的趋中效应。

4）**评分缺乏一致性**（inconsistency）。评分员在评分过程中可能出现评分结果不一致的情况，即其严厉度与其他评分员相比缺乏一致性。在有些情况下，评分员或在某些评分标准上（如"词汇""语法"）与其他评分员的评分一致性较高，但是在其他评分标准上（如"内容""连贯性"）评分一致性较低。评分一致性较低可能是由于评分员对某些评分标准的理解不同。FACETS 中的偏差分析（bias analysis）可以有效帮助研究人员发现评分员与评分量表之间可能存在的交互效应。

5）评分员或被试的某些特征导致评分员在评分过程中出现偏差（bias）。例如，在二语口语测试中，有些评分员可能对带有某种口音的被试打分偏高或偏低，从而造成评分偏差（Winke *et al.*, 2013; Yan, 2014）。FACETS 中的偏差分析可以有效帮助研究人员发现评分员与被试特征之间可能存在的交互效应。

在本章，我们将通过研究实例展示 FACETS 在分析评分员效应方面的广泛用途。传统的评分员效应分析往往关注评分员的评分一致性（consistency）。例如，我们常常通过计算两位评分员评分结果的相关系数（Pearson's r）得到作为他们之间的评分一致性高低，或者通过计算 Kendall's Tau-b 求得评分结果排列顺序的一致性高低。如果这些系数较高，那么评分员之间的一致性比较理想。传统的评分员效应分析存在的主要问题是"一致性和准确性的矛盾"（agreement-accuracy paradox）（Eckes, 2015, p. 47），即评分一致性高并不代表评分的准确性高。例如，如果两位评分员都比较严格或者都比较宽松，那么即使他们的评分一致性很高，我们也不能说这两位评分员对被试的评分是准确的。因此，传统的评分员效应分析无法有效解决"一致性"和"准确性"之间的矛盾。本章中介绍的 MFRM 可以较好地解决传统评分效应中存在的问题。接下来，我们用研究实例来展示 MFRM 的分析功能。

5.3 MFRM 的应用

我们采用一项课堂中译英翻译考试数据展示 MFRM 的分析应用。该案例中的被试为国内某研究型大学 89 名选修大学英语翻译课程的非英语专业本科生。学生完成翻译任务后，我们邀请七位评分员（R1—R7）对学生的翻译进行评分。评分员在评分过程中采用分析性评分量表，共包括 7 个维度，分别为：1）理解原文内容；2）选词的准确性；3）词汇的丰富性；4）语法的准确性；5）句式的丰富性；6）书写；7）译文风格。各分项评分标准全部采用李克特四级量表（1—很差；2—较差；3—良好；4—优秀）。在评分过程中我们采用了部分重叠的评分设计（incomplete rating design）以确保FACETS分析在数据连接方面的要求（我们将在5.3.1节对FACETS在评分设计方面的要求作进一步说明）。其中，评分员1评阅了第1-42位被试；评分员2评阅了第27—89位被试。其他五位评分员评阅了所有试卷。在该分析中，我们采用MFRM分析探讨以下几个研究问题：

1）评分员的评分一致性如何？

2）评分员的严厉度如何？

3）评分量表中的七个维度难度如何？

4）评分量表采用四个类别是否合理？

5）评分员与评分量表之间是否存在交互效应？

5.3.1 评分设计

我们在开始采用FACETS分析数据之前，先简要探讨一下FACETS分析中的评分设计要求（rating design）。FACETS要求评分员的评分数据之间存在一定的关联性（subset connection），后续分析才能顺利进行。评分设计可大致分为"完全交叉评分设计"（fully-crossed rating design）和"不完全评分设计"（incomplete design）两种。完全交叉评分设计要求所有评分员对所有被试在所有任务上的表现进行评分，这种评分设计不存在评分数据关联性的问题。表5.2所展示的就是一项英语口语测试的"完全交叉评分设计"。该测试共有10位被试，包括三项任务，由三位评分员评分。表5.2显示，三位评分员对所有10位被试在三个任务上的表现均进行了评分。

表 5.2 完全交叉评分设计

评分员	任务	被试									
		1	2	3	4	5	6	7	8	9	10
1	1	√	√	√	√	√	√	√	√	√	√
	2	√	√	√	√	√	√	√	√	√	√
	3	√	√	√	√	√	√	√	√	√	√
2	1	√	√	√	√	√	√	√	√	√	√
	2	√	√	√	√	√	√	√	√	√	√
	3	√	√	√	√	√	√	√	√	√	√
3	1	√	√	√	√	√	√	√	√	√	√
	2	√	√	√	√	√	√	√	√	√	√
	3	√	√	√	√	√	√	√	√	√	√

　　然而，在表现型考试的评分实践中，出于时间和金钱成本考虑，考试机构通常无法采用完全交叉评分设计，而是采用不完全评分设计。在不完全评分设计中，我们需要考虑数据之间的关联性。表 5.3 展示的是不完全评分设计，从该表可以看出，部分评分员对某些被试在一些任务上的表现没有评分。例如，评分员 1 对被试 3 在第一个任务上没有评分，评分员 2 对被试 1 在第一个任务上也没有评分。尽管该表中存在不少空白，但这并不影响评分数据之间的关联性，因为各评分员还是对足够多的共同被试和共同任务打了分，这些"共同点"可以帮助建立数据关联性。例如，尽管评分员 1 对第三位和第五位被试在第一个任务上的表现没有评分，但该评分员和其余两位评分员共同评价了很多其他被试在其他任务上的表现。FACETS 分析允许缺失数据存在，该表中的空白部分被视为缺失数据。固然，我们还是希望数据尽量完整，因为数据数量越大，其所提供的信息也越多，FACETS 的分析结果也越精确。反之，如果缺失数据数量较大，那么数据所能够提供的信息便越少，FACETS 的分析结果误差也相应变大。因此，我们建议读者在条件允许的情况下，提供尽可能多的数据以确保分析结果的精确。

表 5.3　不完全评分设计（数据之间存在关联性）

评分员	任务	被试 1	2	3	4	5	6	7	8	9	10
1	1	√	√		√		√	√	√	√	√
	2	√	√			√		√	√		√
	3	√		√			√			√	
2	1		√			√		√		√	√
	2	√		√	√		√	√			
	3		√		√			√	√		√
3	1	√	√		√	√	√			√	√
	2		√	√		√	√	√	√		
	3		√	√	√	√		√		√	

　　表 5.4 展示的是缺乏数据关联性的不完全评分设计。该表显示，评分员 1 对前三位被试在三个任务上的表现打分，评分员 2 对被试 4—6 在三个任务的表现打分，评分员 3 对最后四位被试在三个任务上的表现打分。三位评分员的评分数据之间不存在任何重叠，因此无法建立有效的关联性。当评分数据之间缺乏关联性时，FACETS 会在分析结果中进行提醒。若出现该提示，我们一般可采取以下几项措施（Linacre，2012）：

　　1）直接采用分析结果。如果分析人员只是想了解拟合统计值或是比较某一组数据（subset）中的测量值，那么即使数据缺乏关联性，分析结果也可以予以采用。

　　2）如果分析结果中某一组数据包含的数据量较小，那么可以考虑将这组数据删除。

　　3）最佳的处理方案是找出数据缺乏关联性的原因，然后收集更多的数据以解决数据缺乏关联性的问题。

　　4）通过锚值（anchor value）建立不同数据组之间的关联性。我们将在第八章考试等值研究中探讨如何使用锚值和锚题。

5）采用锚定组（group anchoring）解决不同数据组之间缺乏关联性。例如，用所有评分员的严厉度均值代替不同数据组的评分员严厉度。具体的操作方法请见Linacre（2012）。

尽管采用锚值和锚定组等方法可以在一定程度上解决不同数据组之间缺乏关联性的问题，但在客观条件允许的情况下，我们依然建议读者采用第三个解决方案，即通过FACETS的分析结果发现数据缺乏关联性的原因，然后有的放矢地收集更多的数据以建立不同组数据之间的关联性。

表5.4　不完全评分设计（数据之间缺乏关联性）

评分员	任务	被试									
		1	2	3	4	5	6	7	8	9	10
1	1	√	√	√							
	2	√	√	√							
	3	√	√	√							
2	1				√	√	√				
	2				√	√	√				
	3				√	√	√				
3	1							√	√	√	√
	2							√	√	√	√
	3							√	√	√	√

最后，我们简要了解一下在测试实践中经常采用的嵌入式评分设计（nested rating design）。如表5.5所示，每位评分员对所有被试在不同任务上的表现打分。例如，评分员1为所有被试在任务一、二上的表现打分，评分员2为被所有试在任务二、三上的表现打分，评分员3为所有被试在任务一、三上的表现打分。通过这样的评分设计，评分员的评分数据之间可以通过共同被试在共同任务上的得分建立足够的关联性。例

如，评分员 1 和评分员 2 通过他们在任务二上的评分建立关联性，评分员 2 和评分员 3 通过他们在任务三上的评分建立关联性。

表 5.5　嵌入式评分设计

评分员	任务	被试									
		1	2	3	4	5	6	7	8	9	10
1	1	√	√	√	√	√	√	√	√	√	√
	2	√	√	√	√	√	√	√	√	√	√
	3										
2	1										
	2	√	√	√	√	√	√	√	√	√	√
	3	√	√	√	√	√	√	√	√	√	√
3	1										
	2										
	3	√	√	√	√	√	√	√	√	√	√

5.3.2 FACETS 分析前的准备工作

在进行 FACETS 分析之前，我们需要做一些准备工作。首先，我们要明确 FACETS 分析所包含的层面。在翻译评分的分析案例中，我们一共包括三个层面：1）被试的翻译能力（examinee）；2）评分员的严厉程度；3）评分量表的难度（criterion）。每个层面又包括若干个元素（element）。例如，在本案例中，第一个层面（examinee）共包括 89 名被试（1-89）。在 FACETS 分析中，也被称为 89 个元素。第二个层面（rater）共包括 7 个元素（R1-R7）。第三个层面（criterion）共包括 7 个元素：理解原文内容（Understanding ST）、词汇丰富性（V-Range）、选词准确性（V-Choice）、语法准确性（G-Accuracy）、句式丰富性（G-Variety）、书写（Mechanics）和译文风格（Style）。

其次，我们要确定分析所采用的模型。在本分析中，我们所采用的模型为 Model=?,?,?,R4。该模型的具体含义为：第一个层面中的任一位被试（？）与第二个层面中的任一位评分员（？）与第三个层面中的任一个评分维度（？）结合产生评分（R）。R4 表示评分量表中的最高类别为 4。前文指出，本案例中采用的评分量表为李克特四级量表。在该分析中，由于所有评分员均接受了系统的培训，因此我们认为评分员对量表的使用方式大致相同，采用评分量表模型。如果我们有充分的理由认为评分员使用评分量表的方式差别较大，那么应该考虑采用部分得分模型，在 FACETS 中表示为 Model=?,#,?,R4。在该模型中，我们认为第二个层面（即评分员）在使用评分量表时可能存在较大差异，因此我们采用了 PCM（#）。

在采用 FACETS 进行数据分析之前，我们首先要制作 specification file。图 5.2 显示了本案例中制作的 specification file。该文件显示，分析中共包括 3 个层面（Facets=3）。我们将第一个层面被试的翻译能力设置为 positive，代表测量值越大，能力越高。对于第二个层面评分员严厉度而言，严厉度的测量值越高，给被试的打分则越低；第三个层面评分量表的难度与第二个层面相似，量表难度越高，被试的成绩越低。因此，这两个层面均为 negative。FACETS 默认将第一个层面（被试的能力）设置为 non-centered，其他层面均为 centered。这里的 centered 表示层面的平均测量值均设置为 0。在本案例中，除了被试的翻译能力，我们默认评分员严厉度和评分量表难度的平均值均为 0。图中的 Vertical= 用于设置 FACETS 分析中的变量图。在本案例中，由于被试人数较多，我们对第一个层面采用 * 显示，对第二、三个层面仍采用标签显示。最后，specification file 需注明数据名称：data=。为方便起见，我们建议读者在进行 FACETS 分析时，将 specification file 和 Excel 分析数据放在同一文件夹中（如果这两个文件位于不同的文件夹，我们还需在 data= 写上 Excel 文档的具体地址，比较烦琐）。同时，我们提醒读者务必正确输入 Excel 文件的拓展名，如下图中的".xlsx"。如果拓展名错误，FACETS 是无法找到需要的文件的。下面我们来逐一解读 FACETS 的分析结果。

```
Title = Translation Rating Analysis
Facets = 3       ; three facets in this analysis
Positive = 1     ; the examinee facet is postively oriented
Noncentered= 1   ; the examinee facet is non-centered
Vertical =1*, 2A, 3A    ; examinee by number, rater and criterion by label
Arrange = mN     ; put the order for the measure Table 7 here

Models=?,?,?,R4 ; three facets, 4-point rating scale model
*

Labels=
1,Examinee
1-89

*
2, Rater
1= R1
2= R2
3= R3
4= R4
5= R5
6= R6
7= R7
*

3, Criterion
1= Understanding ST
2= V-Range
3= V-Choice
4= G-Accuracy
5= G-Variety
6= Mechanics
7= Style
*

data=Translation_MFRM.xlsx
```

图 5.2　Specification file（多层面 Rasch 模型）

5.3.3 变量图

　　与前两章中采用 Winsteps 的分析类似，FACETS 分析结果中的变量图蕴含着丰富的信息（见图 5.3）。由于变量图里包含着大量 FACETS 分析的信息，因此我们建议读者在发表论文或研究报告时附上该图。该变量图的左侧第一列是 logit 量尺。在前两章中，logit 量尺代表了被试的能力和试题的难度。在 FACETS 分析中，logit 量尺代表的含义更加丰富。对于第一个层面（被试），该量尺体现了被试在所测能力构念（翻译）上的能力。对于第二个层面（评分员），该量尺体现了他们在评分时的严厉度。对于第三个层面（评分量表），该量尺体现了评分量表在不同维度上的难度。换言之，FACETS分析将分析中所有的层面放置于一个模型中，并用同一个logit量尺测量。

图中第二列展示的是被试。由于我们在分析时将被试设置为positive（该列上方Examinee左侧的＋代表正向positive），因此位置越靠近上部的被试翻译能力越强，位置越靠近下方的被试翻译能力越弱。

第三列展示的是评分员（该列上方Rater左侧的－代表反向negative），位置越靠近上方的评分员给分越低，即评分越严厉，位置越靠近下方的评分员给分则越宽松。当然，我们也可以在specification file将评分员设置为positive，那么这里的解读就会变为位置越靠近上的评分员方给分越高、越宽松，位置越靠近下方的评分员给分越低、越严格。由变量图上评分员严厉度的分布可知，尽管我们对七位评分员做了全面培训，但他们的评分严厉度依然存在较大差异。

第四列展示的是评分标准中各个维度的难度信息（该列上方Criterion左侧的－代表反向negative）。维度在量表上的位置越靠近上方，学生在这个维度上的得分越低，即维度越难；维度在量表上的位置越靠近下方，学生在这个维度上的得分越高，即维度越容易。在本案例中，"选词准确性"是最难的维度，其次是"译文风格"；"理解原文内容"和"书写"是最容易的维度。

最右侧的一列显示的是李克特四级量表与logit量尺之间的对应情况。例如，量表中的3（良好）大约对应logit量尺上的1.5 logits；量表中的2（一般）大约对应logit量尺上的–1 logit。量表两端的类别（1–很差和4–优秀）代表了两个极端，因此均加了括号。需要注意的是，量表中的1（很差）和4（优秀）在logit量尺上对应的测量值并非是图中的–3与+2 logits，它们原则上可以代表无限高和无限低的logit值。该列上位于2和3之间的虚线代表的是Rasch半点阈值，也就是2.5分在logit量尺上所对应的测量值。我们将在接下来的解读中进一步介绍这一概念。

```
+--------------------------------------------------------------------------+
|Measr|+Examinee |-Rater    |-Criterion                          |Scale|
+--------------------------------------------------------------------------+
|  2 +          +          +                                    + (4) |
|    |  **      |          |                                    |     |
|    |  *****   |          |                                    |  3  |
|    |  **      |          |                                    |     |
|    |  ***     |          |                                    |     |
|    |  **      |          |                                    |     |
|  1 +  *****   +          +                                    +     |
|    |  ****** | R1        |                                    |     |
|    |  *****  |           | V-Choice                           |     |
|    |  ****   |           |                                    |     |
|    |  ****** | R2        | Style                              |     |
|    |  ********|           | G-Accuracy      G-Variety      V-Range|  --- |
|  * 0 +  **********+           *                                    *     |
|    |  ****   | R3  R5  R6  R7|                                    |     |
|    |  ****   | R4        |                                    |     |
|    |  *******|           | Mechanics                          |     |
|    |  ***    |           |                                    |     |
|    |  *****  |           |                                    |     |
| -1 +  ***    +          +                                    +  2  |
|    |  *      |          | Understanding ST                   |     |
|    |  *      |          |                                    |     |
|    |         |          |                                    |     |
|    |         |          |                                    |     |
| -2 +  *      +          +                                    +     |
|    |         |          |                                    |     |
|    |  *      |          |                                    |     |
|    |         |          |                                    |     |
| -3 +         +          +                                    + (1) |
+--------------------------------------------------------------------------+
|Measr| * = 1   |-Rater    |-Criterion                          |Scale|
+--------------------------------------------------------------------------+
```

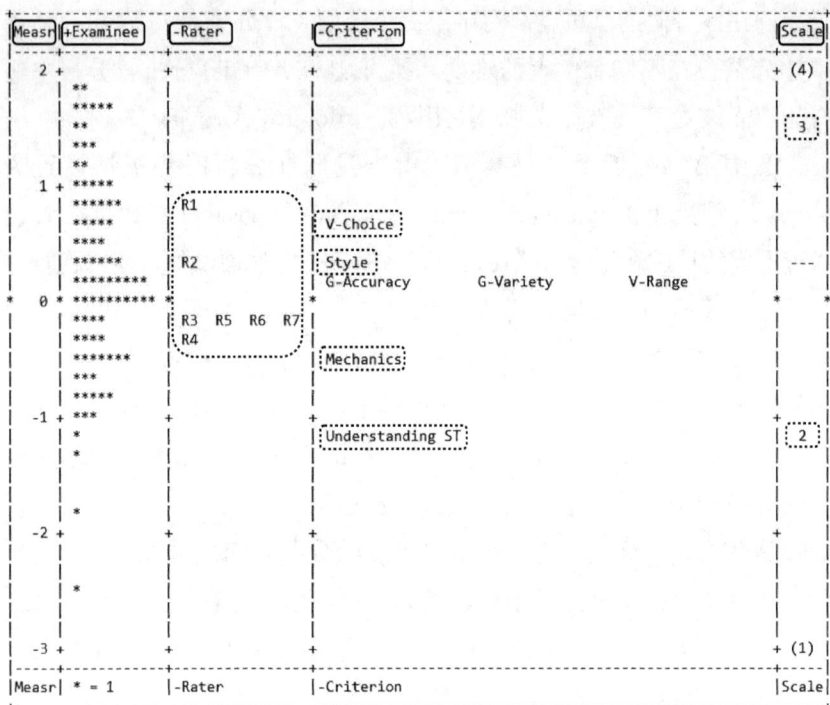

图 5.3　变量图（多层面 Rasch 模型）

5.3.4 总体分析结果

在解读三个层面的分析结果之前，我们先检查一下 FACETS 输出的总体分析结果，这里我们主要关注模型的拟合度。

在前两章我们指出，Rasch 模型是基于数据构建的理想化模型（idealised model）。在模型构建完成后，FACETS 将原始数据与基于 Rasch 模型的期望数据之间进行对比并计算。由于 Rasch 模型是理想化的模型，因此实际数据与 Rasch 模型之间总会存在一定差异。实际上，因为现实生活中的数据不会是完美的，因此只有当数据与模型之间的拟合存在一定的差距，我们才能进行合理、可信的 Rasch 分析。如果数据与 Rasch 模型之间的拟合非常理想，只能说明数据数量太少，研究人员还需要进一步收集数据。FACETS 在输出结果中常通过卡方检验（chi-square test）报告数据与模型之间的拟合结果，若结果显著，则说明数据与模型之间的拟合存在一定差距，符合研究者预期。若要获取卡方检验结果，我们在分析时需在 specification file 中增加一行命令 "Pearsondf=Yes"。本次分析的卡方检验显著，说明数据与模型之间存在显著性差异，符合我们预期。

我们还可从另一渠道获知数据和模型的拟合度信息。图 5.4 显示，本案例共包括 3774 个 non-extreme 数据点。如果被试在评分量表中的所有标准上得分均为最高分 4 分或最低分 1 分，那么这些数据则被视为 extreme 数据点，因为它们无法为测量提供有效的信息。显然，本案例中不存在此类数据。图 5.4 显示，Rasch 模型解释了原始数据中 29.91% 的差异，残差（residuals，即观测数据与 Rasch 模型之间的差异）解释了 70.09% 的差异。这些结果似乎显示数据与模型拟合不足，但是这样的结果并不意外。

```
                                          Count    Mean    S.D.
Responses non-extreme estimable    =      3774     2.52    0.73
Count of measurable responses      =      3774
Raw-score variance of observations =      0.536  100.00%
Variance explained by Rasch measures =    0.160   29.91%
Variance of residuals              =      0.376   70.09%
```

图 5.4　数据与模型的拟合程度（多层面 Rasch 模型）

在检查完整体分析结果后，我们也建议读者观察一下 FACETS 结果中"不符合预期的数据"（unexpected responses），因为这些分析结果也可以为模型和数据的拟合度提供一定解释。不符合预期的数据基于数据的标准化残差值（standardised residual）计算而来，FACETS 默认将该值大于 3 的数据设定为 unexpected responses。在实际分析中，我们可将该值修改为 2。一般认为，如果数据与模型拟合较好，那么标准化残差值大于 2 的数据量应小于所有数据量的 5%，标准化残差值大于 3 的数据量应小于所有数据量的 1%。在本案例中，标准化残差大于 3 的数据共有 13 个，占所有数据量（3774）的 0.3%；标准化残差值大于 2 的数据共有 100 个，约占所有数据量（3774）的 2.6%，这些分析结果表明数据与模型拟合较好。除了数据与模型的拟合外，不符合预期的数据也能够提供一些关于分析层面的信息。表5.6列出了13个标准化残差值大于3的不符合预期的数据。从表中我们发现，大部分不符合预期的数据均来自评分员3，且大部分不符合预期的数据与三项评分标准相关，即"理解原文内容""词汇丰富性"和"选词准确性"。我们在分析相关层面结果时应重点检查这些方面。下面我们来逐个解读层面分析结果。

表 5.6　标准化残差值大于 3 的数据（多层面 Rasch 模型）

```
+--------------------------------------------------------------------------+
| Cat  Score  Exp.  Resd StRes| Nu Ex N Ra N Criterion       | Sequence   |
|--------------------------------------------------------------------------|
|  4    4     2.2   1.8  3.2  | 48 48 3 R3 1 Understanding ST | 1049       |
|  2    2     3.6  -1.6 -3.0  | 57 57 3 R3 1 Understanding ST | 1105       |
|  1    1     3.1  -2.1 -3.1  | 86 86 5 R5 1 Understanding ST | 2536       |
|  4    4     2.1   1.9  3.6  | 44 44 3 R3 2 V-Range         | 1022       |
|  4    4     2.3   1.7  3.0  | 83 83 3 R3 2 V-Range         | 1274       |
|  4    4     2.2   1.8  3.3  | 45 45 5 R5 2 V-Range         | 2250       |
|  4    4     2.2   1.8  3.2  | 22 22 1 R1 3 V-Choice        | 150        |
|  4    4     2.2   1.8  3.2  |  6  6  3 R3 3 V-Choice        | 766        |
|  4    4     2.2   1.8  3.1  | 13 13 6 R6 3 V-Choice        | 2650       |
|  4    4     2.2   1.8  3.3  | 58 58 3 R3 4 G-Accuracy      | 1115       |
|  4    4     2.3   1.7  3.0  | 83 83 3 R3 4 G-Accuracy      | 1276       |
|  4    4     2.2   1.8  3.1  |  5  5  1 R1 5 G-Variety       | 33         |
|  4    4     2.2   1.8  3.2  |  1  1  4 R4 6 Mechanics       | 1327       |
|--------------------------------------------------------------------------|
| Cat  Score  Exp.  Resd StRes| Nu Ex N Ra N Criterion       | Sequence   |
+--------------------------------------------------------------------------+
```

5.3.5 层面分析结果

FACETS分析结果中包括每个层面的分析报告。本案例的分析共有三个层面：评分员、评分量表和被试。

1）评分员层面

表5.7展示的是评分员层面的分析报告。由于评分员效应是表现型测试研究的重要内容，因此评分员层面的分析结果需要重点解读。与Winsteps软件相似，FACETS在输出分析结果时可以按照我们预先设定的顺序对元素进行排列。在本案例中，我们设定分析结果按照评分员严厉度从高到低排列。我们也可以在FACETS中设置分析结果按照编号顺序或者拟合统计值由大到小进行排列。

我们先看表 5.7 下方的关于评分员的总体分析结果。首先，第三行展示评分员严厉度的卡方检验结果。该检验的假设是"所有评分员的严厉度一致"。在该案例中，卡方结果显示显著（p=0.00），表明在七位评分员中至少有一位与其他评分员的严厉度不一致。这与变量图中（见图 5.3）的结果相同。第四行展示的也是评分员严厉度的卡方检验结果，但是假设与上一行不同。第四行卡方检验的假设是"本案例中的七位评分员是严厉度符合正态分布的评分员群体的随机抽样"。由于卡方检验结果不显著（p=0.33），因此我们接受零假设，即认为该组评分员可视为来自严厉度符合正态分布的评分员群体。

该表下方第一、二行的结果显示了群体（population）和样本（sample）的统计分析结果。在本案例中，如果七位评分员代表了该测试所有的评分员，那么可以采用群体统计结果；如果只是从评分员中进行抽样，那么应采用样本的统计结果。一般情况下，由于层面中的元素来自总体的抽样，因此我们更常采用样本的统计结果。在有些情况下，有些层面的元素代表了总体（如性别、年级等），那么宜采用总体统计结果。本案例中的七位评分员并不代表该测试中所有的评分员，因此我们采用样本统计结果。RMSE 代表均方根误差，即所有标准误的均值。Adj (True) 代表经过调整测量误差后的样本估计值标准差。分隔系数为 Adj (True)/RMSE 的结果。在本例中，该值代表了评分员严厉度的分布情况，越接近 0，说明评分员之间严厉度差别越小。

我们可以进一步通过分隔比例计算评分员的分层系数（strata），该统计值表示评分员严厉度可区分的等级数量。例如，在本案例中该值为8.06，代表评分员的严厉度大致可以分为 8 个等级。除了分隔和分层系数外，FACETS 也报告信度系数，但是该系数并非评分员之间的评分一致性系数（FACETS 并不报告评分一致性系数），而是表明 FACETS 分析对评分员严厉度分层的可靠性。该系数越高，说明分层的结果越准确。在本例中，分层系数为 0.97，代表评分员严厉度的分层结果非常可靠。在 FACETS 分析中，评分员的分层系数越低，分层信度越低，说明评分员的严厉度越趋于一致；反之，评分员分层系数越高，分层信度越高，则评分员之间的严厉度差异越大。

如果本案例中的翻译考试用于做高风险的决定，那么显然评分员之间的严厉度差异会严重影响考试的效度和公平性。然而在考试实践中，评分员之间的严厉度是难以达到一致的。研究显示，即使评分员经过严格的评分培训，其严厉度依然会存在一定的差异（Eckes，2015；Knoch，2010）。尽管 FACETS 并不报告评分一致性系数，但是分析人员可以在 specification file 里添加命令行 "inter-rater=X"（其中 X 代表评分员层面在所有层面中的顺序）。在增加该命令后，FACETS 在其结果中会报告 exact agreement 和 expected agreement 的比例。我们希望两者数值相当，因为这说明评分员在评分过程中保持了决策的独立性（independent raters，见 Linacre，2012，p. 188）。

表 5.7　评分员层面分析报告（多层面 Rasch 模型）

```
+--------------------------------------------------------------------------------------------------+
| Total   Total  Obsvd  Fair(M)|  -    Model | Infit      Outfit     |Estim.| Correlation |              |
| Score   Count  Average Average|Measure S.E. | MnSq ZStd  MnSq ZStd |Discrm| PtMea PtExp | N Rater      |
|--------------------------------------------------------------------------------------------------|
|  658    294    2.24   2.15  |  .88   .10  |  .74 -3.2   .74 -3.0  | 1.23 |  .48   .48  | 1 R1         |
| 1047    441    2.37   2.34  |  .27   .08  |  .89 -1.6   .91 -1.2  | 1.06 |  .69   .54  | 2 R2         |
| 1581    623    2.54   2.50  | -.15   .07  |  .87 -2.5   .86 -2.5  | 1.13 |  .55   .54  | 6 R6         |
| 1489    588    2.53   2.51  | -.17   .07  |  .96  -.7   .95  -.7  | 1.04 |  .54   .54  | 7 R7         |
| 1591    621    2.56   2.52  | -.21   .06  | 1.16  2.7  1.14  2.3  |  .87 |  .54   .54  | 5 R5         |
| 1512    586    2.58   2.52  | -.22   .07  | 1.17  2.9  1.19  3.1  |  .83 |  .40   .53  | 3 R3         |
| 1635    621    2.63   2.60  | -.39   .06  | 1.05   .9  1.06  1.0  |  .95 |  .52   .54  | 4 R4         |
|--------------------------------------------------------------------------------------------------|
| 1359.0  539.1  2.49   2.45  |  .00   .07  |  .98  -.2   .98  -.2  |      |  .53        | Mean (Count: 7) |
|  339.8  116.3   .13    .14  |  .40   .01  |  .15  2.3   .15  2.2  |      |  .08        | S.D. (Population) |
|  367.0  125.7   .14    .15  |  .44   .01  |  .16  2.5   .16  2.4  |      |  .09        | S.D. (Sample)   |
+--------------------------------------------------------------------------------------------------+
Model, Pop007: RMSE .07 Adj (True) S.D. .40 Separation 5.35 Strata 7.46 Reliability .97
Model, Sample: RMSE .07 Adj (True) S.D. .43 Separation 5.79 Strata 8.06 Reliability .97
Model, Fixed (all same) chi-squared: 141.0 d.f.: 6 significance (probability): .00
Model, Random (normal) chi-squared: 5.7 d.f.: 5 significance (probability): .33
```

接下来我们具体来看表格中的内容。表 5.7 的第一列（Total Score）代表每位评分员打出的分数总和，第二列（Total Count）代表每位评分员打分的次数。第三列（Obsvd Average）为观测分的均值，由第一列的总分除以第二列的评分次数得到。均值越小，说明评分员越严厉。在该表中，评分员 1 的均值最低（2.24 logits），是最严厉的评分员。第四列中的公平均值（Fair Average）是经过模型调整后的评分均值。模型调整时将被试能力也考虑在内，可以说，Fair Average 更准确地代表了评分员评分的均值。在本案例中，评分员 1 的 Fair Average 最低（2.15 logits），说明经过模型调整后其严厉度依然最高。后两列为评分员的严厉度 logit 值和标准误。可以看出，评分员的严厉度差别较大，最为严格的为评分员 1，其严厉度为 0.88 logits；最宽松的为评分员 4，其严厉度为 –0.39 logits。这与前面变量图中展示的信息相符。表格的下几列展示的是各评分员的 Infit 和 Outfit 统计值及其标准化 Z 值。关于 Infit 和 Outfit 统计值的详细解读请见本书第三章 3.5 节。

在前两章，我们介绍 Infit 和 Outfit 统计值的理想值均为 1，大于 1 的为拟合不足，小于 1 的为拟合过度。Outfit MnSq 为未经调整的拟合统计值，容易受到异常值的影响。例如，如果一位能力较差的被试在一道难度很高的试题上答对，那么其作答结果会对该题的 Outfit MnSq 产生影响，但是可能不会影响到其 Infit MnSq。同理，对于评分员的 Infit 和 Outfit MnSq 而言，如果一位很严格的评分员为一位能力较低的被试打出高分，或者很一位宽松的评分员为一位能力很高的被试打出低分，那么该评分结果可能会对评分员的 Outfit MnSq 产生较大的影响，但是对其 Infit MnSq 未必产生影响。Infit MnSq 更容易受到能力值与评分员严厉度比较接近的被试的影响。与试题分析相似，在评价评分员时，我们更常采用 Infit MnSq 值。如果我们采用 0.5-1.5 的拟合指数统计值范围（Bond & Fox，2015），那么这七位评分员的 Infit 统计值均在该范围内，说明评分员的评分结果与模型的预期基本相符。

在探讨试题的拟合指数时我们指出，相对于拟合过度，拟合不足的试题更需要引起重视。在本分析案例中，评分员 1、评分员 2、评分员 6 和评分员 7 的 Infit MnSq 均小于 1，属于拟合过度；评分员 3、评分员 4 和评分员 5 的 Infit MnSq 均大于 1，属于拟合不足。对于评分员而言，拟合过度说明其评分数据缺乏变化，可能是因为其评分过程中的趋中效应或光环效应。评分员 1、评分员 6、评分员 3 和评分员 5 的 Infit MnSq 虽然在合理的区间内，但是其标准化 Z 值不在 –2 至

+2 的区间，说明这几位评分员的评分结果缺乏一致性，需对其进行分析和检查（Myford & Wolfe，2003）。固然，我们在第三章指出，包括标准化 Z 值在内的拟合统计值会受样本量大小影响。对于评分员而言，这两个值受其评分量大小（即打分的次数多少）的影响。在本案例中，7 位评分员的评分量均较大（见表 5.7 第二列），这可能导致部分标准化 Z 值不在参考区间范围内。

表 5.7 中 Infit 和 Outfit 统计值的下一列为区分度估计值（estimated discrimination）。该值的理想值为 1，在 0.5~1.5 的区间范围说明数据与 Rasch 模型的拟合较好。在本例中，所有评分员的区分度估计值均在该范围内。紧接着的右侧两列为点相关结果及模型期望的点相关系数，该系数代表某评分员的评分结果与其他评分员的评分结果之间的相关性。该表的最后一列显示的是评分员编号。

2）评分量表层面

评分量表层面的分析结果解读与评分员层面基本相似。我们先解读位于表 5.8 下方的卡方检验结果。本例中的卡方检验结果显著（p=0.00），说明评分量表至少有一个维度与其他维度之间的难度差别显著。在本例中，我们选择群体分析结果，因为我们认为这七个维度体现了翻译文本的质量。分析结果表明，评分维度中的七个维度大约可分为 11 个难度级别，而且分级的信度很高，为 0.98。表 5.8 显示，"选词准确性"的难度最高，为 0.62 logits；"理解原文内容"的难度最低，为 –1.15 logits。这一分析结果与我们预期相符——翻译任务为中译英，因此学生阅读中文母语原文难度很低，但是在翻译时选择适当的英语词汇表达难度很大。表 5.8 同时显示，"译文风格"的难度排在第二位（0.36 logits），说明对学生而言在中译英时确保译作与原作的风格保持一致难度很大。

表 5.8 评分量表层面分析报告（多层面 Rasch 模型）

```
+------------------------------------------------------------------------------------------+
| Total   Total   Obsvd   Fair(M)|    -   Model | Infit      Outfit     |Estim.| Correlation |                   |
| Score   Count   Average Average|Measure S.E.  | MnSq ZStd  MnSq ZStd  |Discrm| PtMea PtExp | N Criterion       |
|                                                                                          |
| 1236    540     2.29    2.22   | .62    .07   | 1.03  .4   1.03  .4   | .99  | .47   .46   | 3 V-Choice        |
| 1284    540     2.38    2.31   | .36    .07   | .91  -1.4  .91  -1.4  | 1.08 | .44   .47   | 7 Style           |
| 1299    536     2.42    2.35   | .23    .07   | 1.10  1.6  1.10  1.6  | .91  | .50   .47   | 4 G-Accuracy      |
| 1310    539     2.43    2.36   | .22    .07   | .98  -.2   .97  -.5   | 1.07 | .53   .47   | 2 V-Range         |
| 1323    540     2.45    2.38   | .17    .07   | .97  -.4   .94  -.9   | 1.08 | .54   .48   | 5 G-Variety       |
| 1450    539     2.69    2.62   | -.45   .07   | 1.13  2.3  1.13  2.1  | .81  | .50   .50   | 6 Mechanics       |
| 1611    540     2.98    2.94   | -1.15  .07   | .90  -1.9  .93  -1.3  | 1.05 | .37   .50   | 1 Understanding ST|
|                                                                                          |
| 1359.0  539.1   2.52    2.45   | .00    .07   | 1.00  .0   1.00  .0   |      | .48   | Mean (Count: 7)   |
| 119.4   1.4     .22     .23    | .56    .00   | .08  1.4   .08  1.3   |      | .05   | S.D. (Population) |
| 129.0   1.5     .24     .25    | .60    .00   | .09  1.6   .09  1.5   |      | .06   | S.D. (Sample)     |
+------------------------------------------------------------------------------------------+
Model, Populn: RMSE .07  Adj (True) S.D. .55  Separation 7.84  Strata 10.79  Reliability .98
Model, Sample: RMSE .07  Adj (True) S.D. .60  Separation 8.48  Strata 11.64  Reliability .99
Model, Fixed (all same) chi-squared: 463.2  d.f.: 6  significance (probability): .00
Model, Random (normal) chi-squared: 5.9  d.f.: 5  significance (probability): .31
```

拟合指数分析结果表明，评分量表中七个维度的 Infit 和 Outfit MnSq 均在 0.5~1.5 的合理区间范围内，说明评分员在每个维度上的打分基本符合 Rasch 模型的预期。但是我们也注意到"书写"的 Infit 和 Outfit 标准化 Z 值不在 –2 至 +2 的区间范围内。其 Infit 标准化 Z 值为 2.3，Outfit 标准化 Z 值为 2.1，体现为拟合不足。考试设计人员应对拟合不佳的评分标准予以重视。通常情况下，评分标准的拟合不佳可能是不同评分员对该标准不同级别的描述语理解偏差所致。在本例中，由于"书写"的 Infit 和 Outfit 标准化 Z 值接近 2，且该维度上的评分数量较多（539），因此我们认为评分员在该维度上的评分基本符合模型预期。若要探究这里的拟合不足问题，研究人员或应仔细检查该维度上各级别的描述语。

3）被试层面

被试层面的分析结果往往最受语言教师关注。由于本案例中被试的数量较大，因此我们仅展示部分分析结果。我们在 FACETS 中设定按照测量值由大到小排列分析结果。变量图（见图 5.3）和表 5.9 显示，被试的翻译能力差别较大。能力最强的为第 29 名被试，为 1.88 logits；能力最弱的为第 51 名被试，为 –2.49 logits，能力最高与最低的差别为 4.37 logits。表 5.9 下方的卡方检验结果显著（p=0.00），说明至少有一名学生的翻译能力与其他学生存在显著性差异，可简略地概括为学生翻译能力存在显著差异。被试的分层系数为 4.62，表示被试的能力大概可以分为 4—5 个级别；信度系数为 0.91，说明该分级结果可靠。上述被试能力的分级情况在一定程度上说明本案例采用的李克特四级量表比较合适。

表 5.9　被试层面分析报告（多层面 Rasch 模型）

Total Score	Total Count	Obsvd Average	Fair(M) Average	+ Measure	Model S.E.	Infit MnSq	ZStd	Outfit MnSq	ZStd	Estim. Discrm	Correlation PtMea	PtExp	Nu Examinee
155	49	3.16	3.18	1.88	.22	1.06	.3	1.05	.3	.83	.17	.41	29 29
150	48	3.13	3.14	1.79	.22	1.00	.0	1.00	.0	1.05	.50	.41	27 27
131	42	3.12	3.11	1.73	.24	1.02	.1	1.01	.1	.94	.26	.42	20 20
132	42	3.14	3.09	1.69	.24	1.09	.5	1.13	.7	.85	.27	.36	57 57
132	42	3.14	3.09	1.69	.24	1.05	.3	1.09	.5	.83	.07	.36	71 71
131	42	3.12	3.07	1.63	.23	1.29	1.5	1.32	1.6	.51	.11	.36	60 60
131	42	3.12	3.07	1.63	.23	1.09	.5	1.07	.4	.94	.45	.36	89 89
108	35	3.09	3.03	1.56	.26	.96	-.1	.95	-.1	1.12	.47	.37	53 53
126	42	3.00	2.98	1.46	.23	1.07	.4	1.05	.3	.95	.43	.42	25 25
144	49	2.94	2.94	1.36	.22	.91	-.5	.90	-.5	1.18	.47	.42	28 28
122	42	2.90	2.92	1.31	.23	1.45	2.1	1.48	2.2	.35	.38	.38	38 38
124	42	2.95	2.89	1.25	.23	1.11	.6	1.12	.7	.62	.47	.37	88 88
121	42	2.88	2.86	1.18	.23	.81	-1.0	.80	-1.0	1.27	.45	.43	16 16
139	49	2.84	2.83	1.13	.22	.95	-.2	.93	-.3	1.15	.50	.42	33 33
138	49	2.82	2.81	1.08	.22	.79	-1.2	.78	-1.3	1.33	.54	.42	36 36
118	42	2.81	2.78	1.02	.24	.78	-1.2	.76	-1.2	1.37	.58	.43	17 17
118	42	2.81	2.78	1.02	.24	1.13	.7	1.20	1.0	.77	.09	.43	22 22
119	42	2.83	2.76	.98	.23	.93	-.3	.93	-.3	1.13	.38	.38	72 72
97	35	2.77	2.76	.96	.26	1.06	.3	1.03	.1	1.00	.38	.44	3 3
113	41	2.76	2.72	.89	.24	.88	-.6	.85	-.7	1.22	.48	.43	10 10
117	42	2.79	2.71	.87	.23	1.12	.6	1.11	.6	.88	.23	.38	76 76
90	42	2.14	2.09	-.87	.28	1.16	.6	1.19	.7	.89	.42	.33	44 44
89	42	2.12	2.07	-.95	.28	1.04	.2	1.07	.3	.90	.68	.33	49 49
89	42	2.12	2.07	-.95	.28	1.05	.2	1.07	.3	.93	.33	.33	59 59
73	35	2.09	2.04	-1.05	.31	1.59	1.8	1.53	1.6	.55	.40	.33	62 62
85	41	2.07	2.02	-1.11	.29	.83	-.5	.83	-.5	1.10	.27	.33	70 70
84	42	2.00	1.98	-1.27	.29	.77	-.8	.74	-1.0	1.25	.52	.36	1 1
79	42	1.88	1.84	-1.79	.29	.87	-.5	.84	-.6	1.20	.47	.30	48 48
59	35	1.69	1.65	-2.49	.32	1.14	.7	1.15	.7	.81	.49	.30	51 51
106.9	42.4	2.52	2.47	.21	.25	1.01	.0	1.01	.0		.38		Mean (Count: 89)
16.9	3.4	.32	.32	.85	.02	.24	1.1	.25	1.1		.15		S.D. (Population)
17.0	3.5	.32	.32	.86	.02	.24	1.1	.25	1.1		.15		S.D. (Sample)

Model, Populn: RMSE .25 Adj (True) S.D. .81 Separation 3.19 Strata 4.59 Reliability .91
Model, Sample: RMSE .25 Adj (True) S.D. .82 Separation 3.21 Strata 4.62 Reliability .91
Model, Fixed (all same) chi-squared: 959.6 d.f.: 88 significance (probability): .00
Model, Random (normal) chi-squared: 80.8 d.f.: 87 significance (probability): .67

表 5.9 内具体分析结果的解读与评分员层面和评分量表层面的解读基本类似。我们重点检查一下被试的 Infit 和 Outfit 统计量分析结果。我们仍然采用 0.5~1.5 的区间，若拟合值在该区间内，则代表数据与模型拟合较好。分析结果表明，绝大部分被试的 Infit 和 Outfit MnSq 均在此区间内，3 名被试（约占全部被试人数的 3%）的 Infit MnSq 大于 1.5，表示拟合不足。当拟合不足的被试数量小于被试总人数的 5% 时，可以认为被试与模型的拟合较好。我们选择其中一位拟合不足的被试（第 63 位被试）探讨一下数据与模型拟合不够理想的原因。表 5.10 的统计信息显示，第 6 和 7 位评分员在评价该被试时存在明显的

趋中和光环效应。两位评分员在七个维度上都仅采用了中间的两个类别（2和3），这也解释了这两位评分员与模型拟合过度的原因（见表5.7）。同时，评分员4的严厉度为−0.39 logits，在七位评分员中比较宽松，但是在评价该被试时，评分员4在大部分维度上相较其他评分员的反而更低，在"书写"这个难度较低的维度上打分仅为1分。被试能力Infit MnSq的计算以严厉度logit值与被试能力更接近的评分员为基础，由于评分员4的严厉度与第63位被试的能力值最为接近，因此该评分员的评分结果很可能导致该被试的拟合指数异常。

表5.10　第63位被试的评分结果（多层面Rasch模型）

被试	评分员	严厉度	理解原文	词汇丰富性	选词	语法准确性	句式丰富性	书写	风格
			−1.15	0.22	0.62	0.23	0.17	−0.45	0.36
63 −0.76	2	0.27	3	1	1	1	1	2	2
	4	−0.39	2	1	1	1	2	1	1
	5	−0.21	4	3	3	3	3	2	3
	6	−0.15	3	3	2	3	3	3	3
	7	−0.17	3	2	2	2	2	2	2

　　表5.9中的Observed Average（观测平均分）是评分员对被试在所有维度上的打分的平均分，即原始平均分，例如第29位被试的观测平均分为3.16。如果有些被试恰好碰到比较严厉或宽松的评分员，其原始平均分就会受到影响。Fair Average（公平分）是经过Rasch模型调整后的平均分，在调整的过程中综合考虑到被试的能力、评分员的严厉度和评分标准的难度，因此该值是代表被试能力更加公平的指标。在本案例中，大部分被试的观测平均分与公平分比较接近，但我们在其他分析中依然可能遇到两个分数差异较大，甚至导致跨级别的情况。例如，某被试的原始平均分为2.78，公平分为2.35。如果在分级的时候采用四舍五入的方法，那么基于原始平均分时，被试的等级为3，而基于公平分时，被试的等级就为2。对于高风险考试而言，等级划

分非常重要。由于评分员的严厉度存在一定的差异性，因此我们建议读者在分级时采用 FACETS 结果中的公平分作为分级依据。

FACETS 还可以生成考试特征曲线图（test characteristic curve, TCC）。本案例中的 TCC 请见图 5.5，该图显示了被试能力的估计值（相对评分量表难度，见 x 轴）与其得分（y 轴）之间的关系。如图所示，能力估计值越高，其得分也越高。图中虚线在 x 轴上的对应值是 Rasch 半点阈值，这些阈值将 x 轴划分为若干区域。由于本分析案例的评分量表仅允许整数分，因此当被试的能力估计值在 −2.98 logits~0.48 logits 之间时，其对应在评分量表上的得分就是 2 分；同理，如果被试能力估计值在 0.48 logits~2.48 logits 之间，那么其对应在评分量表上的得分就是 3 分。

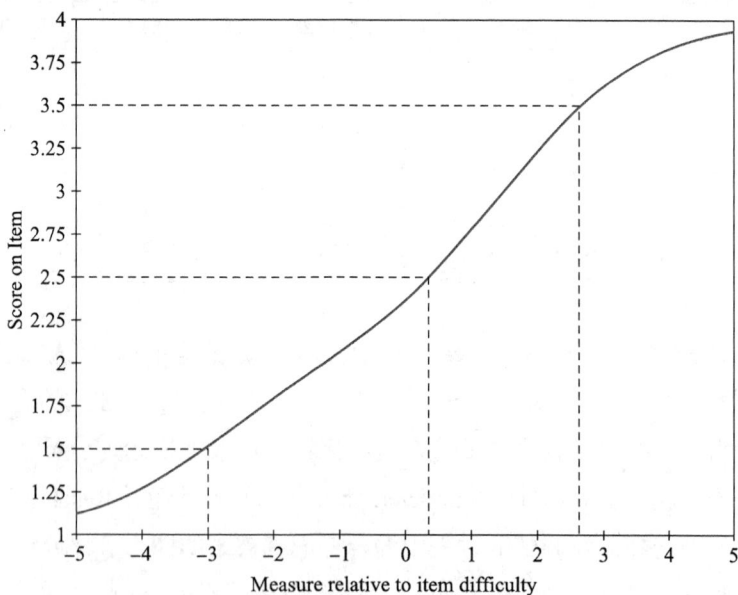

图 5.5 考试特征曲线图（多层面 Rasch 模型）

5.3.6 评分量表分析结果

在本案例中，我们采用了评分量表模型。我们在第四章中探讨了评分量表的分析原则（见第四章 4.3.3 节）。在本章的评分量表分析中，我们依然沿用第四章中阐述的七条原则解读分析结果。

　　表 5.11 显示了 FACETS 输出的评分量表分析结果。根据第四章中提及的评估原则，我们首先检查量表中各类别的使用情况。表 5.11 显示，评分员使用了量表中的所有类别，每个类别的使用频数均大于 10。从其使用百分比的情况可以看出，第 1（4%）和第 4 个类别（10%）的使用偏少，中间两个类别的使用偏多。这在一定程度上说明评分员评分中存在趋中效应。其次，我们检查每个类别的测量均值。表 5.11 显示，从类别 1 到 4，各类别的测量均值单调递增（类别 1 的测量均值 –0.94 logits，类别 2 为 –0.11 logits，类别 3 为 0.73 logits，类别 4 为 1.37 logits）。Outfit MnSq 体现了各类别上的被试平均能力估计值和模型预期之间的差异，如果该值大于 2，那么该类别的数据与模型拟合不佳。本例中，各类别的 Outfit MnSq 均接近理想值 1，小于 2。表 5.11 后两列显示的是各类别的 Rasch-Andrich 阈值。我们在第四章提及，该阈值应呈现单向递增的趋势，且阈值之间应该保存一定的距离（1.4 logits~5 logits）。两个阈值之间的距离太小（<1.4 logits）说明评分员在评分时无法清晰地将两个类别区分开来，可考虑合并这两个类别；两个阈值之间的距离太大（>5 logits）说明两个类别在区分被试能力时跨度过大，应考虑在两个类别之间增加类别以提升测量的准确性。表 5.11 中的相邻 Rasch-Andrich 阈值间距分别为 1.74 logits 和 3.57 logits，在 1.4 logits~5 logits 之间，说明各类别区分被试的能力较好。

表 5.11　评分量表分析结果（多层面 Rasch 模型）

```
+-----------------------------------------------------------------------------------------------------+
|        DATA              | QUALITY CONTROL|RASCH-ANDRICH| EXPECTATION | MOST  | RASCH-    |Cat|
|     Category Counts  Cum.| Avge  Exp. OUTFIT| Thresholds |  Measure at |PROBABLE|THURSTONE|PEAK|
|Score Total    Used  %  %| Meas  Meas  MnSq|Measure S.E.|Category -0.5|  from  |Thresholds|Prob|
|-----------------------------------------------------------------------------------------------------|
| 1   158     158   4%  4%| -.94  -.88  1.0 |            |( -4.04)    |  low  |   low   |100%|
| 2  1876    1876  50% 54%| -.11  -.10  1.0 | -2.96  .08 | -1.17  -3.01| -2.96 | -2.98   | 75%|
| 3  1357    1357  36% 90%|  .73   .68  1.0 |   .61  .04 |  1.49   .36 |   .61 |   .48   | 54%|
| 4   383     383  10%100%| 1.37  1.47  1.1 |  2.35  .06 |( 3.53)  2.67|  2.35 |  2.48   |100%|
+-----------------------------------------------------------------------------------------------------+
                                          ------(Mean)---------(Modal)--(Median)------+
```

　　图 5.6 显示了本案例分析中各类别的概率曲线。该图中显示的信息与表 5.11 中的统计结果相符。图 5.6 显示，每个类别的曲线均呈现

独立的尖顶，这意味着每个类别均能够清晰地定义被试在所测能力构念上的水平。第二个类别的波峰最高，说明其使用频次最多。第一和第二个类别、第二和第三个类别、第三和第四个类别的交叉点在 x 轴上的对应值为 Rasch-Andrich 阈值（见图中箭头）。例如，第一个类别和第二个类别之间的阈值为 –2.96 logits，表示如果被试能力为 –2.96 logits，那么其获得 1 分和 2 分的概率相同。随着被试能力的提升，其获得 1 分的概率下降，获得 2 分的概率上升。同样，如果被试的能力正好为第二个阈值（0.61 logits，即第二、三个类别相交点在 x 轴上的对应值），那么其获得 2 分和 3 分的概率相同。需注意的是，Rasch-Threshold 阈值和我们前文中提到的 Rasch 半点阈值尽管在数值上接近，但两者是不同的概念。Rasch-Threshold 阈值指当被试获得相邻两个类别的概率相同（50%，即本案例中被试获得相邻两个分数概率相同）时，我们对其能力的估值，而 Rasch 半点阈值则体现了被试在一定的测量值范围内在原始评分量表上的对应等级。

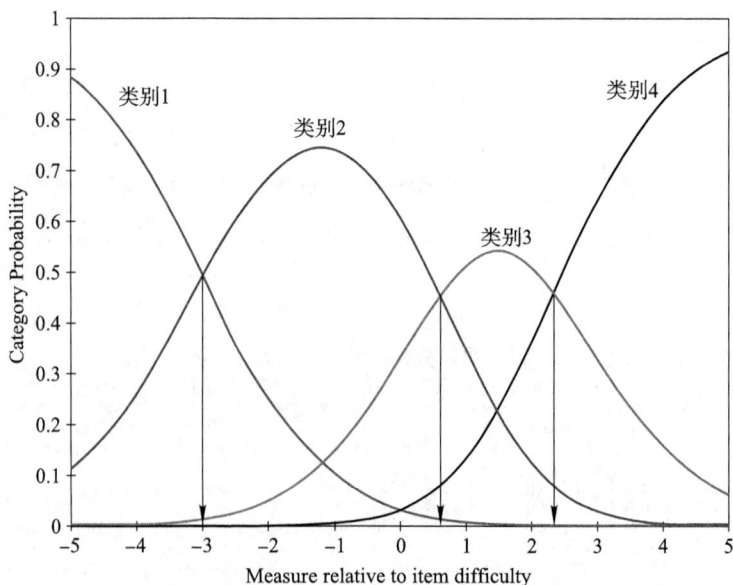

图 5.6　各类别的概率曲线（多层面 Rasch 模型）

最后需要注意的是，评分量表的分析结果往往对我们完善量表有重要指导作用。如果分析显示评分量表的有效性存在问题，那么我们应考虑对评分量表进行修订。

5.3.7 交互作用分析

FACETS 可以探讨各层面之间可能存在的交互作用。该分析功能对于很多研究人员而言非常有用。交互作用分析既可以是探索性分析（exploratory analysis），也可以是验证性分析（confirmatory analysis）（Eckes，2015）。两者的区别在于，研究人员在进行探索性分析时没有设定相关的研究假设，但在验证性分析时一般会在分析之前根据理论或以往的研究和经验预设某些层面之间存在交互效应。在本分析案例中，我们根据经验和观察认为评分员与评分量表之间可能存在一定的交互作用，这一作用会对考试的效度和公平性产生影响，因此属于验证性分析。在本案例的 FACETS 分析中，我们设定第一个层面为被试能力，第二个层面为评分员严厉度，第三个层面为评分量表的难度。我们计划探讨第二、三个层面之间的交互作用，因此我们在 FACETS 的 specification file 中设定 "Model=?, ?B, ?B, R4"，其中 B 的意思是偏差，代表 FACETS 将分析第二、三个层面之间的交互作用。

表 5.12 展示了本案例中评分员和评分维度之间交互效应的分析结果。我们以该表首行的数据为例，解释如何解读分析结果。该行的信息显示，评分员 2 与"语法准确性"之间存在交互效应。与其他评分员相比，该评分员在该维度上的打分更严格，体现为观测值与期望值之间的差异（Obs-Exp Average），为 –0.28 logits。如果该值为负值，说明评分员较模型预期更为严苛；如果该值为正值，那么说明评分员较模型预期更为宽松。那么，该数值是否具有统计意义上的显著性差异呢？表 5.12 中显示了 t 检验的结果，显示为显著性差异。偏差量（bias size）也是我们解读交互效应的重要参考指标，一般而言，如果评分员偏差量大于 ±0.5 logits，则会对测量结果产生影响。该表中，评分员 2 的偏差大小为 –0.91 logits。纵观整表，偏差量大于 ±0.5 logits 且 t 检验呈现显著性差异的交互效应共有 8 例，其中 5 例为评分

过于严格，3 例为评分过于宽松。在评分过于严格的 5 例中，评分员 2 占 3 例，评分员 1 和评分员 3 各占一例。在过于宽松的 3 例中，评分员 2 占 2 例，评分员 3 占 1 例。这说明评分员 2 在有些维度上的评分过于严格，例如"语法准确性""选词准确性"等，而在有些维度上过于宽松，例如"理解原文内容"和"译文风格"。评分员 3 在"译文风格"上过于严格，但是在"语法准确性"上过于宽松。这些分析结果对于评分反馈和评分员培训均有重要的参考价值。

表 5.12　评分员与评分维度之间的交互效应分析结果（多层面 Rasch 模型）

Observd Score	Expctd Score	Observd Count	Obs-Exp Average	Bias+ Size	Model S.E.	t	d.f.	Prob.	Infit MnSq	Outfit MnSq	Sq	N	Ra	Rater measr-	N	Criterion	Criterion measr-
126	143.85	63	-.28	-.91	.23	-3.89	62	.0002	1.2	1.2	23	2	R2	.27	6	G-Accuracy	.23
121	135.98	63	-.24	-.80	.24	-3.39	62	.0012	.9	.8	16	2	R2	.27	3	V-Choice	.62
91	99.99	42	-.21	-.64	.28	-2.32	41	.0253	.5	.5	36	1	R1	.88	6	Mechanics	-.45
188	204.45	84	-.20	-.57	.19	-2.96	83	.0040	1.1	1.1	45	3	R3	-.22	7	Style	.36
134	144.22	63	-.16	-.50	.23	-2.22	62	.0304	.9	.8	9	2	R2	.27	2	V-Range	.22
192	206.33	83	-.17	-.48	.19	-2.56	82	.0124	1.2	1.2	10	3	R3	-.22	2	V-Range	.22
138	145.32	63	-.12	-.35	.23	-1.58	62	.1196	1.1	1.0	30	2	R2	.27	5	G-Variety	.17
242	251.86	84	-.12	-.28	.17	-1.66	83	.1015	.6	.6	7	7	R7	-.17	1	Understanding ST	-1.15
205	213.74	87	-.10	-.28	.18	-1.53	86	.1290	1.2	1.2	26	5	R5	-.21	4	G-Accuracy	.23
258	267.40	89	-.11	-.25	.16	-1.53	88	.1286	.9	.9	6	6	R6	-.15	1	Understanding ST	-1.15
269	276.45	89	-.08	-.20	.16	-1.23	88	.2225	1.0	1.0	4	4	R4	-.39	1	Understanding ST	-1.15
234	241.07	89	-.08	-.20	.17	-1.17	88	.2465	1.0	1.0	41	6	R6	-.15	6	Mechanics	-.45
210	215.14	89	-.06	-.16	.18	-.90	88	.3700	.9	.9	47	5	R5	-.21	7	Style	.36
196	200.61	84	-.05	-.16	.19	-.84	83	.4034	1.0	1.0	49	7	R7	-.17	7	Style	.36
87	88.82	42	-.04	-.15	.28	-.51	41	.6110	.6	.6	43	1	R1	.88	7	Style	.36
216	220.82	87	-.04	-.14	.17	-.83	86	.4089	1.0	1.0	25	4	R4	-.39	4	G-Accuracy	.23
195	196.78	84	-.02	-.06	.19	-.33	83	.7423	.9	.9	17	3	R3	-.22	3	V-Choice	.62
219	221.02	89	-.02	-.06	.17	-.35	88	.7284	.8	.8	44	4	R4	-.39	7	Style	.36
209	210.69	84	-.02	-.05	.18	-.30	83	.7658	1.2	1.1	31	3	R3	-.22	5	G-Variety	.17
93	90.70	42	.05	.17	.27	.64	41	.5271	.7	.6	8	1	R1	.88	2	V-Range	.22
212	205.10	84	.08	.22	.18	1.24	83	.2190	1.1	1.1	14	7	R7	-.17	7	Style	.36
89	85.66	42	.08	.27	.28	.96	41	.3436	.9	.9	15	1	R1	.88	3	V-Choice	.62
222	212.65	89	.11	.28	.17	1.65	88	.1020	1.0	1.0	13	6	R6	-.15	2	V-Range	.62
228	217.78	89	.11	.30	.17	1.78	88	.0790	.7	.7	13	6	R6	-.15	2	V-Range	.22
117	111.38	42	.13	.32	.24	1.35	41	.1839	.6	.6	1	1	R1	.88	1	Understanding ST	-1.15
196	177.22	63	.30	.72	.20	3.64	62	.0006	.3	.3	2	2	R2	.27	1	Understanding ST	-1.15
235	208.49	84	.32	.79	.17	4.67	83	.0000	1.2	1.2	24	3	R3	-.22	4	G-Accuracy	.23
169	141.14	63	.44	1.20	.20	6.06	62	.0000	.4	.4	44	7	R7	-.17	7	Style	.36
194.1	194.1	77.0	.00	-.01		-.01			.9	.9						Mean (Count: 49)	
52.3	51.61	16.6	.13	.36	.04	1.78			.2	.2						S.D. (Population)	
52.9	52.15	16.8	.13	.36	.04	1.80			.2	.2						S.D. (Sample)	

　　FACETS 也同时将交互分析结果通过 Excel 图示的方式展示（见图 5.7）。通过该图我们可以清楚地看出评分员在哪些维度过于严苛或宽松。图中纵坐标表示评分员严厉度，横轴代表评分量表的各评分标准，七条折线分别代表七位评分员。我们继续以评分员 2 为例进行说明。如图所示，该评分员在"语法准确性"这一标准上最严厉，而在"译文风格"上最宽松。此外，我们还可以看到同一评分标准上各评分员的严厉度高低。例如，在"选词准确性"这一标准上，评分员 2 最为严苛，而评分员 4 最为宽松。

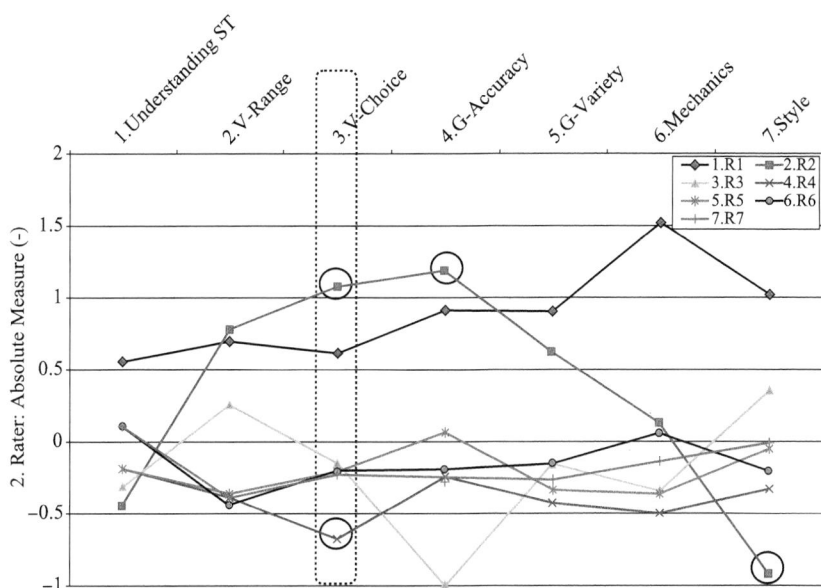

图 5.7　评分员与评分维度之间的交互效应分析结果（多层面 Rasch 模型）

在进行交互效应分析时，我们经常会在分析中加入 dummy facet（虚拟层面），这些虚拟层面并不参与实际测量，只是为了交互分析而加入其中。如果某层面为 dummy facet，我们在 FACETS 分析时需在 specification file 中设定。例如，如果我们在本案例中想进一步研究经验丰富和经验相对欠缺的评分员在评分时的差异。我们可以将"评分经验"作为虚拟层面加入 FACETS 分析中。也就是说，在设定 specification file 的时候，我们要设定该分析为四层面分析，包括：被试、评分员、评分维度、评分经验。其中，评分经验为虚拟变量，不参与 FACETS 分析。进行这样的设定以后，我们就可以在 FACETS 中分析评分经验与被试、评分量表等层面之间的交互效应。

5.4 应用实例展示

我们通过两个具体案例进一步展示多层面 Rasch 模型在实证研究中的应用。第一个研究案例来自 Winke *et al.*（2013），重点研究了评分员的评分偏差。第二个研究来自 Knoch（2010）的一项历时性研究，研究主要关注评分反馈在提高评分员表现方面是否有效。

应用实例一

首先，我们来看一则 Rasch 多层面模型在分析评分员偏差中的应用。Winke *et al.*（2013）为了探索评分员对考生口音的熟悉程度是否会引起评分偏差，收集了托福网考口语考试中 107 位评分员对 72 位考生的评分情况。考生的母语分别为西班牙语（n=24）、中文（n=24）和韩语（n=24），受邀评分员相应地有西班牙语（n=48）、中文（n=41）、韩语（n=11）或其他语言（n=7）的二语学习背景。数据收集采用不完全评分设计。在对评分员进行培训后，每位评分员共评阅 82 份口语样本，其中 12 份为锚题。

数据分析在 FACETS 3.66.1（Linacre，2009）中进行。分析主要围绕两个层面展开，包括考生的母语（西班牙语、韩语、或中文）和评分员的二语背景（西班牙语、韩语、或中文）。研究者通过多层面 Rasch 模型，分析了不同母语背景的考生在外语熟练度上是否有差异；通过交互分析，研究了不同二语背景的评分员在评价不同母语背景考生时是否有偏差。结果显示，西班牙语、中文二语背景的评分员分别对母语为西班牙语、中文的考生明显宽松，但效应量较小。研究并未发现证据证明韩语二语背景的评分员对韩语母语考生明显宽松，但这可能是因为本实验中韩语二语背景的评分员较少。该研究表明，评分员的二语背景是导致评分员偏差的可能因素。在评分培训中，我们应当重视评分员的语言背景，包括他们的母语、二语学习背景，以及在国外生活的时间。

应用实例二

Knoch（2010）在一项历时性研究中，使用多层面 Rasch 模型分析了个性化评分报告是否对评分员的写作、口语评分过程有积极作用。研究情境是澳大利亚施行的一项医学英语专门用途考试（Occupational English Test，简称 OET)，共有 19 位经验丰富的评分员（10 位写作评分员、9 位口语评分员）自愿参加了实验。在从 2007 年 3 月开始的长达 16 个月的研究中，研究者根据"收集评分数据——提供个性化反馈报告"这一流程，一共收集了四轮实验数据。收集到的 OET 考试评分数据均在 FACETS（Linacre，2009）软件中利用多层面 Rasch 模型进行计算分析。在分析中，研究者重点关注了评分员层面的 Infit 值、Z 值和严厉度 logit 值，并在数据解读基础上向评分员报道了他们的评分严厉度、评分偏差、评分一致性、量表类别使用情况，以及评分总体评价。此外，研究者还对评分员展开了问卷调查和电话采访，收集他们对于个性化反馈报告的看法。

结果显示，无论是口语评分还是写作评分，评分员都无法成功地将评分反馈应用到下一轮评分中，评分员行为相较于未收到评分反馈时并未有显著提高。尽管评分员整体上对评分反馈态度积极，但研究并未发现这一积极态度和反馈有效性之间的关联。作者指出，造成上述结果的原因有很多，例如评分员或许有固有的、难以改变的评分方法，评分员在评分过程中没有多余精力高效应用评分反馈等。作者还指出，研究人员极有必要找出一套行之有效的方法，告知尤其是评分缺乏一致性的评分员哪里需要改进、如何改进，从而提高他们的评分表现。

5.5 小结

本章我们探讨了 Rasch 模型家族中应用最为广泛的模型——多层面 Rasch 模型在分析表现型考试数据方面的应用。我们重点阐述了这一模型在分析评分员效应方面的用途，并通过一项课堂翻译考试数据展示了如何在 FACETS 中运行这一模型并对结果进行解读。在分析多层面 Rasch 模型的输出结果时，我们重点关注变量图、数据与模型的拟合度，以及各层面的分析报告（如被试、评分员、评分量表等）。对各层面分析报告的解读、对相关考试特征曲线图和各类别的概率曲线图的分析，与前两章内容有不少异曲同工之处。我们还探讨了如何在 FACETS 中进行各层面间的交互作用分析。最后，我们分享了两例多层面 Rasch 模型在实证研究中的应用。多层面 Rasch 模型是 Rasch 模型家族的重要成员，对我们分析口语、写作、翻译这类测试的评分数据十分有效。我们将在第八章中介绍 Rasch 分析中的一些高阶话题。

第六章
Rasch模型在国际语言测试研究领域的应用评述

近些年，Rasch 模型在语言测试领域的应用越来越广泛（如 Fan *et al.*，2019；McNamara & Knoch，2012；McNamara *et al.*，2019）。本章和第七章主要通过文献分析和系统回顾（systematic review）的方法对国际、国内语言测试研究领域采用 Rasch 模型的研究进行详细梳理和分析。首先，我们收集了国际、国内具有重要影响的语言测评或应用语言学期刊上发表的采用 Rasch 模型的论文；其次，我们采用 NVivo 软件（QSR，2012）对论文进行详细的编码分析，从中提取主题和趋势，从宏观上展示 Rasch 模型的应用情况；最后，我们将选取一些具有代表性的研究范例展示 Rasch 模型在语言测试实践和研究中发挥的重要作用。基于本章和第七章的研究结果，我们将在第九章指出 Rasch 模型未来的研究方向。

6.1 研究方法

6.1.1 论文收集

为展示 Rasch 模型在国际语言测试研究领域的应用情况，我们收集了在四本重要国际语言测评期刊上发表的使用 Rasch 模型的研究论文。这四本期刊包括《语言测试》（*Language Testing*，简称LT）、《语言测评季刊》（*Language Assessment Quarterly*，简称 LAQ）、《写作评估》（*Assessing Writing*，简称 AW）和《语言测评研究》（*Studies in Language Assessment*，简称 SiLA）。这四本期刊均是语言测试研究领域具有重要影响力的期刊。其中，LT 和 LAQ 为国际语言测试研究领域最重要的两本期刊，在这两本期刊上发表的论文均经过严格的同行评审以保证质量，且这些论文的研究主题也代表了国际语言测试研究的前沿。AW 仅发表与写作相关的研究，也是语言测评领域的重要期刊之一。在第一章我们指出，多层面 Rasch 模型在评分研究中应用广泛，而诸多写作研究均涉及评分研究，因此我们认为有必要将 AW 刊发的论文纳入我们的分析中。SiLA 的前身为《语言测评论文》（*Papers in Language Testing and Assessment*，简称 PLTA）和《墨尔本语言测试研究论文》（*Melbourne Papers in Language Testing*，简称 MPLT），该期刊不仅在语言测试领域具有较高的影响力，其发行机构墨尔本大学语言测试研究中心（Language Testing Research Centre，University of Melbourne，简称 LTRC）在历史上也汇聚了一批在语言测试研究中积极推广和使用 Rasch 模型的专家和学者（如 McNamara & Knoch，2012）。我们认为，对于这些论文的系统回顾可以大致勾勒出 Rasch 模型在国际语言测试研究领域的应用情况。

　　在 2012 年 LT 期刊发表的一篇关于 Rasch 模型的重要回顾性论文中，McNamara & Knoch（2012）指出，2000 年以前，语言测试学者对于 Rasch 模型的使用依然存在诸多争议，这些争议在本章的后一部分会有所提及。21 世纪伊始，随着表现型语言测试的兴起，语言测试研究领域逐渐搁置该争议，将注意力集中到 Rasch 模型带来的种种益处上（Bachman，2000）。因此，本章的综述仅限于 2000—2023 年共 24 年间 [1] 在这四本期刊上发表的研究论文 [2]。

1　本章定稿时间为 2023 年 9 月，因此该年度的回顾仅包含前三季度发表的文章。

2　LAQ 创刊于 2004 年，因此对于 LAQ 的论文回顾仅限于 2004-2023 年；SiLA 在 2011 年之前为 *Melbourne Papers in Language Testing*，在 2021 年之前为 *Papers in Language Testing and Assessment*，因此 SiLA 的论文包括在 MPLT、PLTA 和 SiLA 在 2000-2023 年所发表的 Rasch 研究论文。

我们在这四本期刊的官方网站上以关键词为条件搜索相关论文。我们采用的关键词包括"Rasch 模型""Rasch 测量理论""Rasch 测量模型";同时,我们的关键词也包括第一章中所提及的不同 Rasch 模型,包括"基础 Rasch 模型""部分得分模型""评分量表模型""多层面 Rasch 模型"等。经过反复搜索,我们一共收集到 201 篇研究论文。我们将所有论文全文下载以后逐一检查,发现其中有 14 篇为综述性或回顾性的论文,1 篇为研究方法的论文。例如,McNamara & Knoch(2012)详细回顾了 Rasch 模型在语言测试领域应用的历史和发展轨迹;Wind & Peterson(2018)采用系统回顾的方法详细探讨了语言测试研究领域所采用的评分方法,其中包括 Rasch 模型在评分中的应用。在本章中,我们将上述综述性和研究方法的论文排除在外,最终共收集论文 186 篇。表 6.1 显示了这些论文在四本期刊中的分布情况。

表 6.1　Rasch 研究论文在期刊上的分布情况(国际部分)

期刊	Rasch 研究论文数量	百分比
语言测试(LT)	80	43.0%
语言测评季刊(LAQ)	50	26.9%
写作评估(AW)	41	22.0%
语言测评研究(SiLA)	15	8.1%
合计	186	100%

6.1.2 数据分析

我们将所有论文下载并输入到定性研究软件 NVivo 12.0(QSR,2012)中进行详细分析。由于本章的目的是展现 Rasch 模型在国际语言测试研究领域的应用情况,因此我们采用了开放式的编码方法(open coding method)对论文进行编码分析(Miles *et al.*, 2014),即我们在编码开始前并没有编码表,编码表是在论文的分析过程中产生的,随着编码过程的推进,我们也会对其进一步修订。我们根据编码

结果，主要从以下两个方面探讨 Rasch 模型在国际语言测试研究领域
的应用情况：1）Rasch 研究论文的基本信息，包括作者信息、论文所
采用的 Rasch 模型信息等；2）研究内容，包括文章主题、涉及的语言
技能和基本结论等。

6.2 Rasch 模型在国际语言测试研究领域的应用情况

6.2.1 论文的基本信息

　　Rasch 研究论文作者的地区分布情况见表 6.2。该表显示，这些
论文共涉及 265 名作者，分布在美洲（32.8%）、亚洲（26.4%）、欧洲
（27.2%）和大洋洲（13.6%）。该表的统计数据表明，美洲（主要是北
美地区）依然是 Rasch 模型应用最广泛的地区，这可能与北美的定量
研究传统有一定的关联（Spolsky，1995）。此外，北美也是 IRT 的发
源地之一（McNamara & Knoch，2012）。值得一提的是，Rasch 模型
在亚洲也得到了越来越广泛的应用。

表 6.2　Rasch 研究论文作者的地区分布（国际部分）

地区	Rasch 研究论文数量	百分比
美洲	87	32.8%
亚洲	70	26.4%
欧洲	72	27.2%
大洋洲	36	13.6%
合计	265	100%

注：有些作者有多篇论文，我们在统计时没有重复计算。

　　在第一章我们指出，Rasch 模型家族包括多种 Rasch 模型，适用
于不同的数据类型与研究问题。我们对所收集的论文采用的 Rasch 模
型进行分类，结果见表 6.3。表 6.3 的统计分析结果表明，大部分论
文采用了多层面 Rasch 模型（65.6%），采用其他 Rasch 模型的论文数
量相对较少，包括评分量表模型（12.4%）、基础 Rasch 模型（11.3%）

和部分得分模型（9.1%）。我们将在后文结合这些论文的研究主题对表 6.3 中的结果进行讨论。

表 6.3　论文中所采用的 Rasch 模型分布情况（国际部分）

Rasch 模型	论文数量	百分比
多层面 Rasch 模型	122	65.6%
评分量表模型	23	12.4%
基础 Rasch 模型	21	11.3%
部分得分模型	17	9.1%
混合 Rasch 模型	3	1.6%
合计	186	100%

注：在我们收集的 186 篇论文中，有些论文采用了多个 Rasch 模型，也有些论文没有报道具体采用的 Rasch 模型。

我们在 NVivo 中按照研究主题和所涉及的语言技能对论文进行编码。编码完成后，我们采用 NVivo 中的矩阵编码（matrix coding）分析研究主题和语言技能在论文中的频次分布情况，结果见表 6.4。

表 6.4 中的分析结果表明，Rasch 模型在产出性的语言技能研究中使用最为广泛，主要原因是该模型在写作（n=76）和口语（n=38）考试评分员效应研究中的广泛应用（n=77）。评分员的评分信度和准确性对于产出性语言技能（如写作、口语）的评价至关重要，多层面 Rasch 模型在评分员效应研究中具有很多优势（如 Eckes，2011；McNamara *et al.*，2019）。除了写作和口语之外，Rasch 模型在词汇语法（n=23）测试中的应用也比较广泛。对于该语言技能而言，Rasch 模型主要用于考试开发与效度研究。相对而言，Rasch 模型在阅读（n=8）和翻译（n=2）测试中的应用偏少。在下一部分，我们将根据表 6.4 中的五个研究主题，用具体实例展示 Rasch 模型的应用情况。

表 6.4　矩阵编码分析结果（n=186）（国际部分）

研究主题	听力 (n=13)	阅读 (n=8)	词汇语法 (n=23)	写作 (n=76)	口语 (n=38)	翻译 (n=2)	多技能 (n=13)	其他 (n=13)
1. 评分员效应（n=77）	0	0	0	51	22	0	4	5
2. 考试的开发与效度研究（n=75）	9	7	22	15	11	0	5	6
3. 不同群体在考试上的表现（n=29）	5	1	1	11	7	0	1	3
4. 评分标准评估（n=25）	0	0	0	14	9	0	1	1
5. 标准制定（n=10）	1	1	0	1	2	2	3	0

注：1）表中有些列的频数总和超过第一行所列出的每列出的每列频数值，这是因为有些论文被归到了多个类别，例如其研究主题既涉及"评分员效应"，也涉及"评分标准评估"；2）"多技能"表示论文涉及了多个语言技能，例如既有阅读，也有词汇语法；3）"其他"指的是论文中所涉及的语言技能和技能无法归入到表中所列出的技能中，例如手语（Batty et al., 2023; Haug et al., 2020）、语用能力（Roever, 2007; Youn, 2015）。

6.2.2 Rasch 模型应用的实例分析

6.2.2.1 评分员效应

评分研究历来是写作和口语等表现型测试的重要研究领域，主要原因在于评分的信度和准确性直接影响到考试的信度、效度和公平性（Fulcher，2014）。我们的分析结果表明，采用 Rasch 模型的评分研究主要集中在以下三个方面：1）评分员的严厉度和评分信度；2）评分员的背景对评分结果的影响；3）评分培训对评分员表现和评分结果的影响。以下我们将结合研究实例探讨 Rasch 模型在这些领域中的重要作用。

Eckes 是国际语言测试研究领域较早使用 Rasch 模型的学者之一。Eckes（2005）详细展示了多层面 Rasch 模型在探讨评分员严厉度和评分信度方面的作用。该研究依托高风险德语考试 TestDaF 展开，TestDaF 在性质上与托福考试相似，即如果母语为非德语的学生计划到德国高等学府学习或深造，则需要通过 TestDaF 考试。研究中，Eckes 采用多层面 Rasch 模型探讨了评分员在该考试写作和口语评分中的严厉度、评分信度、对评分量表的使用情况，以及他们在评价男女考生群体时是否存在差异等。研究表明，评分员在写作和口语测试中严厉度并不一致，但是评分内部一致性均比较理想。这一结果并不让人意外，因为评分员在严厉度方面存在的差异几乎无法完全清除，更为重要的议题是这些差异是否会对考生的最终成绩等级产生显著影响。为此，作者对比了评分员给考生的原始成绩和经 Rasch 模型调整后的公平分之间的差异，发现在写作部分共有 13.5%（n=184）的考生被错误分级，在口语部分的这一比例更高，为 17.1%（n=208）。基于上述研究结果，作者建议考试机构对评分员的评分过程和结果做进一步研究，以减少由于评分员严厉度差异导致的考生等级划分错误的情况。

除了大规模语言考试，Rasch 模型近些年也开始被用于课堂评估研究。例如，随着自评和互评等促学评估方法在语言课堂中的运用，外语教育工作者和学生可能会好奇，与教师评估相比，自评与互评的信度如何？严厉度和准确性如何？尽管已有多位研究人员采用传统的数据分析方法对这些问题展开研究（如 Butler & Lee，2006；Suzuki，2015），但正如我们在第一章指出的，与传统数据分析方法相比，Rasch 模型具有很多独特的优势。因此，近些年的研究开始采用 Rasch 模型探讨这些问题。例如，Matsuno（2009）采用多层面 Rasch 模型探讨了日本二语写作课堂中自评与互评的信度和严厉度，并将自评、互评的结果与教师评价进行对比。研究结果表明，高水平的学生在自评时打分过严，评分信度也不够理想；与自评相比，互评的一致性更好，且互评结果受学生的语言水平影响较小。基于研究结果，作者认为互评可以有效地应用到二语写作课堂中。Esfandiari & Myford（2013）同样采用多层面 Rasch 模型分析了伊朗高校学生在二语写作课堂中的自评和互评结果并将其和师评结果比较。研究结果表明，师评与互评在严厉度方面没有显著差异，但均比自评严格。Matsuno（2009）和 Esfandiari & Myford（2013）研究结果表明，互评在二语写作教学中可以作为师评的有益补充，例如将互评结果以一定比例纳入期末评估中。

　　Rasch 模型还被用于探讨评分员的背景是否会影响他们的评分结果。目前针对评分员背景的研究主要集中在两个变量上，一是语言背景，二是评分经验。Yan（2014）探讨了校本英语口语考试中，母语分别为英语和中文的评分员，在评阅三类不同考生群体时的表现。这三类考生群体的母语分别为中文、韩语和印地语。通过多层面 Rasch 模型和 FACETS 软件中的交互分析，Yan（2014）发现，母语为中文的评分员对母语为中文的考生相对而言最为宽松，对母语为印地语的考生相对最为严格。

　　Winke *et al.*（2013）也探讨了评分员的二语背景是否会影响其评分结果。他们的研究假设是，如果评分员的二语和被试的母语相同，那么在口语评分过程中可能会存在一定的偏差。在该研究中，作者同样采用了多层面 Rasch 模型和 FACETS 软件中的交互分析，探讨不同二语背景的评分员与不同母语背景的考生之间可能存在的交互效应。研究结果表明，二语为西班牙语和中文的评分员在评价母语为西班牙语和中文的考生口语时相对宽松，但是效应量（effect size）偏小，说明对实际评分结果的影响不大。

目前大部分研究均发现，评分员的语言背景与考生语言背景之间存在一定的交互效应，但该效应对考生的得分并不会产生重要影响。随着英语作为通用语（English as a Lingua Franca, ELF）的兴起（Jenkins & Leung，2014），大规模、高风险的国际英语语言考试（如托福考试）已开始聘用母语为非英语的评分员（如 Xi & Mollaun，2011）。鉴于此，考试机构可以考虑在评分培训中增强评分员对不同口音的敏感程度，以减少他们出于对口音熟悉程度的不同而造成评分偏差（Winke *et al.*，2013，p. 247）。

除了语言背景之外，评分员的经验也是研究的重心之一。Lim（2011）采用历时研究设计，探讨了二语写作评估中评分员评分结果的变化情况。研究人员依托密歇根英语考试（Michigan English Language Assessment Battery，MELAB）的写作部分，Lim 研究了 12 到 21 个月间，经验丰富的评分员和新手评分员的严厉度、评分信度的变化情况。通过多层面 Rasch 模型分析，研究人员发现，在评分开始阶段，新手评分员的评分质量较经验丰富的评分员有所欠缺；但是，随着评分经验逐渐增多，新手评分员的评分质量也趋于稳定，其评分严厉度与经验丰富的评分员之间的差距也越来越小。该研究对评分员培训和认证具有重要参考价值，即评分经验确实应该作为认证中需要认真考量的因素。

以上研究案例表明，Rasch 模型，尤其是多层面 Rasch 模型，在研究表现型语言测试的评分员效应方面可发挥重要作用，具有广阔的应用空间。

6.2.2.2 考试的开发与效度研究

Rasch 模型在考试的开发与效度研究中发挥重要作用，包括对语言考试数据进行多种 Rasch 分析以探讨考试的各项技术指标、比较不同考试任务的难度、开展等值研究，以及探讨任务类型对考生考试成绩的影响等。例如，Beglar（2010）采用基础 Rasch 模型探讨了一项词汇测试的效度。该研究采用 Winsteps 进行多种 Rasch 分析，包括考试题目与 Rasch 模型的拟合度分析、信度分析、维度分析和 DIF 分析等。这些分析结果为考试的效度提供了重要证据。Lee-Ellis（2009）采用相似的方法探讨了一项完形填空测试（c-test）的效度。在该测试中，考生需将文章中挖去的单词补充完整。研究人员基于 Rasch 分析结果对考试进行完善，包括将与 Rasch 模型拟合不佳的单词补充完整、删除难度相似的篇章等。

又如，Batty（2015）在一项听力测试中探讨了采用视频作为听力材料是否会影响考试难度。由于多层面 Rasch 模型的一个重要优势是可以探讨层面之间的交互作用，因此研究人员将听力材料的展示方式（即视频或音频）作为多层面 Rasch 模型分析中的一个层面加入分析。和传统数据分析方法（如 t 检验）相比，该分析方法显然更为严谨。研究表明，采用视频或音频对考试的难度并不会产生显著影响。因此，听力测试的开发者可以根据自身的实际情况决定采用视频还是音频。

随着电脑科技在语言测试中的应用，很多考试机构将基于计算机的口语考试替代面对面的口语考试，以增加考试实施的灵活性，降低考试在场地和人员等资源方面的需求。那么，计算机口语考试与面对面的口语考试难度是否相同？如果部分考生选择参加基于计算机的口语考试，而另外一部分考生选择参加面对面的口语考试，他们的考试结果是否具有可比性？Kiddle & Kormos（2011）采用多层面 Rasch 模型探讨了以上问题。与 Batty（2015）的研究相似，在该研究中，研究人员将口语考试实施方式（即计算机或面对面）作为多层面 Rasch 模型分析中的一个层面引入分析。研究结果表明，两种口语施考方式对考试难度的影响很小。这一研究结果为该考试推行基于计算机的口语考试提供了实证支撑。

以上这些研究案例表明，Rasch 模型在考试设计与效度研究中可发挥重要作用，考试开发机构应积极尝试采用 Rasch 模型探讨考试的效度，并根据数据分析结果调整和完善考试设计。

6.2.2.3 不同群体在考试上的表现

对于语言考试尤其是高风险的语言考试而言，DIF研究是考试的效度和公平性研究的重要环节（AERA *et al.*, 2014）。若某道试题显示出DIF效应，那么能力相同的考生在该试题上答对的概率存在差异，该差异往往和与考试构念无关的考生背景或群体身份特征有关，如考生的性别、种族、社会经济阶层等组别特征。例如，研究显示考生的性别、种族、社会经济阶层等因素有可能影响他们答对某些试题的概率（范劲松，2014）。DIF效应的存在显然削弱了考试的效度和公平性，因为考生答对试题的概率并不完全由考生在该试题所测量的语言能力构念决定。在考试的试测环节，考试开发机构如果发现某些试题有明显的DIF效应，那么则应该将这些试题进行修订或删除；如果在考试实施后发现某些试题存在明显的DIF效应，那么则应考虑将其从考生的成绩报告中删除（AERA *et al.*, 2014）。研究DIF的方法多种多样（Zumbo，2007），Rasch模型在这方面可发挥重要作用。我们对近些年发表的采用Rasch模型的论文分析后发现，Rasch模型已经被广泛地应用到试题的DIF分析中。

Aryadoust *et al.*（2011）采用基础Rasch模型研究密歇根英语考试（MELAB）的听力试题是否存在DIF效应。该研究为采用Rasch模型探讨语言测试中试题DIF效应的典型研究，具有重要的示范效应。值得一提的是，该研究采用Rasch模型分析试题的DIF效应，并不仅限于Rasch模型中的DIF分析，而是采用了一系列的Rasch分析检验考试数据与模型的拟合程度，并在此基础上开展DIF研究。因此，该文对于规范使用Rasch模型也具有重要的参考价值。在该研究中，研究人员关注的考生组别特征为考生性别。研究人员对考试数据进行了一系列的Rasch分析，包括考试数据单维性检验、试题独立性检验（local independent test）等。在此基础上，研究人员采用一致性和非一致性的DIF（uniform and non-uniform DIF）回答研究问题。一致性的DIF将考生分为男女两个群体，并探讨试题在这两个群体上是否存在DIF效应；非一致性的DIF则将男女生群体进一步细分为高水平组和低水平组，探讨试题对性别和英语水平不同的考生是否有 DIF 效应。

　　Takala & Kaftandjieva（2000）认为 DIF 分析不应该仅限于试题层面，而应上升到整个考试层面。也就是说，我们需要研究试题的 DIF 效应会在何种程度上影响考试总分。该研究的背景是语言考试题库建设，因此该研究对于采用 Rasch 模型监测题库试题质量具有重要的参考价值。该研究也聚焦考生的性别变量，探讨该变量可能产生的 DIF 效应，以及存在 DIF 效应的试题对考试总分的影响。研究结果表明，不同性别的考生在被动词汇量方面存在显著性差异。作者认为，该发现对于语言考试的设计与开发具有一定的启示作用。如果考试开发者没有充分考虑到这一点，那么可能会对考试的效度和公平性产生一定的影响。该研究除了展示 Rasch 模型在 DIF 研究中的重要作用，也从语言测试实践角度证明，由于考试使用者几乎都是采用考试总分做决策或使用考试结果，因此考试开发者不能简单地将存在 DIF 效应的试题从题库中删除，而是应该仔细考虑这些试题组合在一起对考试总分的影响。

　　在表现型测试中（如写作、口语），研究人员也会采用 FACETS 中的交互分析（interaction analysis）探讨评分员与不同考生群体、评分标准、考试任务之间的交互效应，例如评分员在给某个考生群体打分时是否更严苛（如 Schaefer, 2008; Winke *et al.*, 2013），评分员在使用分析性评分标准时是否在某些维度上偏严格，而在其他维度上偏宽松（如 Di Gennaro, 2009; Kondo-Brown, 2002），评分员在评价某个考试任务时是否会更严格（如 Eckes, 2005; Kim, 2009）等。

　　6.2.2.4 评价评分量表

　　在写作、口语等表现型测试中，评分标准代表了考试测量的语言能力构念（Knoch, 2011），因而对确保考试的效度发挥着重要作用。Rasch 模型在评分量表评估中可发挥重要作用。Knoch（2009）对比了学术英语写作测试中两项评分量表的有效性，其中一份评分量表的描述语相对简单，另一份评分量表的描述语较详细，可以提供更多反馈信息，也更适合诊断性测试。作者根据评分结果，采用了多层面

Rasch 模型对比两项评分量表的有效性，包括它们对师生写作能力的区分能力、评分员在使用量表时是否能够保持一致性等。分析结果表明，与描述语相对简单的评分量表相比，描述语更为详细的评分量表可以将考生能力更好地区分开来，评分员之间的严厉度差别较小，评分一致性更为理想。该研究显示，并非所有的分析性评分量表均有诊断性的功能，因此，考试开发人员应更谨慎地选择和开发诊断性评分量表。

Janssen *et al.*（2015）同样采用多层面 Rasch 模型对一项英语写作测试的评分量表进行评估。在该研究中，研究人员将一项已广泛使用的写作评分量表进行改编，而后用于大学校本英语分级考试的写作评分。作者指出，该校博士项目的负责人基于该评分量表，判断学生是否达到学校博士项目对英语写作水平的录取要求。由于该评分量表被用于做一些高风险决定，因此其在评分实践中的有效性非常重要。研究分析了该评分量表中每个等级类别的拟合度、相邻类别难度值的差异情况等，探索了评分员对评分量表的使用情况，回答了评分实践是否精确、评分效度如何等问题。

多层面 Rasch 模型的分析结果为研究人员评估和修订评分量表提供了重要依据。类似的研究还可以参考 Bonk & Ockey（2003）和 Youn（2015）。近年来，多层面 Rasch 模型也被应用于综合型写作任务评分量表的验证中（如 Uludag & McDonough，2022）。这些研究清晰地展示了多层面 Rasch 模型在探讨评分量表质量方面的巨大作用，对开发和评估写作、口语等评分标准的研究人员和考试工作者具有重要参考价值。

6.2.2.5 标准制定

在语言测试的研究与实践中，我们经常需要确定达标线或及格线（cut score）。例如，在分级考试中，我们需要确定学生应该被归入哪个级别，以采用分级教学，达到更好的教学效果（如 Fan & Jin，2020；Green，2018）。为了能够科学、有效地确定不同等级的分数线，考试工作者需要进行标准制定。标准制定会对考生产生重要影响，因此不能随意而为，必须采用科学的方法（Kenyon & Römhild，2014）。标准制定往往需要对考生的语言水平和考试所考察的语言能力构念具有深入、透彻了解的专家参与，这些专家仔细研读相关的语言能力标准并研究考生在考试中的表现，然后根据自己的经验和理解，将考生归入相应的等级。由于专家在判断时可能存在差异，研究人员在综合专家意见划定及格线时，必须通过数据分析探讨专家判断的一致性程度和严厉性程度。Rasch 模型在探讨上述问题方面可发挥重要作用。

Hsieh（2013）在一项小学生英语测试的标准制定研究中，采用多层面 Rasch 模型对专家判断的一致性和严厉度进行分析。该研究显示，多层面 Rasch 模型可以有效用于标准制定。FACETS 软件中的变量图可以显示专家对考生样本进行等级划分时的严厉程度；FACETS 分析结果中的分隔系数可以体现专家在划分等级时是否存在显著性差异；拟合指数（Infit 和 Outfit 值）可以帮助研究人员确定哪些专家在判断时与其他专家存在明显不同；标准化的残差图还可以帮助研究人员发现专家判断中的一些异常情况。这些质量控制措施可以极大提升标准制定过程的科学性，从而提升标准制定结果使用的合理性。类似的研究见 Pill & McNamara（2016）和 Kozaki（2004）等。

值得一提的是，随着《欧洲语言共同参考框架》（*Common European Framework of Reference*, CEFR，Council of Europe，2001）和《中国英语能力等级量表》（*China's Standards of English*，CSE，教育部考试中心，2018）等语言能力水平量表在语言教学和政策制定等方面的广泛使用，很多语言考试已经或正在和 CEFR、CSE 等语言能力量表展开对接研究（如 Lim *et al.*，2013；Papageorgiou *et al.*，2015；Wu & Wu，2010）。Rasch 模型在语言考试与语言能力标准的对接研究中同样发挥着重要作用（如 Fleckenstein *et al.*，2020；Wang & Fan，2020）。

6.3 小结

本章采用文献综述的方法，系统回顾了过去二十四年中国际语言测试研究领域使用 Rasch 模型的情况。我们的分析表明，Rasch 模型在语言测试研究领域得到越来越广泛的应用，主要体现在评分员效应、考试的开发与效度研究、不同群体在考试上的表现、评分标准评估和标准制定五个方面。我们挑选了具有代表性的研究范例，展示了 Rasch 模型在上述五个方面的重要应用情况。在不同的 Rasch 模型中，多层面 Rasch 模型的应用最为广泛，尤其是在写作和口语等表现型测试的开发与效度研究中。在第七章，我们将采用相同的分析方法，梳理与分析国内语言测试研究领域应用 Rasch 模型的情况。在第九章，我们将基于这两章的研究结果指出 Rasch 模型未来的研究方向。

第七章
Rasch模型在国内语言测试研究领域的应用评述

本章中，我们沿用第六章的思路，采用文献分析和系统回顾法，通过论文搜集和编码分析，回顾并分析我国语言测试研究领域采用Rasch模型的情况。

7.1 研究方法

7.1.1 论文收集

我们收集了发表在以下三类期刊上使用Rasch模型的实证研究论文，包括：1）CSSCI来源期刊（2021—2022）中的语言学、教育学、心理学刊物及高校学报，如《外语界》《现代外语》《外语教学与研究》《外语教学理论与实践》《教育研究》《心理学探新》等；2）CSSCI来源期刊扩展版（2021—2022）中的语言学、教育学刊物及高校学报，如《中国考试》《解放军外国语学院学报》等；3）其他非CSSCI来源、但在我国语言测试研究领域具有重要影响的期刊，例如《外语测试与教学》《考试研究》等。

我们在我国最权威、最大规模的文献数据库"中国知网"上，以关键词为条件在期刊中搜索相关论文。与第六章的论文收集方法类似，我们在国内部分采用的关键词包括与Rasch相关的理论名称（如

"Rasch 模型""Rasch 测量理论""Rasch 测量模型")和不同 Rasch 模型名称（如"基础 Rasch 模型""部分得分模型""评分量表模型""多层面 Rasch 模型"）等。考虑到近年来 Rasch 理论在我国语言能力量表研究领域的广泛应用，在文献收集中我们还添加了与量表研究相关的关键词（如"量表效度验证"）。这些论文的发表时间为 2000-2023 年。经过反复搜索和筛选，我们一共收集到 126 篇研究论文。我们将所有论文全文下载并逐一检查，发现这些论文中包含 8 篇综述性研究论文、8 篇数理性 Rasch 模型理论研究文章（如模型参数估计方法研究、模型拟合统计量研究等）和 33 篇非语言测试类论文（如高考数学考试研究、教学方法研究、症状自评量表研究、入职面试研究等）。由于本章聚焦 Rasch 模型在语言测试领域的应用情况，因此我们将这些论文剔除，最终共收集论文 77 篇（见表 7.1）。

表 7.1　Rasch 研究论文在期刊上的分布情况（国内部分）

期刊类别	期刊	Rasch 研究论文数量	百分比
CSSCI（含扩展版）	现代外语	7	9.1%
	外语与外语教学	7	9.1%
	外语界	7	9.1%
	外语电化教学	5	6.5%
	心理学探新	5	6.5%
	外语教学与研究	2	2.6%
	中国外语	2	2.6%
	外语教学理论与实践	4	5.2%
	外语教学	2	2.6%
	外语教育研究前沿	3	3.9%

（待续）

（续表）

期刊类别	期刊	Rasch 研究论文数量	百分比
CSSCI（含扩展版）	东南大学学报（哲学社会科学版）	1	1.3%
	电化教育研究	1	1.3%
	教育学报	1	1.3%
	中国考试	5	6.5%
	解放军外国语学院学报	4	5.2%
	西安外国语大学学报	2	2.6%
其他重要期刊	外语测试与教学	13	16.9%
	考试研究	3	3.9%
	当代外语研究	2	2.6%
	山东外语教学	1	1.3%
合计		77	100.0%

7.1.2 数据分析

我们同样在 NVivo 12.0（QSR，2012）中对国内论文进行了开放式编码。根据编码结果，本章主要从 Rasch 研究论文基本信息（发表年份、使用模型）、研究主题和所涉及的语言技能、典型研究案例与结论等方面，对 Rasch 模型在国内语言测试领域的研究情况进行回顾。

7.2 Rasch 模型在我国语言测试研究领域的应用情况

7.2.1 论文的基本信息

2000-2023 年间 Rasch 实证研究论文在我国期刊上的发表年份分布见图 1。如图 1 所示，尽管 2000 年 Rasch 研究在国际语言测试领域已方兴未艾，但我国直到 2003 年才有第一篇与该领域相关的实证研究论文，发表于《现代外语》。在该研究中，朱正才等（2003）通过真实实验数据，详细介绍了 Rasch 模型在全国大学英语四、六级考试分数等值系统中的应用。尽管我国语言测试领域对 Rasch 模型的认识和应用稍滞后于国际，但其发展与普及十分迅速。2010 年伊始，Rasch 理论模型在我国语言测试领域的应用量明显增多，并在2015—2016 年间达到高峰，两年内刊发于核心期刊（如《现代外语》《外语与外语教学》《外语教学理论与实践》《中国考试》《外语测试与教学》等）的 Rasch 实证研究论文占本次论文收集总量的四分之一以上。

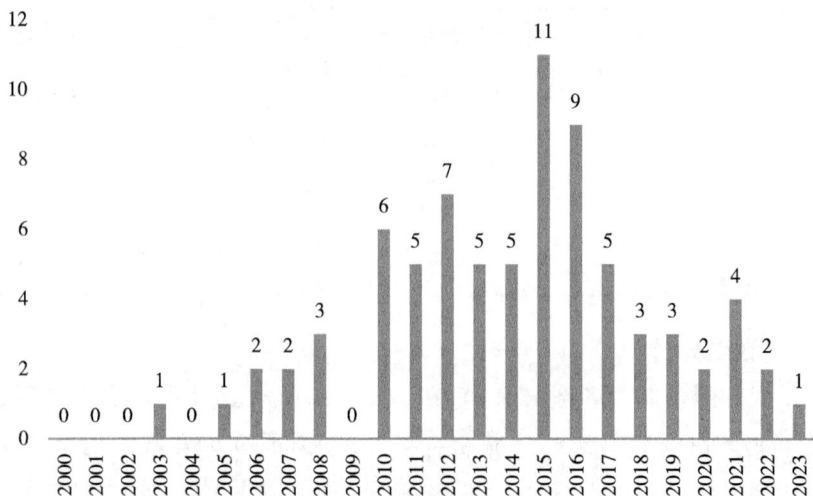

图 7.1　我国核心期刊发表的语言测试领域 Rasch 实证研究文章数量统计
（2000—2023）

Rasch 模型在这些论文中的使用情况分布见表7.2。该表显示，多层面 Rasch 模型在我国语言测试实证研究中占绝对主导地位（80.6%），这一趋势和国际相似（见第六章）。另两个应用较广的模型为基础 Rasch 模型（12.5%）和评分量表模型（5.6%）。我们在搜索结果中并未发现采用混合 Rasch 模型或部分得分模型的研究，说明这类Rasch 模型在我国语言测试领域的应用较欠缺。值得一提的是，我们还收集到一例利用 Rasch 题组模型研究篇章阅读测试试题差异效应的研究。我们还发现，我国语言测试专家和学者常将 Rasch 模型与其他数据分析方法结合，如概化理论（generalizability theory，G-theory）、结构方程模型（structural equation modelling，SEM）、混合多元方差分析、定性分析等，共同对研究主题进行分析。

表 7.2　论文中所采用的 Rasch 模型分布情况（国内部分）

Rasch 模型	论文数量	百分比
多层面 Rasch 模型	58	80.6%
基础 Rasch 模型	9	12.5%
评分量表模型	4	5.6%
部分得分模型	0	0.0%
混合 Rasch 模型	0	0.0%
Rasch 题组模型	1	1.4%
合计	72	100.0%

注：在我们收集的 77 篇论文中，有些论文没有报道具体采用的 Rasch 模型。

我们在 NVivo 12.0 中对国内论文按照研究主题和语言技能进行编码（见表 7.3）。研究主题方面，我国对 Rasch 模型的应用多见于评分员效应研究（n=43）、考试的开发与效度研究（n=36）、不同群体在考试上的表现（n=30）及评价评分标准（n=28）。这些研究大多与产出性技能相关，如写作（n=25）和口语（n=17）。除此以外，国内的 Rasch 模型应用还见于多技能（n=7）等测试研究，而在以客观题为主的语言考试中应用偏少。值得一提的是，Rasch 模型在我国的应用还涉及语言能力量表研究（n=10）。尽管该主题下发表的研究论文数量并不多，但它们依然为我们展现了 Rasch 测量理论在语言能力量表研究领域的巨大潜力。我们将在下一部分根据编码主题对 Rasch 模型在我国的应用情况展开更为细致的回顾与讨论。

表7.3 矩阵编码分析结果（n=70）（国内部分）

研究主题	听力 (n=0)	阅读 (n=4)	词汇语法 (n=4)	写作 (n=25)	口语 (n=17)	翻译 (n=8)	多技能 (n=7)	技能综合 (n=3)	专门用途 (n=2)	其他 (n=7)
1.评分员效应（n=43）	0	0	0	22	11	6	0	2	1	3
2.考试的开发与效度研究（n=36）	0	1	4	6	8	3	5	3	2	4
3.不同群体在考试上的表现（n=30）	0	1	2	13	6	4	2	1	1	0
4.评价评分标准（n=28）	0	0	0	7	10	5	0	3	1	2
5.语言能力量表研究（n=10）	0	2	0	1	1	2	2	0	0	2

注：1）表中有些列的频数总和超过第一列所列出的每列频数数值，这是因为有些论文被归到了多个类别，例如某研究主题既涉及"评分员效应"，也涉及"评价评分标准"；2）"多技能"表示论文涉及了多个语言技能，也有词汇和语法，例如既有阅读，也有词汇语法；3）"技能综合"指包含多技能综合型任务的考试，如读写结合的考试（如王初明、严骏霞，2013；张新玲等，2010）；4）"其他"指的是论文中所涉及的语言能力或技能无法归入到表中所列出的技能，例如写作思辨能力（如马利红，刘坚，2021）、语用能力（如孙莉，伏满涵，2021）、外语学能（如李兰荣，2015）、等值研究（如刘建达，吕剑涛，2012）、学习策略（如王蕾，黄晓婷，2012）和标准设定（揭薇，2019）。

7.2.2 Rasch 模型应用的实例分析

7.2.2.1 评分员效应

Rasch 模型在研究评分员效应方面扮演着重要角色，相关文献多见于产出型技能测试（如写作、口语、翻译）研究。根据编码结果，Rasch 模型在该领域的应用集中在两方面：1）评分员严厉度和评分信度；2）评分员背景对评分结果的影响。其中，评分员的严厉度和评分信度研究是 Rasch 模型在评分员研究中应用最为广泛的领域，占到文献总量的 80% 以上。与国际趋势相比，我国将 Rasch 模型应用于评分员培训研究的案例较少，在收集到的为数不多的此类研究中，徐鹰（2015a）将经过 Rasch 模型处理的评分数据和评分员个性化反馈作为培训资料，研究了评分培训的效果和影响。下文中，我们将围绕编码结果中的两个热点对代表性研究进行回顾。

首先，评分员严厉度和评分信度方面，与国际趋势相近，Rasch 模型在我国除了被应用于大规模、标准化考试研究外，也被应用于其他类型的测评，包括课堂评估（如范劲松、季佩英，2017；吴越，2017）、校本考试（如范劲松、季佩英，2015）、学业水平测试（如戴朝晖、尤其达，2010；谭智，2008）、专门用途英语考试（如揭薇，2018）。例如，范劲松、季佩英（2017）将多层面 Rasch 模型应用于大学英语笔译课堂的师评、互评、自评研究。该研究在对被试（学生和教师）进行分项评分培训后，邀请学生对翻译文本进行自评和互评，同时也邀请教师评价翻译文本（师评）。他们的研究发现，不同被试群体的评分严厉度差异明显，其中师评最严厉，自评和互评相对较宽松，这或许跟教师的翻译专业背景和学生整体翻译水平不够理想有关。然而，由于数据的模型拟合度理想，且"评分员严厉度的差异小于被试能力之间的差异"（p. 69），上述严厉度差异不会对评分结果造成显著影响。值得一提的是，通过前期的评分培训，被试在上述三种情况下的评分内部一致性均比较理想。该结果验证了评分培训在提高评分一致性方面的重要作用（如 Esfandiari & Myford，2013；McNamara，1996）。在收集到的其余论文中，研究人员同样采用多层面 Rasch 模型分析评分员的评分严厉度与内部一致性。

评分员背景对评分结果的影响方面，国内相关研究主要聚焦评分员的语言背景和评分经验两个变量，这一点也与国际趋势相同。国内针对评分员语言背景的研究主要围绕母语为英语和中文的评分员展开，对比他们在表现型考试中的评分表现（如黄玮莹，2011；林椿、肖云南，2018；刘建达，2007）。这些研究的结论相似，即母语为中文的评分员，较母语为英语的评分员更宽松。此外，中外评分员的严厉度也直接受到考生语言水平的影响（黄玮莹，2011；林椿、肖云南，2018）。值得一提的是，刘建达（2007）对比了 6 名大学英语专业的中国英语老师和 6 名母语为英语的外国老师在语用能力测试上的评分情况。研究表明，在评价考生表达的信息量和得体性时，英语为母语者能较合理地使用各分数段，但国内评分员的表现则稍不尽如人意。

我国围绕评分员评分经验的研究多见于大规模、标准化考试。此类考试的写作、口语等往往阅卷时间紧、任务重，而且考试的风险高，因此对评分员的能力和经验均提出了很高要求。徐鹰（2015b）按照评分经验将评分员分为老、中、新三组（每组各 9 人），利用多层面 Rasch 模型分析对比了他们对全国大学英语四级作文样本的评阅结果。在该研究中，作者让学生在课堂上根据四级真题完成一篇作文，然后邀请评分员根据大学英语四级考试的评分量表进行评分。分析结果表明，尽管新手评分员偏严（即严厉度高于全部评分员均值 0.5 logits）或偏松（即严厉度低于全部评分员均值 0.5 logits）的个例相对较多，但整体而言，评分经验未对评分员的严厉度造成显著影响。然而，评分经验对评分员的评分内在一致性（即评分信度）产生了一定影响，一致性由高到低依次为老、新、中组评分员。中经验组评分员的评分信度甚至低于新手，主要原因是中经验组评分员在评分过程中给"保险分"的趋势明显，导致 Rasch 分析结果拟合过度（加权均方拟合值 Infit MnSq<0.7）的情况较多，评分结果无法有效区分考生能力。研究人员通过有声思维发现，经验丰富的评分员往往有一套脱胎于阅卷评

分标准的内化的、稳定的、区分度高的评分标准，这一"内在标准"提高了他们的评分一致性。

　　随着近年来人工智能技术在语言考试中的推广应用，我国语言测试专家也开始着眼于智能评分系统的分析。由于 Rasch 模型能将考生、任务、评分员放在同一 logit 量尺上进行比较，且能分析三者间的交互作用，因此能比传统分析手段（如人机评分相关性分析）更细致地解读机器在评分严厉度、准确性、一致性等方面的表现。周燕、曾用强（2016）分析了评分员和机器对广东省某次高考口语试题（模仿朗读、角色扮演、故事复述）的批阅情况。他们发现，人工评分和机器评分在严厉度上有所差异，但该差异并未超过学生能力差异的 1/4，因此对区分考生能力不会造成重大影响。此外，机器评分的内部一致性在一定程度上优于人工评分，机评结果在"模仿朗读"和"角色扮演"任务中未与考生能力水平产生任何交互性偏差，在"故事复述"任务中产生偏差的概率也远低于人工评分。可以说，计算机自动评分很大程度上提高了测试公平性。另外，机器较人工能够更快捷地进行大规模评分、提高分数报告的效率，这一特点也推动了自动评分在语言测试领域的进一步应用。

　　性别也是我国评分员背景研究的考量因素之一。徐鹰（2013）通过多层面 Rasch 模型，研究了 9 位男性评分员和 18 位女性评分员在某全国大学英语四级作文模拟考试中的评分表现。结果表明，男性评分员对各个能力段的考生都偏宽松，而女性评分员仅对中、高水平的考生有这一倾向，但整体而言，不同性别组评分员在严厉度上无显著差异。此外，男性评分员评分的随机性更强，评分一致性低于女性评分员。研究人员指出，如果我们想要更加深入地了解男、女性评分员表现差异背后的原因，需要采用有声思维等研究方法，更加细致地探索不同性别组在思维模式、评分决策方面的不同。

7.2.2.2 考试的开发与效度研究

　　考试开发与效度研究方面，Rasch 模型在我国的主要应用领域与国际趋势相近，包括探讨语言考试的各项技术指标、考试任务难度研究、等值研究、任务类型对考生表现的影响等。其中，语言考试的各项技术指标为研究最集中的领域，占到"考试的开发和效度研究"主题下文献总量的 80% 以上，重点指标包括试题难度、区分度、公平性因素（如是否有利于某群体考生），涉及以语言技能（包括口语、写作、词汇、语法）、技能综合型任务为主的测试。多数考试开发与效度研究的论文均采用多层面 Rasch 模型，其次为适用于 0/1 计分的基础 Rasch 模型。下面我们将选取该研究话题下较为典型的案例进行介绍。

在针对口语、写作等主观评分试题展开的研究中，我国研究人员主要采用多层面 Rasch 模型对试题质量和考试的信效度进行分析。此类研究一般先根据考试数据建立合适的多层面 Rasch 模型，然后在 Rasch 专业分析软件（如 FACETS）中进行分析。分析涉及的主要方面包括考生能力、试题难度、评分量表使用情况、评分员的评分情况、偏差分析等。例如，揭薇（2018）利用多层面 Rasch 模型分析了某商务英语口语测试中的评分员严厉度、考生能力差异和试题难易度差异。研究数据来自我国东部某高校 120 名非英语专业本科生在商务英语学习平台上的一次人机对话练习，任务包括模仿跟读、根据商务场景给出回应。5 名评分员根据考生的发音、准确度和流利度进行整体评分。研究结果表明，和其他通用英语主观题型测试相比，商务英语考试的任务难度差异大，这有可能与专业用途英语考试所涉及的专业背景知识有关。此外，尽管评卷员严厉度存在显著差异，但内部一致性较高，评分员也能有效使用评分量表的各等级。针对评分员和不同水平考生之间的偏差效应，作者指出，我们可以有的放矢地与偏差效应明显的评分员进行沟通，探讨产生偏差的原因，从而有针对性地为这些评分员提供评分培训。

基础 Rasch 模型主要用于 0/1 判分的客观题的考试效度验证。例如，张春青（2015）基于广东某高中高考前一个月的模拟测试数据，利用基础 Rasch 模型对广东高考英语语法填空试题展开效度论证。研究严格按照广东省高考试题提供的答案进行 0/1 判分。作者采用 Rasch 分析软件 Winsteps 重点分析了试题的加权均方拟合值、数据单维性检

验、变量图和试题差异效应。加权均方拟合值是分析试题信度的重要
指标（Bond & Fox，2007）。数据分析结果表明，所有语法填空题与
模型的加权均方拟合值均在 0.8~1.2 的理想范围内，拟合良好，说明
试题信度较高。单维性检验结果显示，考试能力构念所解释的方差占
总方差的 53.7%，说明"考生分数差异可以用考生运用语法资源表达
意义的单一能力来解释"（p. 262），即考试数据呈现单维性。变量图显
示，试题难度与考生能力的对应分布存在空隙，说明位于某些能力等
级的考生没有与其能力相匹配的试题，即该测试可能存在构念体现不
足的问题（construct under-representation）。DIF 分析结果表明，试题难
度在男、女考生中无显著差异，但有两道试题对文科生不利。考虑到
广东省高考为文、理科分别招生，这些存在 DIF 效应的试题不会对最
终的录取决策造成实质性影响。总体而言，该研究的 Rasch 分析在很
大程度上支持了考试的效度构念，对同类研究颇具启发意义。

7.2.2.3 不同群体在考试上的表现

试题 DIF 研究也是 Rasch 模型在我国应用较多的一个领域。然
而，我们在搜集文献时发现，除了少数个例（如郭聪颖、边玉芳，
2013），此类研究大多仅作为考试整体信效度论证的一个环节展开，也
多集中于评分员与考生（如何莲珍、张洁，2008；揭薇，2019）或评
分员与评分量表各维度（如温倩，2019；张文星、邹申，2015）的偏
差分析。

我们收集到一些从考生性别、专业等角度探讨试题公平性的 DIF
研究（如上文回顾的张春青，2015）。又如，陈瑶、周榕（2018）聚焦
考生专业和性别，对全国英语高考 II 卷完形填空的试题质量展开 DIF
研究。分析结果表明，由于文、理科学生的学习方式存在差异，强调
语篇逻辑及篇章推理的题目不利于文科生，而考察固定词汇记忆、语
义理解的题目则对理科生不利。此外，部分试题在考生性别上存在明
显的 DIF 效应，如女生对拼写、语法等信息的处理能力优于男生。作
者认为，这一效应主要来源于男女性不同的认知特点。鉴于上述发现，
作者建议，教师应在课堂中对文、理科学生进行有针对性的英语语言

教学，也可采用男女搭配的小组学习模式，充分发挥朋辈学习优势，以降低学科和性别差异对语言学习产生的影响。

另一则 DIF 研究中，郭聪颖、边玉芳（2013）将 Rasch 题组模型（Wang & Wilson，2005）引入语文篇章阅读测试，借助 ConQuest 软件分析语文篇章阅读试题对不同性别考生的 DIF 效应。基于 Rasch 题组模型的 DIF 检验与基于传统 Rasch 模型的 DIF 检验的区别在于，后者的基本假设之一为项目间局部独立（local independence），而 Rasch 题组模型充分考虑了同一组试题（如基于同一篇章设计的试题）由于使用了相同文字信息而互相关联的情况，即局部依赖性。因此，当分析含有题组试题的测试时，如果仍使用传统 Rasch 模型，参数估计可能产生偏差。郭聪颖、边玉芳（2013）的研究发现，试题在内容维度和能力维度（解释信息、获取信息、做出评价）上，均出现了较多有显著 DIF 效应的项目。内容维度 DIF 效应明显的试题所在的题组篇章主题分别为动物科普和科学仪器，能力维度 DIF 效应则在考察解释信息能力的试题上最明显，它们都对男生较有利。作者建议，考试开发人员可根据此次 DIF 研究结果，在篇章选择和命题过程中，考虑选择更加适合女生的内容和试题，以增加考试公平性。

此外，表现型考试中评分员与考生或评分量表各维度间的偏差作用也是热点。例如，张文星、邹申（2015）分析了英语专业四级考试写作评分中评分员背景与考生的交互效应，发现评分员的性别和年龄对这一偏差作用有影响，即男性评分员对考生过于严厉或过于宽松的情况要少于女性评分员，年长评分员与考生的交互效应也小于年轻评分员与考生的交互效应。

7.2.2.4 评价评分标准

评分标准评价也是 Rasch 模型在我国的重要应用领域。由于表现型考试的评分标准在很大程度上体现了考试所考察的语言能力构念（McNamara et al.，2002），这部分的研究重点与前文所述的考试的开发与效度研究有部分重叠。在评分标准评估方面，我国研究人员多应用多层面 Rasch 模型，对口语（如范劲松、季佩英，2015；孙海洋、魏梅，2012）、写作（如陈建林，2016；李清华、孔文，2010）、翻译（如范劲松、季佩英，2017）等评分量表进行分析论证，研究重点包括这些量表是否能有效区分考生能力、量表中的级别设置是否合理等。此外，也有学者利用 Rasch 模型对不同类型的评分量表展开对比研究。例如，张晓艺、金艳（2019）采用多层面 Rasch 模型探讨了评分量表对英语口语考试构念效度的影响。在该研究中，作者具体比较了"按能力分项评分量表"（0~4 分，允许半分）和"按任务评分量表"（0~3分，允许半分）。前者为传统的分析性评分量表，评分员根据考生在考试中的整体表现，从语音、语言、内容、语篇和策略五个维度分别评分。在设计按任务评分量表时，研究人员根据不同口语任务的考察重点，分别为每个任务编写评分量表，并力求在整体口语构念层面和按能力分项评分量表相对应。研究结果表明，按能力分项评分量表对考生口语能力的区分度更好，但评分员在使用按任务评分量表时，对任务层面特定口语维度的评分更准确，严厉度差异也比使用按能力分项评分量表时小。此外，评分员在使用不同评分量表时的评分集中趋势也有差异，按能力分项评分量表中 3 分档的使用频率最高，按任务评分量表 1 分及以下分数档的使用频率较低。基于研究结果，研究人员指出，未来研究可进一步收集来自评分员的定性数据（如评分反馈），以探讨引起上述 Rasch 分析结果差异的深层原因。

7.2.2.5 语言能力量表研究

随着《中国英语能力等级量表》（教育部考试中心，2018）的颁布，我国近几年兴起了 Rasch 模型在语言能力量表研究领域的热潮（如许艺等，2019；张晓艺，2017；邹绍艳、金艳，2020）。例如，张晓艺（2017）使用 Rasch 评分量表模型探讨了我国大学英语四级水平学习者对《欧洲语言共同参考框架》B1-C1 级别阅读描述语的理解情况。研究结果表明，我国大学生对阅读能力描述语的理解受到篇章语言难度、话题熟悉度、阅读时间压力和阅读条件限制（如是否能使用字典、阅读策略等）的影响，而阅读任务认知负荷的影响则不甚明确。该研究对我国语言能力量表的开发和验证有所启示，如研究发现的话题背景知识对阅读活动的促进效应（facilitating effect）（Alderson，2000，p. 44）在一定程度上解释了涉及专业知识的专门用途英语难度高于通用英语的原因，也从侧面说明了开发高教阶段专门用途英语能力量表的必要性。作者也提出，我们可在《中国英语能力等级量表》的中、高级别中逐步加入与专门用途英语能力相关的描述语，以更全面地描述我国英语学习者的阅读能力。

此外，Rasch 模型也在考试与语言能力量表的对接研究中扮演了重要角色。例如，在全国大学英语四级口语考试与《中国英语能力等级量表》口语量表对接的标准设定阶段，揭薇（2019）利用多层面Rasch 模型分析了 12 位专家评判口语任务所对应量表级别的一致性。结果表明，专家评分的加权均方拟合值在可接受范围内，且专家评判的严厉度整体差异不大、评分一致性较好。该研究为后续考试对接工作和划定各能力级别的分数线打下了坚实可信的基础。

7.3 小结

本章中，我们主要通过文献分析和系统回顾法探讨我国语言测试研究领域在过去二十多年中使用 Rasch 模型的情况。本章的分析结果与第六章国际语言测试研究领域使用 Rasch 模型的分析结果基本相似。总体而言，Rasch 模型在我国语言测评研究中发挥着越来越重要的作用，核心期刊上采用 Rasch 模型的论文呈现增长趋势，多层面 Rasch 模型在语言测试实证研究中占据主导地位。与国际趋势相似，我国学者使用 Rasch 模型主要探讨五个研究主题，包括评分员效应、考试的开发与效度研究、不同群体在考试上的表现、评价评分标准和语言能力量表研究，其中语言能力量表研究主要与我国近年制定和颁布的《中国英语能力等级量表》相关。针对每个研究主题，我们挑选了具有代表性的研究范例在本章进行了回顾。在第九章，我们将根据第六章和本章的研究结果探讨 Rasch 模型在语言测试研究中的未来发展方向。

第八章
Rasch 模型分析中的高阶话题

　　我们在本书的第三到五章分别探讨了基础 Rasch 模型（第三章）、部分得分模型（第四章）、评分量表模型（第四章）和多层面 Rasch 模型（第五章）在语言测评中的应用。我们相信读者通过这几章的介绍已经基本掌握了 Rasch 模型的分析步骤并能够将其应用于语言测评实践和研究。本章将探讨一些 Rasch 模型分析中的高阶话题，包括单维检验（unidimensionality）、试题独立性检验、试题差异分析和考试等值分析（test equating）等，我们也将探讨语言测评研究如何将 Rasch 模型和其他测量模型组合使用以充分发挥彼此的优势。初学 Rasch 模型的读者可将学习重心放在第三到五章，如果读者希望在前几章的基础上进一步深入了解和应用 Rasch 分析，那么本章的内容值得一读。

8.1 单维检验

　　尽管 Rasch 分析在语言测试研究领域的应用越来越广泛（见第六、七章），但是学界对 Rasch 分析的相关议题一直存有争议，这场争议被 McNamara & Knoch（2012）形象地称为"Rasch 战争"。该"战争"的重点之一是 Rasch 分析对于数据的单维性要求。不同领域的学者对"维度"（dimension）的理解有所差异。在数学领域，"维度"指的是同一方向的测量。如线条包含一个维度（长度），长方形包含两个维度（长度和宽度），立方体包含三个维度（长度、宽度和高度）。在教育和心理测量领域，"维度"指无法直接观察的潜在特征（latent trait），如焦虑、内向/外向、认知水平等。在语言测评领域，相应特征包括二语学习者的语言水平，如语法能力、写作能力、听力能力等。Rasch测量理论中的单维性要求指在测量某个潜在特征时，我们所采用的测量工具仅测量唯一的特征（Bond & Fox，2015）。例如，我们在测量被试的焦虑程度时，我们所开发和使用的测量工具仅能够测量这一个潜在特征，不能同时测量被试的其他心理特征，如内向/外向特征。我们用 McNamara（1996）中的一个例证进一步说明单维性的特点。一组被试参加数学考试，但试题内容均用英文表达；加之有些试题为开放性问题，还需要被试用英语详细解答。参加该考试的考生中，有些母语为英语，有些母语不是英语。不难想象，有些数学能力突出但是母语为非英语的考生可能会因为语言水平限制了对题目的理解和作答，进而影响到他们的数学考试成绩。显然，该数学考试不但考察了被试的数学能力，还考察了他们的英语理解和表达能力，并非单维测试。

在语言测评中，语言能力和使用非常复杂。语言能力构念包含多种不同的组成部分，彼此间还存在复杂的关联性（如 Bachman，1990；Bachman & Palmer，1996）。语言能力在实际生活中的使用受到使用者的语言能力、使用环境、交际对象、话题等诸多因素的影响（如 Chalhoub-Deville，2003；Chapelle *et al.*，2008；McNamara，1997）。因此，我们很难论证语言能力是一个单一维度的特质。如果语言能力包括多个维度，那么这显然违背了 Rasch 分析对数据单维性的要求，有些学者也因此认为 Rasch 模型不适合分析语言测评数据（Hamp-Lyons，1989；Skehan，1989）。例如，听力测试所考察的听力能力可包括多个方面（或"维度"），如解码能力、推断能力、根据上下文猜测生词的能力、根据听力内容构建深层内容理解的能力等（Buck，2001），这使得听力考试往往无法满足 Rasch 分析对数据单维性的要求。正因为如此，20 世纪 80、90 年代的语言测试领域对 Rasch 模型的应用提出了挑战。但是，McNamara（1996）认为，所谓的"单维性"有两种解释。在心理学领域，"单维性"的应用对象是潜在的构念或特质；但是，在测量领域，"单维性"的应用对象是"潜在的测量维度"或"隐藏在数据矩阵下的唯一的分数分布模式"（p. 271）。也就是说，"单维性"既可以理解为"心理学单维性"（psychological unidimensionality，即仅有一个潜在特质），也可以理解为"心理测量学单维性"（psychometric unidimensionality，即仅有一个分数分布模式）。"心理学单维性"从理论出发界定单维性，"心理测量学单维性"从数据出发界定单维性。Rasch 分析中的单维性指的是后者。在后文中，我们将通过具体的数据分析进一步阐述 Rasch 分析体现的"心理测量学单维性"属性。值得注意的是，所谓的数据满足单维性的要求并非绝对要求，而是数据在一定程度上满足该要求。完美的数据单维性仅为理论设想，实际数据分析时总会有所偏差（Fan & Bond, 2019）。

Rasch 分析中，我们采用基于残差的统计量（residual-based statistics）检查数据单维性。我们在前几章指出，Rasch 模型是根据实际考试数据构建的理想化数学模型。因此，实际的考试数据与模型之间总是存在一定的差异，称为残差。在用 Rasch 模型解释实际考试数据时，模型能够解释数据中的部分差异，但无法解释残差。这部分无法解释的差异在分布上不应该具有规律性，因为如果残差中仍然可以提取出一定的数据分布类型（pattern），那么数据中除了 Rasch 模型解释的部分，一定还存在其他维度，这就违背了 Rasch 分析的数据单维性要求。

如何才能知道残差中是否存在其他维度呢？我们可以对残差进行主成分分析（principal component analysis of the residuals, PCAR）。Winsteps 中的 PCAR 分析可以为数据的单维性提供重要支撑，共包含两个分析步骤：第一步是对数据的 Rasch 分析；第二步是对残差的主成分分析。具体步骤请见附录四。Aryadoust et al.（2021）详细回顾了近些年 Rasch 分析方法在语言测试中的使用，指出研究人员应在研究论文或报告中汇报 PCAR 分析结果。如果 PCAR 分析发现有特征值（eigenvalue）大于 2 的成分（component），那么应该对其进行进一步分析。如果分析结果表明残差中确实存在可解释的成分，那么可以考虑根据 PCAR 分析结果，将被试在不同成分试题上的表现分别分析，并确定被试在不同成分上的能力估计值（Linacre，1998）。

下面我们使用一项校本听力考试数据展示如何解释 Winsteps 中的 PCAR 分析结果。数据中共包括 106 位被试，25 道听力试题，其中第 1—8 题为听写（部分计分），第 9—25 题为多项选择题（0/1 计分）。我们采用 Winsteps 对其进行分析。由于第 1—8 题采用部分计分方法，因此我们采用部分得分模型分析该听力考试数据（见第四章）。试题分析结果表明，所有试题的 Infit MnSq 均在 –0.5~+1.5 的区间 [1] 范围内，说明被试在试题上的作答情况与模型的预期基本相符。试题与模型的拟合比较理想在一定程度上说明了考试数据的单维性。若存在与模型拟合不佳的试题，那么数据结构可能是多维的。接着，我们来看 Winsteps 中的 PCAR 分析结果（见图 8.1）。结果显示，Rasch 模型可以解释观测数据中 38.4% 的差异（Raw variance explained by measures）。该百分比的大小主要取决于被试能力与试题难度的分布。当被试的能力和试题的难度分布较广时，Rasch 模型解释的差异百分比会增加（Linacre，2017c）。在本案例中，被试的能力差异较小，仅分为两个等级，因此解释的差异较小。无法被 Rasch 模型解释的部分为残差，在本例中占比为 61.6%。在前文中我们指出，如果要证明数据单维性，那么残差应该是随意和无规律的；如果主成分分析在残差中能提取出可解释的类别或成分，那么说明数据中还存在其他的成分，数据并非单维。图 8.1 中未被模型解释的第一个 contrast 特征值可以为此提供重要证据。在 PCAR 中，我们使用 contrast 表示试题的聚集。Linacre（2017c）认为如果未被模型解释的第一个 contrast 的特征值小于 2，那么残差中不存在数据类别或成分；如果该值大于 2，那么研究人员应引起警惕，因为残差中可能存在具有规律性的数据类别或成分。本例中未被模型解释的第一个 contrast 的特征值为 1.9066，说

---

1 因为该考试属于低风险测试，我们采用了比较宽泛的 Inft MnSq 区间范围。

明数据符合单维性要求。此外，我们还可以将此 contrast 特征值与可被模型解释的差异的特征值进行比较。例如，该听力测试一共有 25 道题，假设每道题都彼此独立，那么该数据共包括 25 个组成部分或成分，特征值共为 25。图 8.1 显示，可被 Rasch 模型解释的差异的特征值为 15.5767，即其可以解释大约 16 道试题的差异；相比之下，未被模型解释的第一个 contrast 的特征值 1.9066 显得微不足道。

```
        Table of STANDARDIZED RESIDUAL variance in Eigenvalue units = ITEM information units
                                          Eigenvalue   Observed    Expected
Total raw variance in observations      =   40.5767    100.0%      100.0%
  Raw variance explained by measures    =   15.5767     38.4%       36.8%
    Raw variance explained by persons   =    7.1058     17.5%       16.8%
    Raw Variance explained by items     =    8.4709     20.9%       20.0%
  Raw unexplained variance (total)      =   25.0000     61.6% 100.0% 63.2%
    Unexplned variance in 1st contrast  =    1.9066      4.7%        7.6%
```

图 8.1　PCAR 分析结果

　　为了更好地解释图 8.1 中的结果，Winsteps 还提供未被模型解释的第一个 contrast 的标准化残差分布图（见图 8.2）。该图告诉我们第一个 contrast 是由哪些试题的残差聚集（cluster）形成的。图 8.2 中的 x 轴代表聚集试题的难度（logit），y 轴代表试题在第一个 contrast 上的负荷。在本例中，试题 A（第 18 题）的负荷最高，为 0.49；试题 a 和 b（分别代表第 7 题和第 12 题）的负荷为 –0.40。在传统的主成分分析中，我们需要关注负荷超过 0.4 的试题。但是，在 PCAR 分析中，试题的聚集情况比其负荷的大小更重要。尽管如此，我们仍有必要检查一下负荷较高且聚集在一起的试题，以确定它们是否能够形成可解释的成分。在本例中，我们检查了试题 a 和 b（即第 7 题和第 12 题）的内容，发现它们彼此间并不相关。通过以上分析，我们可以基本确定该听力测试符合 Rasch 模型关于数据单维性的要求。

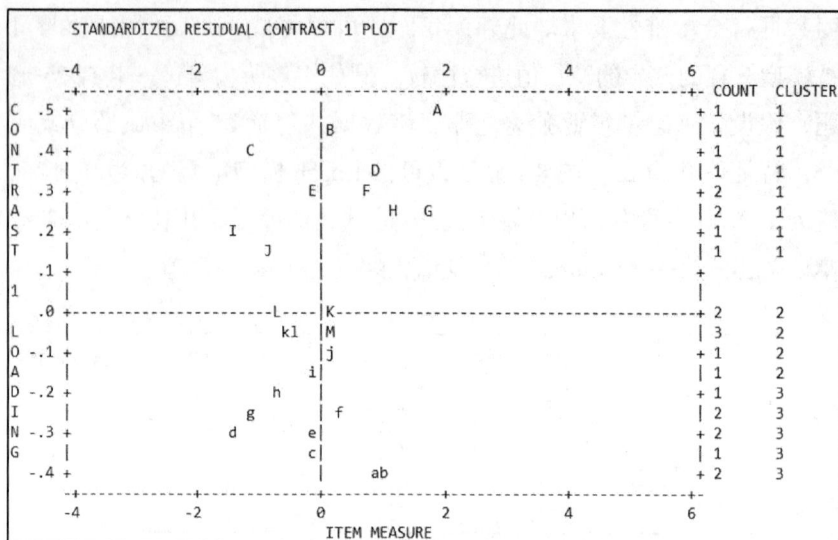

图 8.2　第一 contrast 的标准化残差分布图

8.2 试题独立性检验

　　Rasch 分析的另一个要求是试题之间彼此独立，即被试在一道考题上的作答情况不受他们在其他试题上作答情况的影响。在听力和阅读测试命题中，我们经常围绕某一个篇章或者段落命制多道试题，这些试题之间可能会存在一定关联性。语言测试中经常使用的完形填空题也可能存在试题独立性的问题。如果试题存在依存性问题（item dependence），那么 Rasch 分析的结果会存在偏差，导致被试能力和试题难度估计值出现偏差（Eckes，2015）。

　　Rasch 分析结果可以显示数据是否存在试题依存性的问题。在检验试题独立性的时候，试题与模型之间的拟合程度依然是重要标准。拟合存在问题时，有可能是数据违背了试题独立性原则。在检验该原则时，我们建议读者先检查试题中是否存在拟合过度的情况。在第三章中，我们提及如果数据和模型拟合过度，说明数据中的噪音过小，数据缺乏应有变化。这可能是试题依存性的一个表现。Fan & Bond（2019，p. 87）认为，"如果试题之间彼此具有关联性，那么在实际数据分析或理论分析时，有些试题很有可能是多余的，具体表现为被试的答题受到前面试题的影响，进而导致数据分析时出现噪音过小的拟合统计值，即拟合过度"。

除了数据和模型拟合度，Q_3 指数也是衡量试题独立性的重要指标（Yen，1984）。该指数为各试题残差之间的相关系数，当试题之间彼此比较独立时，各试题的残差之间不应该存在较强的相关性。反之，如果 Q_3 指数较高，说明试题之间可能存在一定的依附性。Aryadoust *et al.*（2021）指出，如果 Q_3 指数的绝对值超过 0.3，那么试题之间的独立性就可能存在问题。如果绝对值小于 0.3，那么数据符合试题独立性的要求。值得一提的是，试题独立性原则与本章 8.1 节中的数据单维原则有一定关联，两者的检验都可以通过分析试题残差展开。如果数据的单维性检验出现问题，那么试题的独立性原则也往往无法成立。

我们采用本章 8.1 节中的校本听力考试数据展示如何检验试题独立性。本例中，我们采用两个标准对其进行检验：一是试题与模型的拟合指数，检查是否有拟合过度的现象；二是 Q_3 指数，即试题残差之间的相关性系数，检查是否存在 Q_3 指数较高的情况。在本例中，当我们采用拟合指数值区间 0.5~1.5 时，并没有发现试题拟合指数小于 0.5 的情况。Winsteps 的分析结果会报告试题残差相关系数绝对值最高的试题。表 8.1 显示，本例中第 17 题与第 19 题的相关系数最高，为 0.32。我们检查了这两道试题，发现其内容上不存在依附性。其他的相关系数的绝对值均低于 0.3。综合试题的拟合分析和 Q_3 指数分析，我们认为该听力测试符合试题独立性原则。

那么，如何确保考试遵循试题独立性原则？我们建议考试开发人员在命题和试测阶段注意检查试题之间是否存在依存性。试测结束后采用 Rasch 模型分析试测数据，主要关注试题的拟合指数和 Q_3 指数。如果发现试题之间存在依存性，需及时修订试题。如果在正式考试结束后通过数据分析发现试题之间存在依存性，那么可以考虑将采用同一个篇章的试题合并成超级试题（super-item），然后采用 Rasch 模型中的评分量表模型或部分得分模型分析数据。但是，这种方法仅适用于题型一致的题组（testlet），而且合并以后会遗失大量试题层面的数据，因此在考试实践中应谨慎采用。因此，我们建议考试开发人员将工作重心放在考试的开发与试测环节，避免在正式考试后才发现试题间存在较强的依存性。

表 8.1　试题残差之间的相关性系数

CORREL-ATION	ENTRY NUMBER ITE	ENTRY NUMBER ITE
.32	17 AL1	19 AL3
.23	2 SD2	6 SD6
.22	2 SD2	3 SD3
.20	11 C3	12 C4
.20	16 C8	18 AL2
-.28	9 C1	18 AL2
-.27	8 SD8	11 C3
-.25	5 SD5	14 C6
-.24	7 SD7	18 AL2
-.23	4 SD4	16 C8
-.23	7 SD7	13 C5
-.23	7 SD7	20 AL4
-.23	13 C5	20 AL4
-.23	1 SD1	18 AL2
-.22	1 SD1	12 C4
-.21	2 SD2	16 C8
-.21	7 SD7	23 AL7
-.21	6 SD6	19 AL3
-.20	6 SD6	22 AL6
-.20	19 AL3	21 AL5

8.3 试题差异分析

我们经常用试题差异分析来分析试题对不同群组的考生是否存在偏差。考生的群组特征可能包括考生的性别、民族、专业背景等。试题对某些考生群组存在偏差会导致考试公平性问题（如 AERA *et al.*，2014；Xi，2010；范劲松，2014）。当试题存在 DIF 效应时，能力相同的考生群组会因为与考试构念无关的因素导致答对试题的概率不同。也就是说，试题与考生群组之间的交互效应引起了与考试构念无关的分数差异。

DIF 的研究方法很多（Zumbo，2007），在这部分我们介绍采用 Rasch 分析研究试题的 DIF 效应。在 DIF 分析中，我们一般将考生分为两组，其中一组称为焦点组（focus group），往往是我们认为在考试中占劣势的那组；另一组称为参考组（reference group），往往是我们认为在考试中占优势的那组。例如，在 DIF 分析中，考生的性别是考试研究人员经常关注的特征。如果我们认为男生在试卷中的某些试题上占有优势，那么我们可以把女生组设为焦点组，男生组设为参考组，然后研究试题是否具有 DIF 效应。DIF 分析包括两种：一种为一致性 DIF，另一种为非一致性 DIF。一致性 DIF 指 DIF 效应与被试群体的能力无关，无论被试能力如何，DIF 效应始终存在；而非一致性 DIF 指的是 DIF 效应与被试群体的能力相关。例如，如果我们发现某道试题在不同能力的男女生群体上的 DIF 效应相同，那么这样的 DIF 为一致性 DIF 效应。如果 DIF 效应在高低能力组上的表现不同，如对于能力偏低的被试，女生在试题上占有优势，但是对于能力偏高的被试，男生在试题上占有优势，那么这样的 DIF 为非一致性 DIF 效应。在展开 DIF 分析时，我们有必要同时考虑一致性和非一致性 DIF 效应。这两种 DIF 效应都可以通过 Rasch 分析展开。

我们以一项大学英语听力测试为例，展示如何研究试题的一致性和非一致性 DIF 效应。该听力测试共包括 15 道考题，共 200 名被试（男生 103 名、女生 97 名）参加了考试。我们计划利用 Winsteps 软件探讨这 15 道考题在男、女生两个群体上是否存在一致性和非一致性 DIF 效应（详细的分析步骤请参照附录四）。首先，我们来观察 Excel 中的 DIF 图，该图可以帮助我们大致了解每道试题出现 DIF 效应的可能性（见图 8.3）。图中实线表示女生，虚线表示男生。如图 8.3 所示，第一题的测量值在两个群体上的差异较大，可能存在 DIF 效应。

DIF 效应的数据分析结果见表 8.2。该表的 PERSON CLASS 一列显示的是组别特征。通过观察图 8.3 可知，第一题在两个群体上可能存在 DIF 效应。因此，我们在读表 8.2 时也重点关注第一题。通过表 8.2 中数据可知，该题对男生群体的平均难度为 –3.42 logits，对女生群体的平均难度为 –4.55 logits。也就是说，该题对于男生而言更难，对于女生而言相对容易。DIF 对比值（DIF contrast）代表的是该题在两个考生群体上的难度值差异。第一题的 DIF contrast 为 –1.12 logits[1]，即该

1　尽管 –4.55 logits 与 –3.42 logits 差异为 –1.13 logits，但出于小数点四舍五入导入的原因，表 8.2 中 DIF contrast 显示为 1.12 logits。此处我们以表 8.2 中的数据为准。

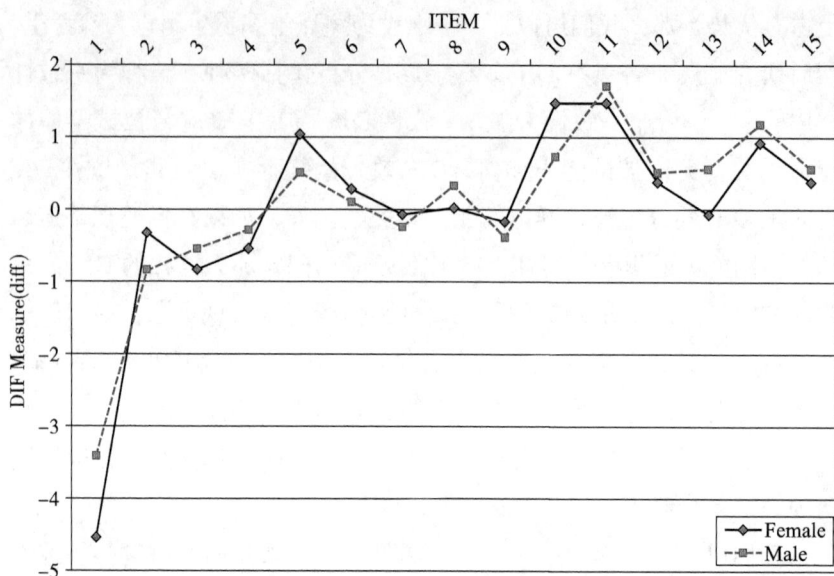

图 8.3　一致性性别 DIF 分析结果示意图

题对于男生群体的难度超过女生群体 1.12 logits。Linacre（2012）认为该值的绝对值如果超过 0.5，试题在两个考生群体上就可能存在 DIF 效应。Winsteps 的分析结果中还包括 Rasch-Welch 的 t 检验结果。该检验的零假设为试题不存在 DIF 效应，即试题在两个考生群体上的难度相同。Linacre 指出，在判断一道考题是否存在 DIF 效应时，既要看 t 检验的结果，同时也需要检查效应量。在 DIF 分析中，效应量用 DIF 对比值表示。如果 t 检验的结果显著，但是效应量很低，那么说明尽管试题难度在两个群体上存在差异，但该差异在测试实践中并不会产生实质性影响。值得一提的是，判断 DIF 效应对被试能力测量值的影响还与试题数量有关（Linacre，2012）。我们可以通过 DIF 对比值除以试题数量以更加细致地探究其 DIF 效应对被试能力测量是否有影响。例如，在本例中，Rasch-Welch t 检验结果不显著（$p>0.05$），说明该题的难度在两个考生群体上并不存在系统性的显著差异。虽然 DIF 对比值为 1.12 logits，但其对被试能力测量值的影响仅为 0.07（1.12/15）logits。基于以上分析结果，我们认为尽管本例中的 DIF

表 8.2　一致性别 DIF 分析结果

PERSON CLASS	Obs-Exp Average	DIF MEASURE	DIF S.E.	PERSON CLASS	Obs-Exp Average	DIF MEASURE	DIF S.E.	DIF CONTRAST	JOINT S.E.	Rasch-Welch t	d.f.	Prob.	Mantel-Haenszel Chi-squ	Prob.	Size CUMLOR	Active Slices	ITEM Number	Name
Female	.01	4.55	1.01	Male	-.01	-3.42	.60	-1.12	1.17	-.96	182	.3388	.0019	.9656	-.60	12	1	ITEM1
Female	-.05	-.33	.23	Male	.04	-.84	.25	.51	.34	1.53	196	.1281	1.2446	.2646	.43	12	2	ITEM2
Female	.02	-.84	.25	Male	.02	-.56	.23	-.28	.34	-.83	196	.4094	.2541	.6142	.24	12	3	ITEM3
Female	.02	-.55	.24	Male	-.02	-.30	.22	-.25	.33	-.77	196	.4449	.0717	.7889	.14	12	4	ITEM4
Female	-.06	1.03	.23	Male	.05	.51	.21	.52	.31	1.67	196	.0974	.9258	.3360	.34	12	5	ITEM5
Female	.02	.28	.22	Male	.02	.09	.22	.19	.31	.60	196	.5471	.1210	.7280	.17	12	6	ITEM6
Female	-.02	-.07	.22	Male	.02	-.25	.22	.18	.32	.56	196	.5789	.0046	.9462	.08	12	7	ITEM7
Female	.03	-.03	.22	Male	-.03	-.32	.21	-.29	.31	-.94	196	.3463	.6692	.4133	-.31	12	8	ITEM8
Female	-.02	-.17	.23	Male	.02	-.40	.23	.23	.32	.70	196	.4818	.2554	.6133	.25	12	9	ITEM9
Female	-.07	1.47	.24	Male	-.07	.74	.22	.74	.33	2.26	195	.0247	2.6561	.1032	.59	12	10	ITEM10
Female	.02	1.47	.24	Male	-.02	.51	.24	-.24	.34	-.69	196	.4910	.1022	.7493	-.17	12	11	ITEM11
Female	.01	.37	.22	Male	-.01	.55	.21	-.13	.31	-.42	196	.6722	.0012	.9720	-.06	12	12	ITEM12
Female	.07	-.07	.22	Male	-.06	.55	.21	-.62	.31	-2.00	196	.0464	3.0214	.0822	-.61	12	13	ITEM13
Female	.02	-.92	.23	Male	-.02	1.17	.22	-.25	.32	-.77	196	.4430	.0820	.7746	-.16	12	14	ITEM14
Female	-.02	.55	.21	Male	.02	.55	.21	-.18	.31	-.57	196	.5674	.0027	.9587	-.07	12	15	ITEM15
Male	-.01	-3.42	.60	Female	.01	-4.55	1.01	1.12	1.17	.96	182	.3388	.0019	.9656	.60	12	1	ITEM1
Male	.04	-.84	.25	Female	-.05	-.33	.23	-.51	.34	-1.53	196	.1281	1.2446	.2646	-.43	12	2	ITEM2
Male	.02	-.56	.23	Female	.02	-.84	.25	.28	.34	.83	196	.4094	.2541	.6142	.24	12	3	ITEM3
Male	.02	-.55	.24	Female	.02	-.30	.22	-.25	.33	-.77	196	.4449	.0717	.7889	.14	12	4	ITEM4
Male	.05	.51	.21	Female	-.06	1.03	.23	-.52	.31	-1.67	196	.0974	.9258	.3360	-.34	12	5	ITEM5
Male	.02	.09	.22	Female	.02	.28	.22	-.19	.31	-.60	196	.5471	.1210	.7280	-.17	12	6	ITEM6
Male	.02	-.25	.22	Female	-.02	-.07	.22	-.18	.32	-.56	196	.5789	.0046	.9462	-.08	12	7	ITEM7
Male	-.03	-.32	.21	Female	.03	-.03	.22	.29	.31	.94	196	.3463	.6692	.4133	.31	12	8	ITEM8
Male	.02	-.40	.23	Female	-.02	-.17	.23	-.23	.32	-.70	196	.4818	.2554	.6133	-.25	12	9	ITEM9
Male	-.07	.74	.24	Female	-.07	1.47	.24	-.74	.33	-2.26	195	.0247	2.6561	.1032	-.59	12	10	ITEM10
Male	-.02	.51	.24	Female	.02	1.47	.22	.24	.34	.69	196	.4910	.1022	.7493	.17	12	11	ITEM11
Male	-.01	.37	.22	Female	.01	.55	.21	.13	.31	.42	196	.6722	.0012	.9720	.06	12	12	ITEM12
Male	-.06	-.07	.22	Female	.07	.55	.21	.62	.31	2.00	196	.0464	3.0214	.0822	.61	12	13	ITEM13
Male	-.02	.92	.23	Female	.02	1.17	.22	.25	.32	.77	196	.4430	.0820	.7746	.16	12	14	ITEM14
Male	-.02	.55	.21	Female	-.02	.37	.22	.18	.31	.57	196	.5674	.0027	.9587	.07	12	15	ITEM15

Width of Mantel-Haenszel slice: MHSLICE = .010 logits

对比值较大，但试题对不同性别被试的能力测量并不会造成实质性影响。

接下来，我们探讨非一致性 DIF 效应的检验。该检验的基本原理与一致性 DIF 效应分析相同，但分析步骤稍复杂。我们将男女两个群组的考生分为能力高、低两组，并分别探讨试题在不同能力男、女考生群组上是否存在 DIF 效应。我们可以在 Winsteps 中将被试进行分组，具体的分组步骤请见附录四。在该案例中，我们将被试分为四组：男生高能力组（Male 1）、男生低能力组（Male 2）、女生高能力组（Female 1）和女生低能力组（Female 2）。与一致性 DIF 效应分析一样，Winsteps 通过 Excel 提供分析结果示意图（见图 8.4）。在检查 Winsteps 分析结果中具体的数据时，我们建议读者先观察示意图中的分析结果，再检查具体的分析结果。表 8.3 显示了该案例中前五题的分析结果。以第一题为例，该题上所有组的 Rasch-Welch 检验结果均不显著（$p>0.05$）。因此，该题并不存在非显著性 DIF 效应。

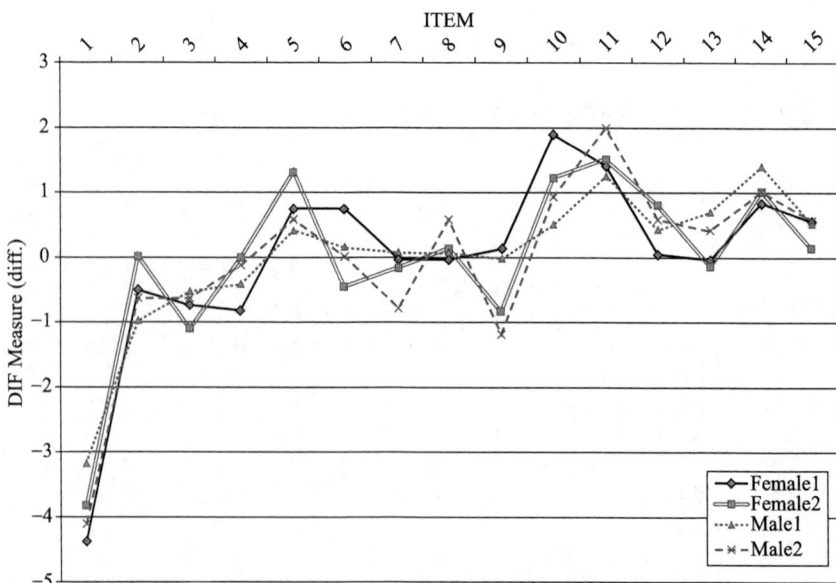

图 8.4 非一致性性别 DIF 分析结果示意图

表 8.3　非一致性性别 DIF 分析结果（前五题）

PERSON CLASS	Obs-Exp Average	DIF MEASURE	DIF S.E.	PERSON CLASS	Obs-Exp Average	DIF MEASURE	DIF S.E.	DIF CONTRAST	JOINT S.E.	Rasch-Welch t	d.f.	Prob.	Mantel-Haenszel Chi-squ	Prob.	Size CUMLOR	Active Slices	ITEM Number	Name
Female1	.01	-4.38	1.01	Female2	.01	-3.84>	1.86	-.54	2.12	-.26	81	.7987					1	ITEM1
Female1	.01	-4.38	1.01	Male 1	-.03	-3.18	.61	-1.21	1.18	-1.02	98	.3097	.0019	.9656	-.60	6	1	ITEM1
Female1	.01	-4.38	1.01	Male 2	.01	-4.09>	1.81	-.29	2.07	-.14	93	.8876					1	ITEM1
Female1	-.02	-.51	.28	Female2	-.09	.00	.37	-.50	.46	-1.09	89	.2807					2	IETM2
Female1	-.02	-.51	.28	Male 1	.08	-.97	.31	.46	.42	1.10	102	.2718	.6964	.4040	.44	6	2	IETM2
Female1	-.02	-.51	.28	Male 2	.01	-.63	.39	.12	.48	.25	99	.7996					2	ITEM2
Female1	.01	-.75	.29	Female2	.04	-1.12	.53	.37	.60	.61	81	.5440					3	ITEM3
Female1	.01	-.75	.29	Male 1	-.04	-.52	.29	-.23	.41	-.56	102	.5767	.0635	.8010	-.20	6	3	ITEM3
Female1	.01	-.75	.29	Male 2	-.01	-.63	.39	-.12	.49	-.25	99	.8046					3	ITEM3
Female1	.09	-.83	.29	Female2	-.06	.00	.37	-.83	.47	-1.77	89	.0801					4	ITEM4
Female1	.09	-.83	.29	Male 1	.00	-.42	.29	-.41	.41	-1.00	102	.3174	.3621	.5474	-.33	6	4	ITEM4
Female1	.09	-.83	.29	Male 2	-.05	-.11	.34	-.73	.45	-1.63	101	.1060					4	ITEM4
Female1	.00	.75	.31	Female2	-.13	1.32	.32	-.56	.44	-1.27	93	.2079					5	ITEM5
Female1	.00	.75	.31	Male 1	.07	.42	.30	.33	.43	.77	102	.4433	.1612	.6881	.29	6	5	ITEM5
Female1	.00	.75	.31	Male 2	.04	.59	.30	.16	.43	.38	102	.7047					5	ITEM5
Female2	.01	-3.84>	1.86	Female1	.01	-4.38	1.01	.54	2.12	.26	81	.7987					1	ITEM1
Female2	.01	-3.84>	1.86	Male 1	-.03	-3.18	.61	-.66	1.96	-.34	67	.7354					1	ITEM1
Female2	.01	-3.84>	1.86	Male 2	.01	-4.09>	1.81	.25	2.59	.10	91	.9240					1	ITEM1
Female2	-.09	.00	.37	Female1	-.02	-.51	.28	.50	.46	1.09	89	.2807					2	IETM2
Female2	-.09	.00	.37	Male 1	.08	-.97	.31	.97	.48	2.01	89	.0475	.2222	.6374	.41	6	2	IETM2
Female2	-.09	.00	.37	Male 2	.01	-.63	.39	.63	.54	1.17	91	.2466					2	ITEM2
Female2	.04	-1.12	.53	Female1	.01	-.75	.29	-.37	.60	-.61	81	.5440					3	ITEM3
Female2	.04	-1.12	.53	Male 1	-.04	-.52	.29	-.60	.61	-.99	81	.3267	.0463	.8297	-.33	6	3	ITEM3
Female2	.04	-1.12	.53	Male 2	-.01	-.63	.39	-.49	.66	-.74	80	.4608					3	ITEM3
Female2	-.06	.00	.37	Female1	.09	-.83	.29	.83	.47	1.77	87	.0801					4	ITEM4
Female2	-.06	.00	.37	Male 1	.00	-.42	.29	.42	.47	.89	89	.3771	.0065	.9358	.19	6	4	ITEM4
Female2	-.06	.00	.37	Male 2	-.05	-.11	.34	.10	.50	.21	88	.8355					4	ITEM4
Female2	-.13	1.32	.32	Female1	.00	.75	.31	.56	.44	1.27	93	.2079					5	ITEM5
Female2	-.13	1.32	.32	Male 1	.07	.42	.30	.89	.44	2.05	90	.0436	.5465	.4597	.38	6	5	ITEM5
Female2	-.13	1.32	.32	Male 2	.04	.59	.30	.73	.44	1.66	90	.0994					5	ITEM5

8.4 等值分析

在语言测试实践与研究中，等值分析占据重要地位。出于考试安全（test security）等方面的考虑，大规模、高风险考试经常需要开发多套试卷。这些试卷依据同样的考试细则（test specifications）开发，也叫平行卷（parallel form 或 alternate form）。尽管考试设计人员力求平行卷难度一致，但是在考试实践中，由于种种原因，平行卷的难度依然可能存在差异。如果有些考生使用的平行卷难度不同，而考试成绩又没有经过等值处理，那么显然会引起考试效度和公平性方面的问题（如 AERA *et al.*, 2014；McNamara *et al.*, 2019）。因此，在报告考试成绩前，考试机构通常需要对考生在不同平行卷上的考试成绩进行等值处理。考试等值的统计处理方法很多，包括 CTT 方法、IRT（如一、二、三参数 IRT 模型）方法等。在本章，我们介绍如何使用 Rasch 模型对考试成绩进行等值处理。

Ryan & Brockmann（2009, p. 1）认为，考试等值的目的是使考生在两份平行卷上的成绩可交换使用（interchangeable），经过等值处理的考试分数含义相同。也就是说，如果试卷 X 的 80 分和试卷 Y 的 75 分等值，那么这两个成绩可以交换使用，两者代表被试在考试所考察的能力构念上水平相同。值得一提的是，等值和对接（linking 或 linkage）的概念有所不同。对接的内涵更为广泛，等值仅是对接的一种表现形式（Kolen & Brennan, 2004）。对接既可以指在考试平行卷之间建立关系，即等值分析，也可以指将考生在不同考试上（如雅思和托福考试）的成绩建立关联，即"一致性"（concordance）（Pommerich, 2007）。一致性要求两个考试所考察的能力构念有一定相关性，但并不一定完全相同。对接还可以指在语言考试与语言能力量表（如《欧洲语言共同参考框架》）之间建立联系（Knoch & Frost, 2016；Papageorgiou *et al.*, 2015）。在本章，我们仅讨论使用 Rasch 模型在同一考试的不同平行卷之间建立等值关系。

8.4.1 考试等值设计

考试等值通常采用两种设计：一是通过锚题，即共同试题设计（common item design）；二是通过锚定考生（anchor person），即共同被试设计（common person design）。两者的分析方法基本相同。锚题设计指在两份试卷中使用一定数量的相同试题，通过这些共同试题建立两份试卷中的通用参考框架（common frame of reference）。锚定考生指通过同时参加两个考试的考生建立考试间的共同参考框架。这里，我们以一个简单的例证阐述共同试题设计的基本原理。如图 8.5 所示，我们需要在两份试卷 X 与 Y 之间建立等值关系。两份试卷均包含 20 道考题，其中三道题目为锚题（图中的 Item A、Item B、Item C）。在实际的等值分析中，我们先分析试卷 X 的数据（含三道锚题），再分析试卷 Y 的数据（含三道锚题）。试题难度的分析结果如图 8.5 所示。这三道锚题在试卷 X 中的难度相对较低，在试卷 Y 中的难度则相对较高。这说明试卷 X 的整体难度高于试卷 Y。如果我们要在两个试卷之间建立联系，我们可以通过这三道锚题将两个试卷的试题难度放置于同一个难度量尺上，从而实现成绩的等值处理。同理，锚定考生设计可以通过共同被试的能力分析在两个试卷间建立等值关系。

考试机构较常采用锚题设计建立试卷之间的等值关系。该等值设计的优点显而易见，即考生无需同时完成两个平行卷，部分考生完成平行卷 X 中的所有考题，另外一部分考生完成平行卷 Y 中的所有考题，考试机构即可通过锚题完成 X 与 Y 之间的等值处理。此外，锚题设计也不会对施考流程造成重要影响。需要注意的是，考试机构在采用共同试题设计时应注意以下几个问题。一是试题难度。在选择锚题的时候，锚题的难度应尽可能体现试卷中试题的难度，且尽可能保证难度之间存在一定的差异，即既包括难度较高的试题，也包括难度较低的试题。二是试题的数量。Linacre（2017b）认为应该至少确保有五道以上的锚题。对于试题数量较多的考试，我们建议锚题的数量也应该随之增加，一般需要 15-20 道锚题。在考试实践中，我们需根据具体情况确定锚题的数量。如果考试中放置的锚题数量过多，那么试卷长度会显著增加，可能会因为考生的疲劳导致构念无关差异。三是锚题的设计与评分。我们一般选择得分为 1/0 的试题作为锚题，尽量不选择部分计分的题型。四是试题内容。锚题的内容应尽可能覆盖考试所考察的能力构念。五是锚题在考试中的具体位置。在实践中，考试机构应仔细思考如何将锚题放置于试卷中。例如，是将锚题分散嵌入（embedded）到试题中，还是将全部锚题集中放置于试卷的开头或末尾？无论采用何种方法，考试机构应确保锚题在平行卷中的位置大致相同。同时，考试机构应尽可能确保考生的锚题作答过程与其他试题相似。

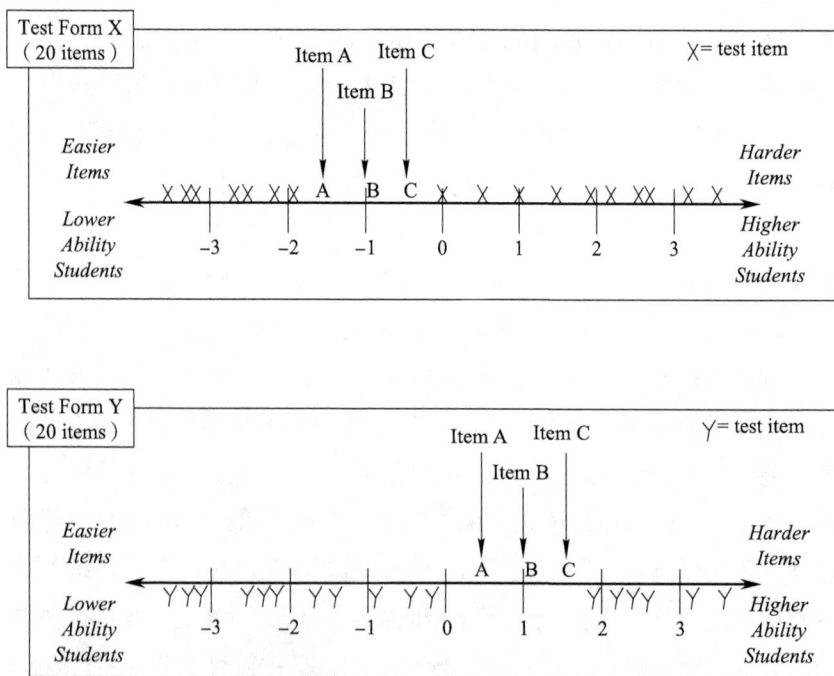

图 8.5 考试等值中的锚题设计（摘自 Ryan & Brockmann, 2009, p. 54）

也有考试机构在考试开发和试测中用共同被试设计进行等值处理。这些机构一般会邀请一定数量的被试同时完成两个平行卷，然后通过数据分析确定等值关系。如果是采用共同被试设计，那么考试机构应尽可能确保参加试测的被试与参加正式考试的考生在一些重要特征（如语言水平、学习背景）上保持一致。同时，考试机构也应尽可能在等值的过程中采用平衡设计（counterbalanced design）收集成绩数据。这里的平衡设计主要与被试参加两个平行考试的顺序相关。例如，考试机构可以安排共同被试中的一半先参加 X 考试，再参加 Y 考试；另一半被试先参加 Y 考试，再参加 X 考试。这样的平衡设计可以有效解决因为考试顺序造成的成绩差异，从而提升等值结果的效度和准确性。下面，我们以一项阅读测试为例展示如何采用 Winsteps 进行考试等值分析。

8.4.2 考试等值分析

该阅读测试的等值设计采用共同试题，即锚题。在等值过程中，我们一般将其中的一份试卷称为参考卷（reference form），将另一份试卷称为新卷（new form）。参考卷共有 25 道考题，包括 10 道锚题和 15 道试题；新卷共有 30 道考题，包括 10 道锚题和 20 道试题。在 Winsteps 中采用 Rasch 分析建立参考卷和新卷之间等值关系的具体操作步骤请见附录四。需要注意的是，在数据准备阶段，我们需要在参考卷和新卷的 Excel 表格中采用独特的符号将锚题与其他试题进行区分。在本例中，我们在所有的锚题序号前加 A（表示 anchor）。如 A1 代表第一道锚题，A2 代表第二道锚题等。下面，我们对等值过程和相关分析进行描述与解读。

首先，在 Winsteps 中分析参考卷的数据。我们从 Winsteps 的分析结果中获得参考卷中 10 道锚题的数据（见表 8.4）。

表 8.4　参考卷中锚题的分析结果

ENTRY	MEASURE	ST	COUNT	SCORE	MODLSE	IN.MSQ	IN.ZST	OUT.MS	OUT.ZS	DISPL
1	-1.07	1	79.0	63.0	.33	.72	-1.65	.51	-.94	.00
2	2.10	1	79.0	24.0	.29	1.36	2.32	1.66	1.59	.00
3	-.39	1	79.0	56.0	.30	.96	-.21	.77	-.52	.00
4	-3.07	1	79.0	75.0	.56	.85	-.25	.28	-.75	-.01
5	-.13	1	79.0	53.0	.29	.92	-.54	.94	-.05	.00
6	1.77	1	79.0	28.0	.28	1.20	1.49	1.00	.10	.00
7	.50	1	79.0	45.0	.27	.89	-.85	.84	-.53	.00
8	-1.68	1	79.0	68.0	.37	1.05	.29	1.06	.31	-.01
9	.11	1	79.0	50.0	.28	1.00	.02	1.29	.98	.00
10	-.96	1	79.0	62.0	.32	1.37	1.92	2.77	2.52	.00

第二步，在 Winsteps 中分析新卷的数据。在得到新卷数据分析结果以后，我们可以重复第一步，提取锚题在新卷中的分析结果。分析结果见表 8.5。表 8.4 和表 8.5 的数据显示，锚题在参考卷和新卷中的难度有所差异。例如，在参考卷中，第一题的难度为 –1.07 logits，而该题在新卷中的难度为 –0.01 logits。又如，第二题在参考卷中的难度为 2.10 logits，在新卷中为 1.75 logits。不难看出，两份试卷在难度上有所差异。

表 8.5　新卷中锚题的分析结果

ENTRY	MEASURE	ST	COUNT	SCORE	MODLSE	IN.MSQ	IN.ZST	OUT.MS	OUT.ZS	DISPL
1	-.01	1	138.0	101.0	.21	1.19	1.61	1.18	1.00	.00
2	1.75	1	138.0	55.0	.19	1.33	4.20	1.55	3.58	.00
3	1.02	1	138.0	75.0	.19	1.08	1.13	1.08	.69	.00
4	-1.44	1	138.0	124.0	.30	.80	-.93	.72	-.62	.00
5	.91	1	138.0	78.0	.19	.95	-.62	1.13	1.09	.00
6	2.42	1	138.0	38.0	.21	.94	-.62	1.22	1.13	.00
7	1.21	1	138.0	70.0	.19	1.11	1.58	1.19	1.61	.00
8	-.30	1	138.0	107.0	.23	1.14	1.09	1.00	.06	.00
9	1.24	1	138.0	69.0	.19	1.11	1.55	1.15	1.33	.00
10	-.01	1	138.0	101.0	.21	1.39	3.14	1.63	3.01	.00

第三步，根据锚题在参考卷和新卷中的测量属性对两份试卷的数据进行必要的调整，确保锚题的测量属性和区分度在两份试卷中相同。这一步的目的是将两份试卷的试题放置于同一个难度等级量尺上。在分析新卷数据的 Winsteps 窗口中，我们可以选择 "Plot" 下拉菜单中的 "Compare statistics: Scatterplot" 制作散点图（具体制作步骤见附录四）。散点图的对比分析结果在 Excel 表格中呈现（见图 8.6），包括标识线（identity line，图中实线）和实证趋势线（empirical trend line，图中虚线）。首先，我们要对比实证趋势线与标识线是否平行。如果这两条曲线大致平行，那么说明锚题在参考卷和新卷中的测量属性接近，并没有受到两份试卷难度差异的显著影响。在散点图中，虚线两侧的曲线代表了 95% 的置信区间，我们希望看到锚题全部落在这两条曲线的中间。如果有些锚题不在该区间内且显著偏离，那么我们需要考虑将这些锚题删除后再重新分析。在本例中，尽管第 2 题不在该区间内，但并没有偏离置信区间曲线太远，因此无需删除。在实际等值操作中，

删除锚题还需要留意剩余锚题的数量。在前文中我们指出，锚题原则上应不少于 5 题。

第四步，检查锚题在两份试卷中的区分度是否相同。如果散点图中的趋势线和水平面的夹角接近 45 度，那么说明锚题的区分度大致相同。我们也可以通过 Excel 表格中的数据信息了解曲线的斜率（ slope ），如表 8.6 显示，empirical slope（实证趋势线斜率）为 0.73。一般认为，如果斜率接近 1，那么锚题的区分度大致相同；但如果斜率不在 [0.9, 1.1] 或 [0.8, 1.2] 的区间范围内，那么我们在等值分析时需采用一些额外步骤对数据进行调整。本例中的斜率不在以上范围内，因此，我们需要对数据进行调整。我们在附录四详细介绍了如何对数据进行调整。

Reference form_IFILE_anchor items.txt & New form.xlsx

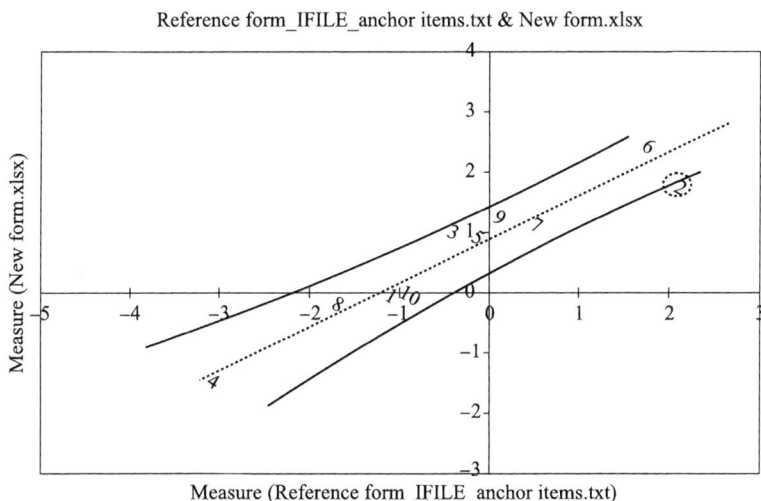

图 8.6 散点图

表 8.6 Excel 表格中生成的数据信息

Empirical intercept with x-axis	-1.216672889
Empirical intercept with y-axis	0.883860976
Empirical slope	0.726457361
Correlation	0.963502672
Reliability x	0.951856363
Reliability y	0.963841273
Disattenuated Correlation	1

图 8.7 和表 8.7 分别为调整后的散点图和数据信息，由表 8.7 中数据可知，调整后的实证趋势线斜率为 1.00，说明调整后锚题的区分度在参考卷和新卷中几乎完全相同。

Reference form_IFILE_anchor items.txt & New form.xlsx

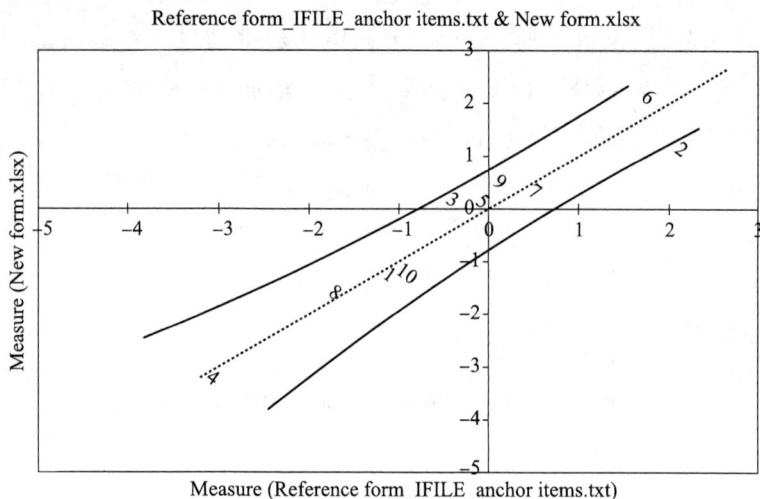

图 8.7　调整后的散点图

表 8.7　调整后 Excel 表格中生成的数据信息

Empirical intercept with x-axis	0.002027224
Empirical intercept with y-axis	-0.00202703
Empirical slope	0.999904148
Correlation	0.963380103
Reliability x	0.951856363
Reliability y	0.963369142
Disattenuated Correlation	1

第五步，汇报参考卷与新卷之间的分数对应关系。首先，在新卷数据分析的 Winsteps 窗口中运行命令 "IDELETE=1-10" 将前 10 道题（即锚题）排除在外，然后在分析结果中查得新卷中其他题目的原始分与测量值的对应关系（见表 8.8）。注意，表中 0 分和满分对应的测量值数值后都有一个字母 E，表示该值可能接近无限小（0 分对应的测量值）和无限大（满分对应的测量值）。

表 8.8   新卷中原始分与测量值之间的对应关系（不包括锚题）

SCORE	MEASURE	S.E.	SCORE	MEASURE	S.E.	SCORE	MEASURE	S.E.
0	-8.49E	2.56	7	-2.94	.73	14	-.16	.81
1	-6.70	1.47	8	-2.55	.72	15	.34	.85
2	-5.56	1.09	9	-2.18	.72	16	.90	.92
3	-4.83	.93	10	-1.81	.72	17	1.57	1.01
4	-4.26	.85	11	-1.43	.73	18	2.43	1.17
5	-3.77	.79	12	-1.03	.75	19	3.70	1.53
6	-3.34	.76	13	-.61	.77	20	5.58E	2.60

参考卷中原始分与测量值的对应关系可通过打开一个新的参考卷分析 Winsteps 窗口，运行同样的"IDELETE=1-10"命令将前 10 道题（即锚题）排除在外。表 8.9 显示了参考卷中原始分与测量值之间的对应关系。

表 8.9   参考卷中原始分与测量值之间的对应关系（不包括锚题）

SCORE	MEASURE	S.E.	SCORE	MEASURE	S.E.	SCORE	MEASURE	S.E.
0	-4.98E	1.88	6	-.63	.67	12	2.46	.85
1	-3.63	1.10	7	-.18	.67	13	3.28	.97
2	-2.72	.85	8	.27	.68	14	4.43	1.21
3	-2.09	.75	9	.74	.69	15	5.95E	1.94
4	-1.56	.71	10	1.24	.72			
5	-1.09	.68	11	1.80	.77			

至此，参考卷和新卷中的试题测量值已经被放置在同一个量尺上，表 8.8 和表 8.9 中的测量值是直接可比的，即我们已经在这两份试卷之间建立了等值关系。我们可以通过测量值，具体看表 8.8 和表 8.9 成绩之间的对应关系。例如，–1.56 logits 在参考卷中对应为 4 分，在新卷中大致对应为 11 分（–1.43 logits）；1.24 logits 在参考卷中对应 10 分，在新卷中大致对应为 17 分（1.57 logits）。表 8.10 中展示了这两份试卷的等值结果，参考卷中的 1 分对应新卷中的 1—6 分，参考卷中的 8 分对应为新卷中的 15 分。假如参考卷中 0—4 分代表 D 等级；5—8 分代表 C 等级；9—12 分代表 B 等级；13—15 分代表 A 等级。那么新卷中相应的等级分分别为：0—11 分代表 D 等级；12—15 分代表 C 等级；16—18 代表 B 等级；19—20 分代表 A 等级。

表 8.10　参考卷和新卷之间的等值结果

参考卷		新卷	
原始分	测量值	原始分	测量值
0	–4.98E	0	–8.94E
1	–3.63	1	–6.70
1	–3.63	2	–5.56
1	–3.63	3	–4.83
1	–3.63	4	–4.26
1	–3.63	5	–3.77
1	–3.63	6	–3.34
2	–2.72	7	–2.94
2	–2.72	8	–2.55
3	–2.09	9	–2.18
3	–2.09	10	–1.81
4	–1.56	11	–1.43
5	–1.09	12	–1.03
6	–.63	13	–.61
7	–.18	14	–.16
8	.27	15	.34
9	.74	16	.90
10	1.24	17	1.57
11	1.80	17	1.57
12	2.46	18	2.43
13	3.28	19	3.70
14	4.43	19	3.70
15	5.59E	20	5.58E

　　需要说明的是，如果表 8.6 中的 empirical slope 十分接近 1 且在 [0.9, 1.1] 或 [0.8, 1.2] 的区间内，那么就无需对数据进行调整。我们仅需要基于第四步的分析结果，将参考卷的锚题难度估计值作为锚值，

直接调整新卷中试题的难度估计值。我们在附录四中详细介绍了相关操作步骤。

8.5 Rasch 模型与其他统计模型

Rasch 模型作为一种数据分析方法有其独特的优势（见第二章）。语言测评研究人员有必要了解 Rasch 模型与其他统计模型的不同之处，以在测试实践和研究中尽可能发挥该模型的优势。此外，研究人员也可根据研究问题将 Rasch 模型与其他统计分析方法结合使用，为测试效度和公平性提供多角度、具有信服力的证据。本节中，我们探讨 Rasch 模型与一、二、三参数 IRT 模型（one-, two-, three-parameter item response model）、概化理论和结构方程模型之间的关系。

8.5.1 Rasch 模型与 IRT 模型

在语言测试研究领域，很多研究人员认为基础 Rasch 模型等同于单参数 IRT 模型，因为试题难度均为这两个模型中的重要基本参数。但实际上，Rasch 模型与 IRT 模型在数据分析基本观点和方法上有重要差异。以二、三参数 IRT 模型中的参数为例。试题区分度（discrimination）和猜测是这两个模型中的重要基础参数。支持 IRT 的学者认为，每道试题的区分度可能存在差异；对多项选择题而言，猜测也几乎无法避免。但是 Rasch 模型则假设每道试题的区分度相同，并且也没有将猜测作为参数考虑在内——由于这些模型假设在测试实践中显然无法成立，因此 Rasch 模型本身存在重要缺陷。McNamara & Knoch（2012）在回顾 20 世纪 80、90 年代 Rasch 模型在语言测试领域的应用时指出，Rasch 模型与 IRT 模型之间的关系是阻碍 Rasch 模型在语言测试领域应用的重要因素。换言之，一些学者认为，和 IRT 模型相比，Rasch 模型是对 IRT 模型的极度简化（over-simplification），因此他们担心 Rasch 模型无法解决数据分析中某些显而易见的问题，如上文提到的试题区分度、多项选择题中的猜测等。

上述争论的根源在于学界并未真正理解 Rasch 模型与 IRT 模型的本质区别。从模型起源来看，现代 IRT 测量理论起源于美国

（McNamara & Knoch，2012），而 Rasch 模型起源于欧洲，其创始人丹麦数学家 Georg Rasch 也不认同 Rasch 模型是 IRT 模型的特例。更重要的是，"Rasch 模型与 IRT 模型的理论基础不同"（引自 Benjamin Wright，见 Aryadoust *et al.*，2021，p. 8）。IRT 模型分析的出发点和终点是**模型与数据之间的拟合**（model-data fit）。Bond & Fox（2015，p. 303）指出，二、三参数 IRT 模型之所以添加了区分度和猜测两个参数，是为了"使模型尽可能与数据拟合"。换言之，IRT 模型是通过在模型中添加参数使模型与数据拟合更佳。IRT 模型的这一理念与 Rasch 分析的基本理念正好相反。Rasch 模型分析不从模型出发，而是从数据出发，根据数据建立模型，然后**检查观测值与模型预期值之间的拟合程度**（见第三、四、五章）。Panayides *et al.*（2010，p. 10）的评论很好地概括了 IRT 模型和 Rasch 模型的差异，也为 Rasch 模型在语言测评研究中的应用提供了佐证：

区分测量（measurement）和数据建模（modelling）很重要。如果我们的目的是精确的测量，那么试题和测试应该符合测量的原则。但是，如果我们的目的是对数据进行建模分析，那么我们应该选择与数据拟合最佳的模型。Rasch 测量理念符合测量的原则，而 IRT 模型符合建模的原则。

那么，Rasch 模型对试题区分度和猜测效应的简化处理，是否会影响其分析准确性呢？实际上，Rasch 分析中的这一理论模型简化，恰恰带来了被试能力和试题难度的彼此独立，构成了客观测量的先决条件，独特客观性（specific objectivity）（McNamara，1996；McNamara & Knoch，2012）。由于剔除了试题区分度和选择题猜测效应方面的考量，因此被试能力与试题难度之间的关系反而不会因为试题难度或被试能力的变化而变化，从而确保了测量中"不变性"（invariance）的基本原则。无论是对高能力被试、还是低能力被试，无论是对高难度试题、还是低难度试题，被试能力和试题难度之间的关系均保持不变，即被试能力越高，答对某道试题的概率也越高；试题难度越高，被试答对试题的概率越低。这种"独特客观性"使

Rasch分析中的被试能力估计不会受到所采用的试题的影响；同理，对试题难度的估计也不会受到被试能力的影响。初学Rasch模型的读者或许对此感觉很难理解，因为从直觉上讲，当试题难度增加，测出来的被试能力估值肯定会降低。但是，Rasch分析中所说的"被试能力估值不受试题影响"指的是无论试题难度如何，被试能力的估计值在logit量尺上的排序保持基本不变。同理，如果我们更换能力不同的被试群体，尽管试题难度的具体估计值可能会发生变化，但其难度估计的排序在logit量尺上也保持基本不变。这就是Rasch分析的"独特客观性"。这一特性使Rasch模型在很多领域具有重要的应用价值，例如题库（item bank）建设、电脑自适应测试（computer-adaptive testing）的开发等。相比之下，IRT模型无法实现客观测量所要求的"独特客观性"这一重要属性。换言之，Rasch测量模型能够真正实现"客观测量"（objective measurement），而IRT模型无法实现。IRT模型将猜测作为基础参数纳入模型的根本目的在于提升模型与数据之间的拟合程度，以符合建模原则；而Rasch的根本目的是对潜在构念进行客观、有效测量，符合测量原则。

　　值得一提的是，尽管猜测因素在测试中几乎无法避免，但该因素并非试题参数，而是被试与试题之间复杂的互动关系。例如，如果被试能力相对试题难度而言较低，感觉无法答对某道试题，那么被试有可能采用猜测的方法。但是，即使是猜测，不同被试的做法也有所不同。例如，有些被试能力更强，可能会通过排除某些选项进行猜测；而有些被试可能随机选择其中的一个选项；还有些被试可能并非出于能力不济，而是因为在考试过程中精神不集中或者缺乏完成考试的动力，因此在某些试题上不加思考地选择其中的某些选项。Rasch模型通过提供一系列诊断性信息（如试题和被试的拟合指数）帮助研究人员判断被试的答题情况是否符合Rasch模型的预期，以应对被试与试题之间复杂的互动关系（如这里的猜测因素）。

8.5.2 Rasch模型与概化理论

　　概化理论是CTT的拓展，其基本原理是通过统计分析探讨影响考试成绩差异（variability）的因素。这些因素在概化理论中被称为层面（Brennan，1992）。我们以二语写作测试为例具体解释概化理论的基本原理。在二语写作测试中，影响写作成绩的因素除了考生本身的写作水平，还包括写作任务的难度和评分员的严厉度。概化理论可以帮助研究人员了解这些因素对写作成绩的影响。同时，概化理论分析也可以探讨层面之间的相互作用（interactions）对成绩的影响。例如，研究人员可以基于概化理论将写作成绩的差异分解为不同的组成部分，每个组成部分对应着一个或多个层面。在本例中，这些部分包括：1）考生的写作能力；2）任务的难度；3）评分员的严厉度；4）写作能力与任务难度之间的交互作用；5）写作能力与评分员严厉度之间的交互作用；6）任务难度与评分员严厉度之间的交互作用；7）写作能力、任务难度和评分员严厉度之间的交互作用。

概化理论包括概化研究（generalizability study 或 G-study）和决策研究（decision study 或 D-study）。概化研究的目的是探讨哪些层面在何种程度上对考试成绩产生影响。例如，在上述的二语写作测试研究中，通过概化研究，研究人员可以确定引起考试成绩差异的主要来源。研究人员在概化研究的基础上进一步开展决策研究，通过统计分析确定如何对引起成绩差异的层面进行修订，从而提升考试的信度（dependability or reliability）。决策研究的结果为考试设计者提供重要的决策依据，帮助其优化考试设计。例如，如果上述的二语写作测试概化研究显示，考生分数差异的主要来源为评分员的严厉度，那么考试机构需要重新培训或另选评分员，以减少这部分的差异，保证写作测试的效度和公平性。

概化理论分析力强，可与 Rasch 分析互相补充、结合使用，为语言测试的效度研究提供有力的证据。在语言测试领域，已经有多位研究人员将这两种分析方法结合应用于表现型测试的效度研究（如 Akiyama，2001；Hashimoto & Toyoda，2001；Lynch & McNamara，1998；Sudweeks et al.，2004）。我们在本章的应用实例部分会具体说明如何将这两种分析方法在考试的效度研究中进行结合。

但是，概化理论和 Rasch 模型分析之间依然存在明显区别。首先，概化理论与 Rasch 分析的基本原理不同。概化理论源于 CTT，其基本原理是将考试成绩的差异分为不同层面，探讨这些层面对考试成绩造成的影响。Rasch 分析则是将原始数据转化为等距 logit 量尺，将不同层面（如考生能力、任务难度和评分员严厉度）放置于该线性等距量尺上，对各层面展开分析与比较（见第五章）。其次，概化理论分析提供总体层面的分析结果，却不提供个体分析结果。我们依然以前文提及的写作测试为例。概化理论分析能说明任务、评分员等层面对于被试成绩差异的影响程度，但是无法针对具体的某个任务或评分员提供分析结果。Rasch 模型则可以提供个体层面的分析结果（包括测量值与误差）。例如，FACETS 分析可以提供每个任务的难度值、每位被试的能力值、每位评分员的严厉度值等（见第五章）。我们可以用一个比喻来阐述两者的差异。摄影师拍摄了一张集体照，从照片上我们可以看出男生和女生的人数以及基本的分布情况，但是这张照片却无法显示每个人的细节——这类似于概化理论分析。当摄影师把镜头拉近时，我们就可以看到照片中每个人的具体细节——这类似于 Rasch 分析。换言之，概化理论和 Rasch 分析可以从不同的角度为考试的效度分析提供证据，我们建议研究人员根据具体的研究问题选择其中的一种方法或将两者结合。

8.5.3 Rasch 模型与结构方程模型

结构方程模型（SEM）是一种复杂的多变量数据分析和假设检验方法，可以帮助研究人员有效地验证、拓展、深化现有的理论框架，推动理论与实践的不断进步（Byrne，2006；Ockey & Choi，2015；范劲松 & 任伟，2017）。与传统的数据分析方法不同，SEM 不仅可以通过路径分析（path analysis）探讨多个观测变量（observed variable）之间的关系，还可以通过验证性因子分析（confirmatory factor analysis，CFA）和结构方程模型分析（structural modelling analysis）探究观测变量与潜在变量（latent variable）或各潜在变量之间的关系。SEM 分析的功能强大，近些年在国际（如 In'nami & Koizumi，

2011）和国内（如范劲松、任伟，2017）二语研究领域的应用越来越广泛。

SEM分析主要包括以下几个步骤。1）模型设定，研究人员根据相关理论或实证研究提出假设模型，并在模型中展示不同研究变量之间的关系。2）模型识别，研究人员检验模型与实验数据之间的拟合度。该结果通常以卡方检验的形式报告：如果模型与数据之间的拟合比较理想，那么卡方检验的结果不显著；反之则显著。考虑到卡方检验结果容易受到样本量的影响，因此SEM分析还经常采用其他多种指标体现模型与数据之间的拟合程度。3）模型的比较与修订，在SEM分析中，研究人员经常会提出多个假设模型，然后比较这些模型与数据的拟合程度，最后挑出与数据拟合最佳且符合理论解释的模型。有时候，研究人员也会对模型进行必要的修订，以改进模型与数据的拟合程度。需要注意的是，模型的修订并不能仅以数据分析结果为依据，也应该结合相关的理论（Byrne，2006），以使修订后的模型具有解释力。4）模型的解释，研究人员根据建模的结果，解释模型中相关变量之间的关系以及模型对相关理论与实践的启示作用。

SEM可以用于探讨语言测评领域中的很多重要问题。例如，SEM中的验证性因子分析（CFA）可以用于探讨语言考试的内部因子结构（internal structure），为效度研究提供重要证据（AERA et al.，2014；Sawaki et al.，2009；范劲松等，2014）。研究人员可以根据考试设计者在考试开发阶段的理论设想和考试设计原则提出多个理论模型，然后采用CFA分析并比较模型与考试数据之间的拟合程度，以此探讨考试的构念效度（如Sawaki et al.，2009；范劲松等，2014）。

SEM和Rasch模型主要有以下几点不同。首先，两者的理论基础不同。SEM是验证性（confirmatory）的分析方法，研究人员提出理论模型，然后分析**模型对数据的拟合程度**。如果模型与数据的拟合不足，研究人员可以对模型进行修订。与SEM不同的是，Rasch模型是探索性（exploratory）的分析方法，Rasch分析的本质是将实际数据与Rasch模型期望值进行对比，探讨**数据对模型的拟合程度（data-model**

fit）。SEM 分析通过方差分析结果体现模型对数据的拟合程度，而 Rasch 分析主要通过拟合分析体现数据与模型的拟合程度，包括加权的均方拟合统计量和未加权的均方拟合统计量。

其次，SEM 与概化理论相似，仅提供整体层面的分析结果。例如，SEM 分析通过方差分析及一系列拟合指数说明模型对数据的拟合程度，通过因子负荷或路径系数等统计结果显示各变量之间的关系。Rasch 模型不仅可以提供整体层面的分析结果（如数据与模型的拟合程度），还能够提供个体层面的分析结果，如每位考生的能力值、每道考题的难度值等。

此外，SEM 分析采用原始数据，其本质上属于描述性分析（descriptive analysis）。我们以一项写作测试为例。该写作测试采用分析性评分量表，包括词汇、语法、内容等，全部采用李克特五级量表。在使用 SEM 分析该组数据时，我们直接采用原始评分数据进行建模，且将量表视为等距量表。但实际上，李克特量表并非等距量表，而是顺序量表（见第二章）。Rasch 模型分析便是将李克特量表视为顺序量表，并将原始数据转化为以 logit 为单位的等距量表。

最后，SEM 分析不允许缺失数据。若出现缺失数据，研究人员必须通过一定的统计方法处理后才能进行 SEM 分析。Rasch 分析允许缺失数据，这也是其优势之一。在采用 Rasch 模型分析评分数据时，我们并不需要每位评分员对所有的被试进行评分，而是可以通过合理的评分设计使数据满足 Rasch 分析在数据连接性方面的要求（见第五章）。

研究人员若将 SEM 和 Rasch 模型结合使用，可通过两个步骤将两者的优势发挥到最大（Bond & Fox，2015，p. 240）。首先，使用 Rasch 模型分析测量数据。Rasch 模型分析结果的拟合指数可以作为数据质量的重要参考指标。根据 Rasch 模型的分析结果，研究人员可以将存在明显拟合问题的试题或被试删除，以提升测量的准确度。其次，将 Rasch 分析结果中的被试能力值及其标准误应用到 SEM 建模分析中。简言之，Rasch 模型可以确保测量的质量，并将原始数据转化为

logit 测量值；在 Rasch 分析的基础上，SEM 可以通过建模分析探讨多变量之间的关系。

8.6 应用实例展示

我们通过两个具体案例对 Rasch 模型分析的高阶话题进行展示。第一个案例中，Aryadoust *et al.*（2011）利用 Rasch 模型进行考生性别 DIF 研究，第二个案例中，Lynch & McNamara（1998）将 Rasch 分析和概化理论分析相结合用于口语考试开发与效度研究。

应用实例一：DIF 分析

Aryadoust *et al.*（2011）就密歇根英语考试听力部分展开了 DIF 分析。研究人员共收集了 852 名考生在 50 道听力多项选择题上的答题和得分情况。这些考生来自 78 个国家，男、女生占比分别为 50.1% 和 49.9%，男生群体被选为参考组，女生群体被选为焦点组。研究人员主要关注以下四个方面：1）DIF 分析的先决条件，包括数据单维检验和试题独立性检验；2）基于性别的一致性试题差异分析（UDIF）和非一致性试题差异分析（NUDIF）；3）DIF 差异产生的原因；4）从 Rasch 拟合指标评判 DIF 差异模式。

PCAR 分析表明数据符合单维性要求，对 Rasch 残差展开的 Pearson 相关分析证明了试题之间彼此独立。DIF 分析表明 MELAB 的听力试题在一定程度上对男、女考试群体存在 DIF 效应，且该效应对不同能力的男女考生更为明显，具体表现为当低水平组的男生群体面对干扰项干扰力不够强的试题时，他们会采用猜测作为答题策略。导致 DIF 差异的原因还有选项长度，较长的选项对考生，尤其是低水平组考生造成了记忆负担。由于猜测和题干长度均与考试构念无关，因此研究人员建议通过将干扰项与话题知识相联系等方法提高干扰项的干扰力，从而提升考试的构念效度。Rasch 拟合指标发现了少数拟合过度或拟合不足的试题（采用区间 0.8~1.2），这些试题给数据带来了不可忽略的杂音，导致了 DIF 差异模式不规则。

Aryadoust *et al.*（2011）的 DIF 分析为同类型分析提供了系统的

研究范式。更难能可贵的是，研究人员对存在 DIF 效应的试题和考生答题模式展开了进一步研究，向读者展示了如何使 DIF 分析更好地服务于考试效度分析。此外，研究人员建议采用定性分析对考试单维性、猜测效应等开展更深入的研究，并围绕与 DIF 效应有关的语境因素展开调查。

应用实例二：概化理论和 Rasch 分析

Lynch & McNamara（1998）将 Rasch 分析和概化理论相结合，探讨了这两种数据分析方法在开发表现型测试中的互补协同作用。研究数据来自 83 名考生在澳大利亚移民类交际英语技能考试（Australian Assessment of Communicative English Skills）上的得分情况。四位评分员对每位考生在所有评分维度上的表现进行评分，评分数据在 Genova 和 Facets 软件中进行分析。

概化理论分析宏观展示了不同层面对考试总分的解释能力，Rasch 分析则从更为细致的微观层面展示了分析结果。考生层面，Rasch 分析发现有四名考生数据与模型期望不符。这在一定程度上说明考试任务需进一步修订，评分员可能也需要进一步培训。Rasch 分析对每位评分员的评分行为进行了具体描述，进一步验证了概化理论分析中评分员严厉度差异较大的结论。Rasch 分析发现有两位评分员的评分数据与模型预期不符，很可能是因为评分员对"适切性"（appropiracy）的理解有所差异。Rasch 分析还发现，有 36% 的评分员与考生之间的交互作用显著。

概化理论分析和 Rasch 分析结果相互补充，为考试的进一步修订和完善提供了宝贵信息。概化分析理论的决策研究与宏观考试设计（如试题长度、使用单评还是多评等）息息相关，Rasch 分析则在考生、评分员和试题层面进行详细分析，对精准把握考试开发在不同阶段的缺陷，从而采取有针对性的改进措施具有重要意义。例如，本研究发现了一位评分员在评分一致性上有重大缺陷。因此，研究人员需对该评分员重新进行培训。

Lynch & McNamara（1998）将 Rasch 和概化理论分析相结合的分

析方法具有重要启示作用。我们通过多种分析方法对同一批数据、同一组研究问题，从宏观、微观层面进行深入探讨，将极大提升实证研究的深度和广度。在数据分析手段日益多元化的今天，Rasch 模型作为展示各层面分析细节的"显微镜"，也越来越多地受到研究人员的肯定和青睐。

8.7 小结

本章是对 Rasch 模型分析高阶话题的探讨，包括数据单维性检验、试题独立性检验、试题差异分析、考试等值分析，以及 Rasch 模型与其他测量模型之间的关系。本章首先对 Rasch 分析的"心理测量学单维性"进行解释，并介绍如何通过基于残差的统计量（如 PCAR）进行单维性检验。其次，我们介绍了如何通过试题与模型拟合度、Q3 指数检查试题的独立性。在试题差异分析中，我们介绍了一致性 DIF 分析和非一致性 DIF 分析，并以性别 DIF 效应分析为例展示了 DIF 的分析步骤。此外，本章以基于锚题设计的平行卷为例，介绍了 Rasch 模型在考试等值分析方面的应用。最后，本章探讨了 Rasch 模型与其他统计分析模型与方法之间的关系，包括 IRT 模型、概化理论、结构方程模型。本章也分享了两例 Rasch 模型的高阶话题在语言测试研究中的应用。

第九章
结语

在本书的第一章我们指出，语言测试和教育与心理测量学之间的关系密切。语言测试具有重要的社会功能，其价值体现在考试目的、其所考察的语言能力构念、考试的使用及后果等诸多方面（McNamara & Roever，2006；Messick，1989a）。同时，语言测试也是语言教学不可分割的组成部分，能够为语言教师和学习者提供大量有益的反馈信息，促进语言教学。本书所探讨的 Rasch 模型应用广泛，可以分析多种类型的考试数据，如多项选择题、填空题、短问答题、作文题等，也适用于分析不同类型的语言考试，如大规模高风险考试、校本考试或课堂测试等。Rasch 模型能够通过分析提供大量关于被试、试题和评分量表等的反馈信息，对提升语言考试的信度、效度和公平性具有重要的参考价值（McNamara et al.，2019）。

Rasch 模型与基于真分数理论（true score theory）的传统分析方法相比，具有很多显而易见的优势。例如，Rasch 模型可以从不同方面提供重要的考试参考信息，如被试的能力估计值（及误差）、试题的难度估计值（及误差）、评分员的严厉度估计值（及误差）等。此外，Rasch 模型允许数据存在一定的缺失，这一优点为数据分析提供了极大的便利。例如，在写作测试中，我们无需邀请所有的评分员评判所有的作文，仅需要通过评分员评分数据之间的连接关系，即可进行多层面 Rasch 模型分析（见第五章）。Rasch 模型在数据分析方面的优势也使其成为受考试开发机构和研究人员青睐的数据分析方法（见第六、七章）。Winsteps 和 FACETS 等 Rasch 分析软件的普及对于 Rasch 模型在语言测评中的应用起到了重要推动作用。Fan & Knoch（2019）在回顾语言测评领域中 Rasch 模型的应用时指出，多层面 Rasch 模型已经成为表现型语言测试中几乎必不可少的分析方法，目前并没有 Rasch 分析以外的数据分析方法能够将写作、口语等表现型测试的不同层面放置到模型参数中，并提供每个层面中的个体测量报告。可以预见，Rasch 模型在将来的语言测评研究中将会得到更为广泛的应用。

本章为本书的最后一章，我们将在简要回顾各章内容的基础上，进一步提炼采用 Rasch 模型分析的基本步骤及注意事项。基于目前 Winsteps 和 FACETS 在语言测评研究领域的广泛应用，我们以这两款软件为例探讨 Rasch 模型的分析步骤。最后，我们简要展望 Rasch 模型的未来发展方向。

9.1 各章内容提要

在本书的第一章，我们探讨了语言测试的学科属性。语言测试是应用语言学和教育与心理测量学的交叉学科。应用语言学为语言能力构念提供理论基础，解决"测什么"的问题；教育与心理测量学为语言测试提供方法基础，解决"怎么测"的问题。语言测试既是内容研究，也是方法研究，本书探讨的 Rasch 模型属于方法研究。Rasch 模型具有强大的分析功能，可以提供大量关于语言考试质量和心理测量学属性等方面的反馈信息，从而为试题修订和考试效度研究提供重要依据。

在第二章，我们探讨了 Rasch 模型的基本概念。我们简要回顾了 Rasch 模型的起源及其进入语言测试领域的历史。我们以跳高比赛为例阐述了 Rasch 模型的基本原理和核心概念，包括能力、难度、等距量尺、测量单位 logit 等。为进一步解释 Rasch 模型的工作机制和原理，我们以一项语法测试为例，阐述了 Rasch 分析的核心概念，如匹配、拟合（包括拟合过度和拟合不足）等。我们还介绍了如何借助 Rasch 模型将考生的原始成绩（顺序变量）转换为 logit 值（等距变量）。我们还介绍了 Rasch 模型与 CTT 在数据处理方面的不同之处以及 Rasch 模型的独特优势。

"Rasch 模型"是广义的概念，其代表了 Rasch 模型家族，包括不同的 Rasch 模型，用于分析不同类型的数据。因此，在本书的第三章到第五章，我们介绍了语言测试研究领域应用最为广泛的四种 Rasch 模型，分别为基础 Rasch 模型（第三章）、评分量表模型和部分得分模型（第四章），以及多层面 Rasch 模型（第五章）。每一章都提供了数据分析案例以帮助读者理解。读者可以参照每章的附录尝试 Rasch 分析，同时结合每章内容解读相关的 Rasch 分析结果。在每章的结尾部分我们还提供了实证研究案例，帮助读者进一步理解 Rasch 模型在考试数据分析和效度研究方面的应用。

在第三章，我们通过一项听力考试数据，展示了基础 Rasch 模型的分析步骤。我们重点介绍了分析结果中的变量图、总体分析结果、试题分析、被试分析和拟合分析。在解读这些分析结果时，研究人员应综合解读多方面的分析结果以形成准确的判断。不同的 Rasch 分析结果（如变量图、拟合指数、单维分析等）从不同的角度提供了重要信息，这些结果之间往往相互印证。例如，如果某些试题的拟合指数不佳，那么单维分析结果也很有可能显示这些试题测量了不同的能力构念，或有些试题之间存在依存性。在第三章我们也同时介绍了多项选择题中的干扰项分析，该分析方法为多项选择题的修订提供了重要参考依据。

在第四章，我们介绍了 Rasch 模型家族中的两个重要成员：部分得分模型和评分量表模型。评分量表模型是对基础 Rasch 模型的拓展，该模型在分析调查问卷数据方面具有重要优势，经常被用于分析写作、口语等评分量表数据。在第四章，我们以一项考试焦虑问卷为例，展示了评分量表模型的分析方法。除了为被试和试题提供分析结果之外，评分量表模型也可以为量表设计和修订提供重要依据。部分得分模型是对评分量表模型的进一步拓展，部分得分模型更为复杂，可以分析类别数量不同的数据（如有些问题采用了李克特五级量表，而有些问题采用了李克特四级量表）。在第四章，我们通过一项校本英语考试详细展示了部分得分模型在考试数据分析中的重要作用。我们指出，模型的选择取决于数据类型和研究问题。如果有证据表明问卷或量表中被试或评分员对每个问题的解读不同，那么宜采用部分得分模型；如果研究人员认为被试或评分员对每个问题的解读基本一致，那么宜选择更为简约的评分量表模型。如果不同问题采用的类别数量存在差异，那么只能采用部分得分模型。

在第五章，我们介绍了在语言测试研究领域中使用最为广泛的Rasch模型——多层面Rasch模型，并以FACETS软件为例展示了该模型在写作、口语等表现型测试中的重要分析功能。多层面Rasch模型可以用于分析各种评分员效应，例如严厉度、光环效应、趋中效应、评分一致性和评分偏差等，从而为评分质量监控和评分员培训提供重要参考信息。我们以一项课堂中译英测试为例展示了MFRM的强大分析功能，包括FACETS分析对于数据关联性的要求、如何制作FACETS分析中的specifications file、如何解读FACETS分析的各项分析结果（如变量图、总体分析结果、评分员、评分量表和被试各层面的分析结果）等。我们也展示了FACETS分析中相对更为复杂的交互作用分析。读者可参考第五章附录中的FACETS分析步骤，结合第五章对FACETS分析结果的解读掌握其分析方法。

在第六、七章，我们采用文献系统回顾的方法分别对国际、国内语言测试研究领域采用Rasch模型的研究进行归纳与总结。国际部分（第六章），我们收集和回顾了发表在四本具有重要影响力的语言测试学术期刊上采用Rasch模型分析的共186篇论文。分析结果表明，Rasch模型在国际语言测试研究领域得到越来越广泛的应用，多层面Rasch模型的应用最为广泛。Rasch分析主要集中在评分员效应、考试的开发与效度研究、不同群体在考试上的表现、评分标准评估和标准制定等方面。我们遴选并聚焦于一些具有代表性的研究并对其进行细致回顾。在第七章，我们采用相似的方法对我国语言测试研究领域使用 Rasch 模型的情况进行了归纳与总结。我们收集的 77 篇论文均发表在我国具有重要影响的外语类核心期刊上。我们的分析结果表明，我国语言测试研究人员使用 Rasch 模型的情况与国际语言测试界基本一致。我们也聚焦于一些具有代表性的研究并对其进行细致回顾。

在第八章，我们探讨了 Rasch 模型分析中的一些高阶话题，包括单维检验、试题独立性检验、试题差异分析和考试等值分析等。这些高阶话题对于初学 Rasch 模型的读者难度较大，但是这些话题在 Rasch 模型应用中均非常重要。数据的单维性是采用 Rasch 模型的前提条件之一。如果数据不符合单维性的要求，那么需谨慎解释 Rasch 分析结果。我们采用一项校本英语听力考试数据展示单维性检验的具体操作步骤及 Winsteps 中关于维度分析的结果解读。试题的独立性是 Rasch 分析的另一前提条件。如果试题之间有依存性，那么也需谨慎解释 Rasch 模型分析的结果。我们依然采用同样的听力考试数据展示试题独立性检验的步骤，并提出了在考试实践中避免试题间依存性的建议。试题差异分析经常用于考试公平性研究。Rasch 模型为探讨试题的 DIF 效应提供了重要分析方法。在这一部分，我们探讨了一致性和非一致性 DIF 分析的步骤及结果解读。第八章还同时探讨了考试的等值分析。该部分的内容对于考试开发人员具有重要参考价值。我们通过具体的分析案例展示了采用 Rasch 模型进行考试等值的具体分析步骤。第八章的最后一部分探讨了 Rasch 模型和其他统计模型之间的关系，包括 IRT 模型、概化理论和结构方程模型。与这些模型和理论相比，Rasch 模型具有重要优势。我们建议读者将 Rasch 模型与其他研究方法相结合，从而更有效地解决现实生活中的研究问题。

第九章为本书的结语。我们简要总结了各章内容并提炼 Rasch 模型的分析步骤。最后，我们也提出了 Rasch 模型未来的发展方向。

9.2 Rasch 模型的分析步骤

图 9.1 和图 9.2 分别展示了使用 Winsteps 和 FACETS 进行 Rasch 模型分析的步骤。图 9.1 显示，在 Winsteps 分析之前，需要进行数据

数据准备

变量图

总体分析结果

被试与试题测量报告

单维性检验

试题局部独立性检验

测量不变性分析

图 9.1　在 Winsteps 中进行 Rasch 分析的步骤

准备，包括组织所需要分析的数据、确定通过 Rasch 模型分析需解决的研究问题并根据数据特征确定 Rasch 模型。如果数据来自多项选择题（1/0），那么宜采用基础 Rasch 模型；如果数据来自采用李克特量表的调查问卷，那么宜采用评分量表模型或部分得分模型；如果数据中的试题采用的量表各不相同，那么需采用部分得分模型。Winsteps 分析的结果解读中，我们建议读者首先检查变量图，因为其包含了关于数据的许多重要测量信息。在检查完变量图以后，我们建议读者参考 Winsteps 中的总体分析结果，包括数据与模型的整体拟合情况以及被试和试题的总体分析结果，如总体的测量值均值、标准差、标准误、分隔系数、测量信度等。在对总体分析结果有了基本了解后，我们建议读者聚焦被试与试题的具体分析结果。Winsteps 中提供大量关于被试与试题的测量信息，包括原始得分、测量值、标准误、拟合指数（如 Infit MnSq、Infit 标准化 Z 值、Outfit MnSq、Outfit 标准化 Z 值）、点相关系数等。这些分析结果对于确定被试能力和试题质量提供了重要的参考信息。数据的单维性是进行 Rasch 模型分析的前提之一。因此，我们建议读者根据本书中介绍的分析步骤探析数据的单维性。如果相关结果显示数据呈现多维性，那么宜采用多维性的 Rasch 模型分析，或者将代表不同维度的数据进行单独分析。我们也建议读者对

Rasch 模型分析的另一前提条件试题局部独立性进行检验，以确保试题之间不存在依存性。测量不变性是考试质量和公平性的重要证据，因此，我们建议在有条件的情况下，读者按照本书中的分析步骤对数据进行测量不变性分析。

多层面 Rasch 模型是语言测试领域最常使用的模型，分析多在 FACETS 软件中进行。在 FACETS 中进行数据分析时，我们建议读者采用图 9.2 中展示的分析步骤。首先是数据的准备工作。与 Winsteps 不同，FACETS 的数据准备工作稍显复杂。研究人员在分析之前需仔细检查具体的测试数据。例如，数据中包括几个重要的层面（如评分员的严厉度、任务的难易度、评分量表中不同维度的难易度、学生的能力等），然后以此组织分析数据，制定 FACETS 分析的 specification file。这一步至关重要，因为如果 specification file 中出现错误，那么 FACETS 无法呈现分析结果。在这一步，最重要的步骤之一是确定具体的多层面 Rasch 模型。如果数据是基于采用李克特量表的评分量表，那么应采用评分量表模型；如果评分量表中各维度的类别数量不同，那么应采用部分得分模型。在这一步，研究人员也需确定是否要探讨不同测量层面之间的交互性。与 Winsteps 相似，我们建议读者在解读 FACETS 的分析结果时，首先应仔细观察变量图，因为其包含了许多关于测量的重要信息。我们也建议读者检查数据与 Rasch 模型之间的整体拟合情况和总体分析结果。在实际分析中，Rasch 模型可能只解释了数据差异中较小的一部分，但是这并不奇怪，因为 Rasch 模型是理想化的模型，数据与模型之间必然存在较大的差异。下一步，我们建议读者仔细分析各测量层面的分析结果。例如，如果研究的重心为评分员的一致性和严厉度，那么评分员层面的分析结果具有重要参考价值。同样，如果研究的重心为评分量表，那么评分量表层面的分析结果需要仔细评估。在仔细检查完各层面的测量报告后，我们建议读者对评分量表展开仔细分析。FACETS 中关于评分量表的分析结果可以为量表的测量有效性提供大量证据，从而为量表的修订提供重要参考。最后，我们还建议读者可以采用 FACETS 中的层面交互分析功能探讨不同层面之间可能存在的交互效应，如评分员与被试、评分员与评分量表的交互效应等。

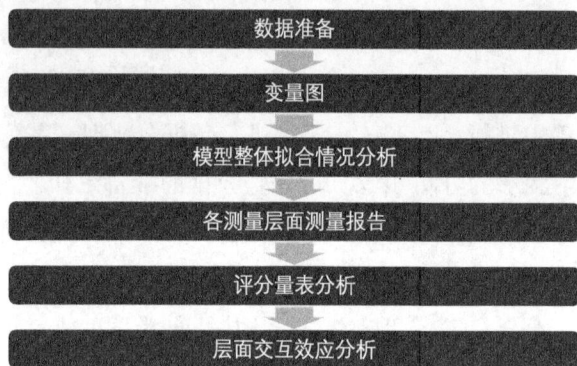

图 9.2　在 FACETS 中进行 Rasch 分析的步骤

9.3 Rasch 模型未来的发展方向

我们在本书中介绍了 Rasch 模型的基本原理并详细介绍了语言测试研究领域中最常使用的几种 Rasch 模型，包括基础 Rasch 模型、部分得分模型、评分量表模型和多层面 Rasch 模型。我们对国内、国际语言测试界使用 Rasch 模型进行回顾后发现，绝大部分研究均采用了这几种模型，尤其是多层面 Rasch 模型。在未来的语言测试研究中，我们认为以下几个方面值得研究人员探索和尝试。一是研究人员可尝试一些相对更为复杂的 Rasch 模型。如 Adams *et al.*（1997）提出的混合系数多项式 Logit 模型（mixed coefficients multinomial logit model, MCMLM）。该模型将不同潜在变量之间的相关关系考虑在内，可有效解决语言测评领域中常见的多维度问题。又如，Wang & Wilson（2005）提出的 Rasch 试题组模型（Rasch testlet model）可有效分析语言测评中来自不同试题组的数据。第二，Bond & Fox（2015）建议研究人员可将 Rasch 模型和其他研究方法相结合，以更为全面、有效地探讨研究问题。他们建议可以先采用 Rasch 模型对相关变量的测量属性和质量进行检验和监控，然后将 Rasch 模型计算出的被试能力值

（而非被试的原始成绩）用其他方法进行分析。例如，研究人员可将被试能力值输入到结构方程建模软件中进行建模分析。目前这样的研究设计在语言测评研究中依然非常罕见，值得研究人员未来进一步探索。最后，我们也建议语言测试界尽快制定语言测试研究人员使用 Rasch 模型分析的行为规范。目前，已有一些研究人员尝试制定某些研究研究方法的行为规范。例如，Ockey & Choi（2015）制定了语言测评领域使用结构方程模型的行为规范，Plonsky & Gonulal（2015）制定了应用语言学领域使用探索性因子分析的行为规范。我们认为，鉴于 Rasch 模型在语言测试研究领域的广泛应用，我们有必要制定语言测试研究人员使用 Rasch 模型的行为规范，这不仅有助于规范 Rasch 模型在语言测试研究领域的应用，提升研究和考试的质量，也有助于 Rasch 模型的进一步推广和普及。

参考文献

Adams, R. J., Wilson, M. & Wang, W.-C. (1997). The multidimensional random coefficients multinomial logit model. *Applied Psychological Measurement*, 21(1), 1-23.

AERA, APA & NCME. (1985). *Standards for Educational and Psychological Testing*. Washington, D. C.: American Psychological Association.

AERA, APA & NCME. (1999). *Standards for Educational and Psychological Testing*. Washington, D. C.: AERA.

AERA, APA & NCME. (2014). *Standards for Educational and Psychological Testing*. Washington, D. C.: AERA.

Akiyama, T. (2001). The application of G-theory and IRT in the analysis of data from speaking tests administered in a classroom context. *Melbourne Papers in Language Testing*, 10(1), 1-21.

Alderson, J. C. (2000). *Assessing Reading*. Cambridge: Cambridge University Press.

Alderson, J. C. & Banerjee, J. (2001). Language testing and assessment (Part I). *Language Teaching*, 34(4), 213-236.

Alderson, J. C. & Banerjee, J. (2002). Language testing and assessment (Part 2). *Language Teaching*, 35(2), 79-113.

Alderson, J. C., Clapham, C. & Wall, D. (1995). *Language Test Construction and Evaluation*. Cambridge: Cambridge University Press.

Andrich, D. (1978). A rating formulation for ordered response categories. *Psychometrika*, 43(4), 561-573.

APA. (1954). Technical recommendations for psychological tests and diagnostic techniques. *Psychological Bulletin*, 51(2), 1-38.

Aryadoust, V., Goh, C. C. M. & Kim, L. O. (2011). An investigation of differential item functioning in the MELAB listening test. *Language Assessment Quarterly*, 8(4), 361-385.

Aryadoust, V., Ng, L. Y. & Sayama, H. (2021). A comprehensive review of Rasch measurement in language assessment: Recommendations and guidelines for research. *Language Testing*, 38(1), 6-40.

Bachman, L. F. (1990). *Fundamental Considerations in Language Testing*. Oxford: Oxford University Press.

Bachman, L. F. (2000). Modern language testing at the turn of the century: Assuring that what we count counts. *Language Testing*, 17(1), 1-42.

Bachman, L. F. (2004). *Statistical Analyses for Language Assessment*. Cambridge: Cambridge University Press.

Bachman, L. F. & Palmer, A. S. (1996). *Language Testing in Practice: Designing and Developing Useful Language Tests*. Oxford: Oxford University Press.

Batty, A. O. (2015). A comparison of video- and audio-mediated listening tests with many-facet Rasch modeling and differential distractor functioning. *Language Testing*, 32(1), 3-20.

Batty, A. O., Haug, T., Ebling, S., Tissi, K. & Sidler-Miserez, S. (2023). Challenges in rating signed production: A mixed-methods study of a Swiss German Sign Language form-recall vocabulary test. *Language Testing*, 40(2), 352-374.

Beglar, D. (2010). A Rasch-based validation of the Vocabulary Size Test. *Language Testing*, 27(1), 101-118.

Bond, T. G. & Fox, C. M. (2007). *Applying the Rasch Model: Fundamental Measurement in the Human Sciences* (2nd ed.). Mahwah: Lawrence Erlbaum Associates.

Bond, T. G. & Fox, C. M. (2015). *Applying the Rasch Model: Fundamental Measurement in the Human Sciences* (3th ed.). New York: Routledge.

Bonk, W. J. & Ockey, G. J. (2003). A many-facet Rasch analysis of the second language group oral discussion task. *Language Testing*, 20(1), 89-110.

Boone, W. J., Staver, J. R. & Yale, M. S. (2014). *Rasch Analysis in the Human Sciences*. Dordrecht: Springer.

Brennan, R. L. (1992). Generalizability theory. *Educational Measurement: Issues and Practice*, 11(4), 27-34.

Buck, G. (2001). *Assessing Listening*. Cambridge: Cambridge University Press.

Butler, Y. G. & Lee, J. (2006). On-task versus off-task self-assessments among (South) Korean elementary school students studying English. *The Modern Language Journal*, 90(4), 506-518.

Byrne, B. M. (2006). *Structural Equation Modeling with EQS: Basic Concepts, Applications, and Programming* (2nd ed.). New York: Routledge.

Canale, M., & Swain, M. (1981). A theoretical Framework for communicative competence. In *The Construct Validation of Tests of Communicative Competence: Including Proceedings of a Colloquium at TESOL'79* (p. 31). Boston, February 27-28.

Chalhoub-Deville, M. (2003). Second language interaction: Current perspectives and future trends. *Language Testing*, 20(4), 369-383.

Chalhoub-Deville, M. (2016). Validity theory: Reform policies, accountability testing, and consequences. *Language Testing*, 33(4), 453-472.

Chalhoub-Deville, M. & O'Sullivan, B. (2020). *Validity: Theoretical Development and Integrated Arguments*. Sheffield: Equinox Publishing.

Chapelle, C. A., Enright, M. K. & Jamieson, J. M. (Eds.). (2008). *Building a Validity Argument for the Test of English as a Foreign Language TM.* New York: Routledge.

Chapelle, C. A., Enright, M. K. & Jamieson, J. (2010). Does an argument-based approach to validity make a difference? *Educational Measurement: Issues and Practice*, 29(1), 3-13.

Council of Europe (2001). *Common European Framework of Reference for Languages: Learning, Teaching, Assessment.* Cambridge: Cambridge University Press.

De Jong, J. H. A. L. (1991). Defining a variable of foreign language ability: An application of item response theory. Unpublished PhD thesis. Enschede: University of Twente.

Di Gennaro, K. (2009). Investigating differences in the writing performance of international and Generation 1.5 students. *Language Testing*, 26(4), 533-559.

Dörnyei, Z. & Taguchi, T. (2010). *Questionnaires in Second Language Research: Construction, Administration, and Processing* (2nd ed.). New York: Routledge.

Eckes, T. (2005). Examining rater effects in TestDaF writing and speaking performance assessments: A many-facet Rasch analysis. *Language Assessment Quarterly*, 2(3), 197-221.

Eckes, T. (2011). *Introduction to Many-Facet Rasch Measurement: Analyzing and Evaluating Rater-Mediated Assessments.* Frankfurt: Peter Lang.

Eckes, T. (2015). *Introduction to Many-Facet Rasch Measurement: Analyzing and Evaluating Rater-Mediated Assessments* (2nd ed.). Frankfurt: Peter Lang.

Esfandiari, R. & Myford, C. M. (2013). Severity differences among self-assessors, peer-assessors, and teacher assessors rating EFL essays.

Assessing Writing, 18(2), 111-131.

Fan, J. J. (2016). The construct and predictive validity of a self-assessment scale. *Papers in Language Testing and Assessment*, 5(2), 69-100.

Fan, J. & Bond, T. (2019). Unidimensionality and local independence in Rasch modelling. In V. Aryadoust & M. Rachelle (Eds.), *Quantitative Data Analysis for Language Assessment* (Volume I): *Fundamental Techniques* (pp. 83-102). New York: Routledge.

Fan, J. & Jin, Y. (2020). Standards for language assessment: Demystifying university-level English placement testing in China. *Asia Pacific Journal of Education*, 40(3), 386-400.

Fan, J. & Knoch, U. (2019). Fairness in language assessment: What can the Rasch model offer? *Papers in Language Testing and Assessment*, 8(2), 117-142.

Fan, J. & Yan, X. (2020). Assessing speaking proficiency: A narrative review of speaking assessment research within the argument-based validation framework. *Frontiers in Psychology*, 11, 1-14.

Fan, J., Frost, K. & Jin, Y. (2022). Local English testing in China's tertiary education: Contexts, policies, and practices. *Language Testing*, 39(3), 453-473.

Fan, J., Knoch, U. & Bond, T. (2019). Application of Rasch measurement theory in language assessment: Using measurement to enhance language assessment research and practice. *Papers in Language Testing and Assessment*, 8(2), iii-ix.

Fleckenstein, J., Keller, S., Krüger, M., Tannenbaum, R. J. & Köller, O. (2020). Linking TOEFL iBT® writing rubrics to CEFR levels: Cut scores and validity evidence from a standard setting study. *Assessing Writing*, 43, 100420.

Fulcher, G. (2014). *Testing Second Language Speaking*. London: Routledge.

Genesee, F. & Upshur, J. A. (1996). *Classroom-Based Evaluation in Second*

Language Education. Cambridge: Cambridge University Press.

Green, A. (2018). Placement testing. In J. I. Liontas (Ed.), *The TESOL Encyclopedia of English Language Teaching* (pp. 1-6). Malden: Wiley-Blackwell.

Hambleton, R. K., Swaminathan, H. & Rogers, H. J. (1991). *Fundamentals of Item Response Theory* (Vol. 2). London: SAGE.

Hamp-Lyons, L. (1989). Applying the partial credit method of Rasch analysis: Language testing and accountability. *Language Testing*, 6(1), 109-118.

Hashimoto, Y. & Toyoda, E. (2001). Analysis of a new Japanese language placement test battery using G-theory and Rasch model programs. *Melbourne Papers in Language Testing*, 10(1), 49-66.

Haug, T., Batty, A. O., Venetz, M., Notter, C., Girard-Groeber, S., Knoch, U. & Audeoud, M. (2020). Validity evidence for a sentence repetition test of Swiss German Sign Language. *Language Testing*, 37(3), 412-434.

Henning, G. (1987). *A Guide to Language Testing: Development, Evaluation, Research*. Boston: Heinle & Heinle Publishers.

Hill, K. & McNamara, T. (2011). Developing a comprehensive, empirically based research framework for classroom-based assessment. *Language Testing*, 29(3), 395-420.

Hsieh, M. (2013). An application of Multifaceted Rasch measurement in the Yes/No Angoff standard setting procedure. *Language Testing*, 30(4), 491-512.

In'nami, Y. & Koizumi, R. (2011). Structural equation modeling in language testing and learning research: A review. *Language Assessment Quarterly*, 8(3), 250-276.

Janssen, G., Meier, V. & Trace, J. (2015). Building a better rubric: Mixed methods rubric revision. *Assessing Writing*, 26, 51-66.

Jenkins, J. & Leung, C. (2014). English as a lingua franca. In A. J. Kunnan

(Ed.), *The Companion to Language Assessment 4* (pp. 1605-1616). Oxford, UK: John Wiley & Sons.

Jin, Y. (2014). The limits of language tests and language testing: Challenges and opportunities facing the College English Test. In D. Coniam (Ed.), *English Language Education and Assessment* (pp. 155-169). Singapore: Springer.

Kane, M. T. (1992). An argument-based approach to validity. *Psychological Bulletin*, 112(3), 527-535.

Kane, M. (2002). Validating high-stakes testing programs. *Educational Measurement: Issues and Practice*, 21(1), 31-41.

Kane, M. (2013). The argument-based approach to validation. *School Psychology Review*, 42(4), 448-457.

Kenyon, D. M. & Römhild, A. (2014). Standard setting in language testing. In A. J. Kunnan (Ed.), *The Companion to Language Assessment* (pp. 1-14). Hoboken, NJ: John Wiley & Sons.

Kiddle, T. & Kormos, J. (2011). The effect of mode of response on a semidirect test of oral proficiency. *Language Assessment Quarterly*, 8(4), 342-360.

Kim, Y.-H. (2009). An investigation into native and non-native teachers' judgments of oral English performance: A mixed methods approach. *Language Testing*, 26(2), 187-217.

Knoch, U. (2009). Diagnostic assessment of writing: A comparison of two rating scales. *Language Testing*, 26(2), 275-304.

Knoch, U. (2010). Investigating the effectiveness of individualized feedback to rating behavior – a longitudinal study. *Language Testing*, 28(2), 179-200.

Knoch, U. (2011). Rating scales for diagnostic assessment of writing: What should they look like and where should the criteria come from? *Assessing Writing*, 16(2), 81-96.

Knoch, U. & Chapelle, C. A. (2018). Validation of rating processes within an argument-based framework. *Language Testing*, 35(4), 477-499.

Knoch, U. & Frost, K. (2016). *Linking the GEPT Writing Sub-test to the Common European Framework of Reference (CEFR) (LTTC-GEPT Research Reports RG-08)*. Taipei: The Language Training and Testing Center.

Knoch, U. & Macqueen, S. (2020). *Assessing English for Professional Purposes*. Oxon: Routledge.

Kolen, M. J. & Brennan, R. L. (2004). *Test Equating, Scaling, and Linking*. New York: Springer.

Kondo-Brown, K. (2002). A FACETS analysis of rater bias in measuring Japanese second language writing performance. *Language Testing*, 19(1), 3-31.

Kozaki, Y. (2004). Using GENOVA and FACETS to set multiple standards on performance assessment for certification in medical translation from Japanese into English. *Language Testing*, 21(1), 1-27.

Lado, R. (1961). *Language Testing: The Construction and Use of Foreign Language Tests*. London: Longman.

Lee-Ellis, S. (2009). The development and validation of a (South) Korean C-Test using Rasch Analysis. *Language Testing*, 26(2), 245-274.

Leeming, P. & Wong, A. (2016). Using dictation to measure language proficiency: A Rasch analysis. *Papers in Language Testing and Assessment*, 5(2), 1-25.

Lim, G. S. (2011). The development and maintenance of rating quality in performance writing assessment: A longitudinal study of new and experienced raters. *Language Testing*, 28(4), 543-560.

Lim, G. S., Geranpayeh, A., Khalifa, H. & Buckendahl, C. W. (2013). Standard setting to an international reference framework: Implications for theory and practice. *International Journal of Testing*, 13(1), 32-49.

Linacre, J. M. (1989). *Many-Facet Rasch Measurement*. Chicago: MESA Press.

Linacre, J. (1998). Structure in Rasch residuals: Why principal components analysis (PCA)? *Rasch Measurement Transactions*, 12(2), 636.

Linacre, J. M. (1999). Investigating rating scale category utility. *Journal of Outcome Measurement*, 3(2), 103-122.

Linacre, J. M. (2004). Optimizing rating scale category effectiveness. In E. V. Smith & R. M. Smith (Eds.), *Introduction to Rasch Measurement: Theory, Models and Applications* (pp. 257-578). Maple Grove, MN: JAM Press.

Linacre, J. M. (2009). Facets computer program for many-facet Rasch measurement (Version 3.80.0). Retrieved from: http://www.winsteps. com (accessed 10/01/2023).

Linacre, J. M. (2012). Winsteps (Version 3.70.02) [Computer Software]. Computer software manual. Retrieved from: http://www.winsteps.com (accessed 10/01/2023).

Linacre, J. M. (2017a). Facets computer program for many-facet Rasch measurement (Version 3.80.0). Retrieved from: http://www.winsteps. com (accessed 10/01/2023).

Linacre, J. M. (2017b). Winsteps® (Version 3.93.0) [Computer Software]. Retrieved from: http://www.winsteps.com (accessed 10/01/2023).

Linacre, J. M. (2017c). Winsteps® Rasch measurement computer program user's guide. Retrieved from: http://www.winsteps.com (accessed 10/01/2023).

Luoma, S. (2004). *Assessing Speaking*. Cambridge: Cambridge University Press.

Lynch, B. K. & McNamara, T. F. (1998). Using G-theory and Many-facet Rasch measurement in the development of performance assessments of the ESL speaking skills of immigrants. *Language Testing*, 15(2), 158-180.

Macqueen, S., Pill, J. & Knoch, U. (2021). Trust the test: Score-user perspectives on the roles of language tests in professional registration and skilled migration. *Papers in Language Testing and Assessment*, 10(1), 49-69.

Masters, G. N. (1982). A Rasch model for partial credit scoring. *Psychometrika*, 47(2), 149-174.

Matsuno, S. (2009). Self-, peer-, and teacher-assessments in Japanese university EFL writing classrooms. *Language Testing*, 26(1), 75-100.

McNamara, T. & Knoch, U. (2012). The Rasch wars: The emergence of Rasch measurement in language testing. *Language Testing*, 29(4), 555-576.

McNamara, T. F. (1996). *Measuring Second Language Performance*. New York: Longman.

McNamara, T. F. (1997). 'Interaction' in second language performance assessment: Whose performance? *Applied Linguistics*, 18(4), 446-466.

McNamara, T. & Roever, C. (2006). *Language Testing: The Social Dimension*. Oxford, UK: Wiley-Blackwell Publishing.

McNamara, T. & Ryan, K. (2011). Fairness versus justice in language testing: The place of English literacy in the Australian Citizenship Test. *Language Assessment Quarterly*, 8(2), 161-178.

McNamara, T., Hill, K., & May, L. (2002). 12. Discourse and assessment. *Annual Review of Applied Linguistics, 22*, 221-242.

McNamara, T., Knoch, U. & Fan, J. (2019). *Fairness, Justice and Language Assessment*. Oxford: Oxford University Press.

Messick, S. (1988). Meaning and values in test validation: The science and ethics of assessment. *ETS Research Report Series*, (2), i-28.

Messick, S. (1989a). Meaning and values in test validation: The science and ethics of assessment. *Educational Researcher*, 18(2), 5-11.

Messick, S. (1989b). Validity. In R. L. Linn (Ed.), *Educational Measurement* (3rd ed.) (pp. 13-104.). New York: American Council on Education and Macmillan.

Miles, M. B., Huberman, A. M. & Saldaña, J. (2014). *Qualitative Data Analysis: A Methods Sourcebook* (3rd ed.). Thousand Oaks, CA: Sage.

Myford, C. M. & Wolfe, E. W. (2003). Detecting and measuring rater effects using many-facet Rasch measurement: Part I. *Journal of Applied Measurement*, 4(4), 386-422.

Ockey, G. J. & Choi, I. (2015). Structural equation modeling reporting practices for language assessment. *Language Assessment Quarterly*, 12(3), 305-319.

Panayides, P., Robinson, C. & Tymms, P. (2010). The assessment revolution that has passed England by: Rasch measurement. *British Educational Research Journal*, 36(4), 611-626.

Papageorgiou, S., Tannenbaum, R. J., Bridgeman, B. & Cho, Y. (2015). The association between TOEFL iBT® test scores and the Common European Framework of Reference (CEFR) levels. Research Memorandum No. RM-15-06. Princeton, NJ: Educational Testing Service.

Phakiti, A. (2020). Likert-type scale construction. In P.Winke & T. Brunfaut (Eds.), *The Routledge Handbook of Second Language Acquisition and Language Testing* (pp. 102-114). London: Routledge.

Pill, J. & McNamara, T. (2016). How much is enough? Involving occupational experts in setting standards on a specific-purpose language test for health professionals. *Language Testing*, 33(2), 217-234.

Plonsky, L. & Gonulal, T. (2015). Methodological synthesis in quantitative L2 research: A review of reviews and a case study of exploratory factor analysis. *Language Learning*, 65(S1), 9-36.

Pommerich, M. (2007). Concordance: The good, the bad, and the ugly. In N. J. Dorans, M. Pommerich & P. W. Holland (Eds.), *Linking and Aligning Scores and Scales* (pp. 200-216). New York: Springer.

QSR. (2012). *NVivo Qualitative Data Analysis Software.* Melbourne: QSR International Pty Ltd.

Rasch, G. (1960). *Probabilistic Models for Some Intelligence and Attainment Tests.* Copenhagen: Danmarks Paedagogiske Institut.

Roever, C. (2007). DIF in the assessment of second language pragmatics. *Language Assessment Quarterly*, 4(2), 165-189.

Ryan, J. & Brockmann, F. (2009). *A Practitioner's Introduction to Equating with Primers on Classical Test Theory and Item Response Theory.* Council of Chief State School Officers.

Savignon, S. J. (1976). Communicative Competence: Theory and Classroom Practice. Paper presented at the Central States Conference on the Teaching of Foreign Languages, Detroit, Michigan, April 23, 1976.

Sawaki, Y., Stricker, L. J. & Oranje, A. H. (2009). Factor structure of the TOEFL Internet-based test. *Language Testing*, 26(1), 5-30.

Schaefer, E. (2008). Rater bias patterns in an EFL writing assessment. *Language Testing*, 25(4), 465-493.

Skehan, P. (1989). Language testing part II. *Language Teaching*, 22(1), 1-13.

Spolsky, B. (1995). *Measured Words: The Development of Objective Language Testing.* Oxford: Oxford University Press.

Sudweeks, R. R., Reeve, S. & Bradshaw, W. S. (2004). A comparison of generalizability theory and many-facet Rasch measurement in an analysis of college sophomore writing. *Assessing Writing*, 9(3), 239-261.

Suzuki, Y. (2015). Self-assessment of Japanese as a second language: The role of experiences in the naturalistic acquisition. *Language Testing*, 32(1), 63-81.

Takala, S. & Kaftandjieva, F. (2000). Test fairness: A DIF analysis of an L2 vocabulary test. *Language Testing*, 17(3), 323-340.

Taylor, L. (2009). Developing assessment literacy. *Annual Review of Applied Linguistics*, 29, 21-36.

Toulmin, S. E. (2003). *The Uses of Argument*. Cambridge: Cambridge University Press.

Turner, C. E. & Purpura, J. E. (2016). Learning-oriented assessment in second and foreign language classrooms. In D. Tsagari & J. Banerjee (Eds.), *Handbook of Second Language Assessment* (pp. 255-272). Berlin: De Gruyter Mouton.

Uludag, P. & McDonough, K. (2022). Validating a rubric for assessing integrated writing in an EAP context. *Assessing Writing*, 52, 100609.

Wang, H., Choi, I., Schmidgall, J. & Bachman, L. F. (2012). Review of Pearson Test of English Academic: Building an assessment use argument. *Language Testing*, 29(4), 603-619.

Wang, L. & Fan, J. (2020). Assessing Business English writing: The development and validation of a proficiency scale. *Assessing Writing*, 46, 100490.

Wang, W.-C. & Wilson, M. (2005). The Rasch testlet model. *Applied Psychological Measurement*, 29(2), 126-149.

Weaver, C. (2005). Using the Rasch model to develop a measure of second language learners' willingness to communicate within a language classroom. *Journal of Applied Measurement*, 6(4), 396-415.

Weigle, S. C. (2002). *Assessing Writing*. Cambridge: Cambridge University Press.

Widdowson, H. G. (1996). *Linguistics*. Oxford: Oxford University Press.

Wind, S. A. & Peterson, M. E. (2018). A systematic review of methods for evaluating rating quality in language assessment. *Language Testing*, 35(2), 161-192.

Winke, P., Gass, S. & Myford, C. (2013). Raters' L2 background as a potential source of bias in rating oral performance. *Language Testing*, 30(2), 231-252.

Wright, B. D. (1992). Point-biserials and item fits. *Rasch Measurement Transactions*, 5(4), 174.

Wu, J. R. W. & Wu, R. Y. F. (2010). Relating the GEPT reading comprehension tests to the CEFR. In W. Martyniuk (Ed.), *Aligning Tests with the CEFR: Reflections on Using the Council of Europe's Draft Manual* (pp. 204-224). Cambridge: Cambridge University Press.

Xi, X. & Mollaun, P. (2011). Using raters from India to score a large-scale speaking test. *Language Learning*, 61(4), 1222-1255.

Xi, X. (2010). How do we go about investigating test fairness? *Language Testing*, 27(2), 147-170.

Yan, X. (2014). An examination of rater performance on a local oral English proficiency test: A mixed-methods approach. *Language Testing*, 31(4), 501-527.

Yan, X., Zhang, C. & Fan, J. J. (2018). "*Assessment knowledge is important, but …*": How contextual and experiential factors mediate assessment practice and training needs of language teachers. *System*, 74, 158-168.

Yen, W. M. (1984). Effects of local item dependence on the fit and equating performance of the three-parameter logistic model. *Applied Psychological Measurement*, 8(2), 125-145.

Youn, S. J. (2015). Validity argument for assessing L2 pragmatics in interaction using mixed methods. *Language Testing*, 32(2), 199-225.

Zumbo, B. D. (2007). Three generations of DIF analyses: Considering where it has been, where it is now, and where it is going. *Language Assessment Quarterly*, 4(2), 223-233.

陈建林. 2016. 大规模英语考试作文评分标准效度验证. 中国考试,（1）: 29-38.

陈瑶、周榕 . 2018. 基于 Rasch 模型的高考英语完形填空题质量探究 . 外语测试与教学,（1）：39-47+64.

戴朝晖、尤其达 . 2010. 大学英语计算机口语考试评分者偏差分析 . 外语界,（5）：87-95.

范劲松 . 2014. 语言测试的公平性研究：概念，理论与责任 . 外语测试与教学,（2）：11-19.

范劲松 . 2018. 标准化语言测试的标准制订与效度研究 . 上海：复旦大学出版社 .

范劲松、季佩英 . 2015. 口语测试中分析性评分量表的构念效度研究 . 中国外语教育,（3）：85-94+110.

范劲松、季佩英 . 2017. 翻译教学中的师评、自评和互评研究——基于多层面 Rasch 模型的方法 . 外语界,（4）：61-70.

范劲松、任伟 . 2017. 结构方程模型在我国外语界的应用 . 现代外语,（3）：407-419+439.

范劲松、季佩英、俞理明 . 2014. 语言测试效度研究的另一视角：考试的因子结构研究 . 外语教学理论与实践,（4）：34-40+93.

郭聪颖、边玉芳 . 2013. 题组项目功能差异（DIF）检验方法的应用探索 . 心理学探新,（5）：423-429.

韩宝成、罗凯洲 . 2013. 语言测试效度及其验证模式的嬗变 . 外语教学与研究,（3）：411-425+481.

何莲珍、张洁 . 2008. 多层面 Rasch 模型下大学英语四、六级考试口语考试（CET-SET）信度研究 . 现代外语,（4）：388-398+437.

黄玮莹 . 2011. 中外大学英语教师写作评分行为的对比分析 . 外语测试与教学,（4）：27-32+55.

教育部考试中心 . 2018. 中国英语能力等级量表 . 北京：高等教育出版社 .

揭薇 . 2018. 基于多面 Rasch 模型的商务英语口语测试评分研究 . 山东外语教学,（3）：22-32+49.

揭薇 . 2019. 英语口语考试与中国英语能力等级量表对接研究——以 CET-SET 4 为例 . 外语界,（1）：71-80.

金艳、杨惠中 . 2018. 走中国特色的语言测试道路：大学英语四、六级考试三十年的启示 . 外语界，（2）：29-39.

李兰荣 . 2015. PLAB 能测量中国学生的外语学能吗？——一项基于 Rasch 模型的研究 . 外语测试与教学，（2）：11-20.

李清华、孔文 . 2010. TEM-4 写作新分项式评分标准的多层面 Rasch 模型分析 . 外语电化教学，（1）：19-25.

李筱菊 . 1997. 语言测试科学与艺术 . 长沙：湖南教育出版社 .

林椿、肖云南 . 2018. 中国大学生英语写作测试中母语与非母语评分员行为的对比分析 . 中国外语，（5）：72-84.

刘建达 . 2007. 语用能力测试的评卷对比研究 . 现代外语，（4）：395-404+438.

刘建达、吕剑涛 . 2012. Rasch 模型等值多套英语试卷的可行性研究 . 现代外语，（4）：401-408+438.

马利红、刘坚 . 2021. 外语写作思辨能力评价效度研究——基于多面 Rasch 模型分析 . 外语教学理论与实践，（2）：97-107+115.

孙海洋、魏梅 . 2012. 口语测试评分标准的现代测试学分析 . 外语与外语教学，（6）：66-70.

孙莉、伏潇涵 . 2021. 基于多面 Rasch 模型的语用能力量表自评效度研究 . 西安外国语大学学报，（2）：52-57.

谭智 . 2008. 应用 Rasch 模型分析英语写作评分行为 . 外语教学理论与实践，（1）：26-31.

王初明、亓鲁霞 . 2013. 读后续写题型研究 . 外语教学与研究，（5）：707-718+800.

王蕾、黄晓婷 . 2012. 高中英语学习策略量表编制与 Rasch 多维度分析 . 心理学探新，（1）：72-76.

温倩 . 2019. 多面 Rasch 模型的商务谈判口译行为测试效度验证 . 中国外语，（3）：73-82.

吴越 . 2017. 读写结合写作测试任务效度研究——结合定量统计和定性描述的方法 . 外语电化教学，（1）：55-61.

徐鹰 . 2013. 不同性别评分人差异的实证研究 . 外语测试与教学，（3）：
16-24.

徐鹰 . 2015a. 评分人个性化反馈信息对 CET4 作文评分人决策的影响
研究 . 外语测试与教学，（1）：1-11.

徐鹰 . 2015b. 评分经验对 CET-4 作文评分人差异的影响研究 . 中国外
语教育，（3）：74-84+109.

许艺、杨扬、穆雷 . 2019. 中国英语能力等级量表口译能力描述语分级
验证研究 . 外语界，（4）：24-31+66.

张春青 . 2015. 高考英语语法填空题构念效度的 Rasch 模型分析 . 现代
外语，（2）：258-268+293.

张培欣、范劲松、贾文峰 . 2021. 国际语言测试研究热点与趋势分析
（2008-2018）. 外语教学与研究，（4）：618-627+641.

张文星、邹申 . 2015. 基于多层面 Rasch 模型的 TEM-4 作文评分员效
应研究 . 中国外语教育，（3）：61-73+109.

张晓艺 . 2017. 英语阅读能力描述语的"可理解性"研究：外语学习者
视角 . 外语界，（5）：12-21.

张晓艺、金艳 . 2019. 评分量表对口语考试构念效度的影响：交互构念
理论视角 . 外语界，（1）：61-70.

张新玲、曾用强、张洁 . 2010. 对大规模读写结合写作任务的效度验
证 . 解放军外国语学院学报，（2）：50-54+128.

周燕、曾用强 . 2016. 机助英语听说考试计算机自动评分的多层面
Rasch 模型分析 . 外语测试与教学，（1）：22-31.

朱正才、杨惠中、杨浩然 . 2003. Rasch 模型在 CET 考试分数等值中的
应用 . 现代外语，（1）：69-75.

邹绍艳、金艳 . 2020.《欧洲语言共同参考框架》写作能力量表的语境
效度研究 . 外语教学，（1）：34-39.

附录

附录一　在 Winsteps 中运行基础 Rasch 模型的操作步骤

本附录对应第三章"基础 Rasch 模型"。附录分为两部分：第一部分介绍如何在 Winsteps 软件中使用基础 Rasch 模型对 0/1 类型的数据进行分析，如何把被试能力测量值转换为分数（数据文件：Ch3_Listening data.xlsx）；第二部分介绍如何在 Winsteps 软件中对多项选择题干扰项进行分析（数据文件：Ch3_MCQ.xlsx）。本书读者可在随书附上的"附录一数据"文件夹 [1] 中找到相应 Excel 数据与已生成的 txt 控制文件。

第一部分：基础 Rasch 模型（0/1 计分）、被试能力测量值转换为分数

1、双击运行 Winsteps 软件：

1　附录一至四的数据详见高等英语教学网，网址：https://heep.fltrp.com/book/detail?id=3979&categoryId=10022&seriesId=11090

2、单击"Import from Excel, R, SAS, SPSS, STATA, Tabbed Text"：

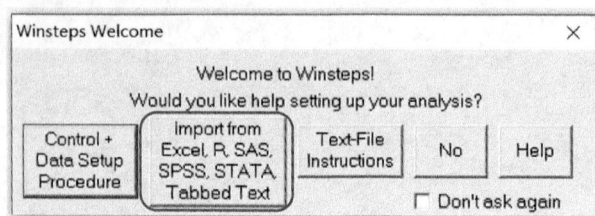

3、单击"Excel"（本附录以 Excel 数据为例进行导入，读者也可按照自己的需求将数据保存为下图中其他格式的文件进行导入）：

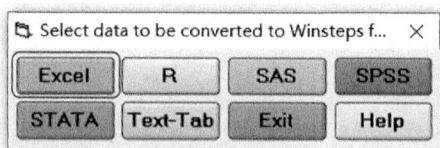

4、单击"Select Excel file"：

5、选择数据文件路径，单击"打开"（这里，我们以作者在自己电脑上的文件保存数据路径为例，读者在实际操作时，可按照个人习惯将数据文件存放在合适的文件夹里）：

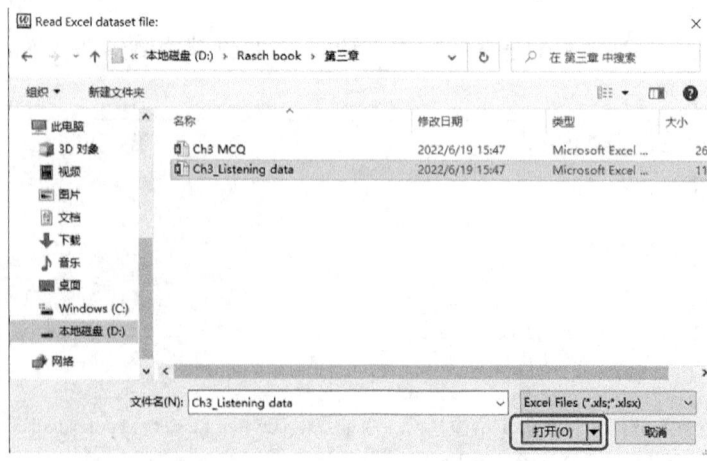

6、打开数据文档后，屏幕出现以下数据准备页面：

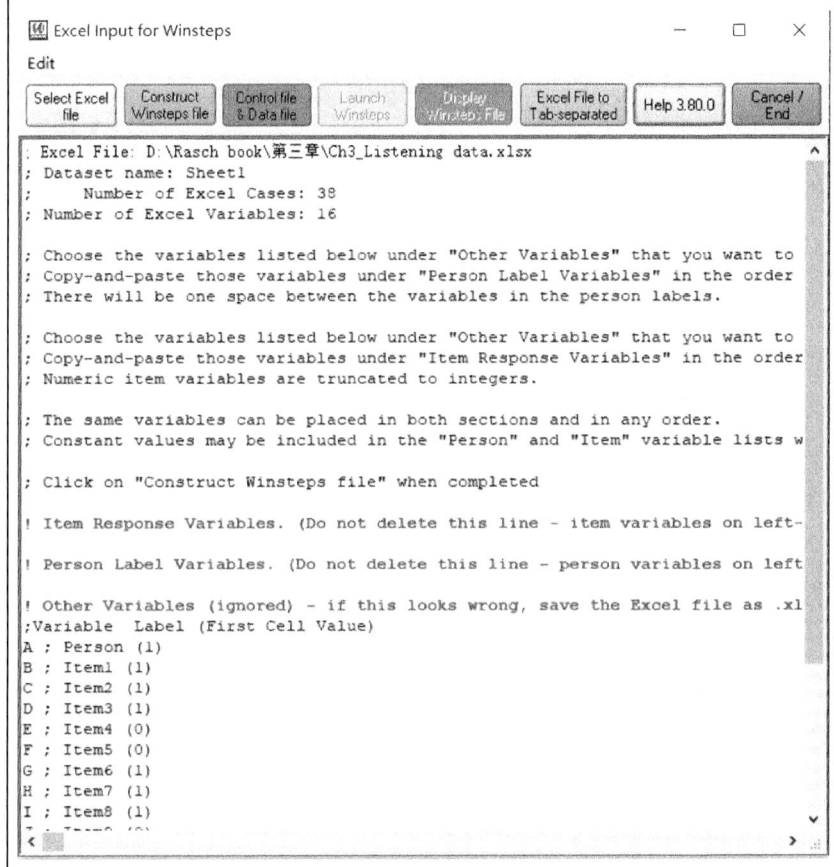

7、剪切并粘贴所有被试变量（下图椭圆形框）至 "Person Label Variables" 下；剪切并粘贴所有项目变量（下图矩形框）至 "Item Response Variables" 下：

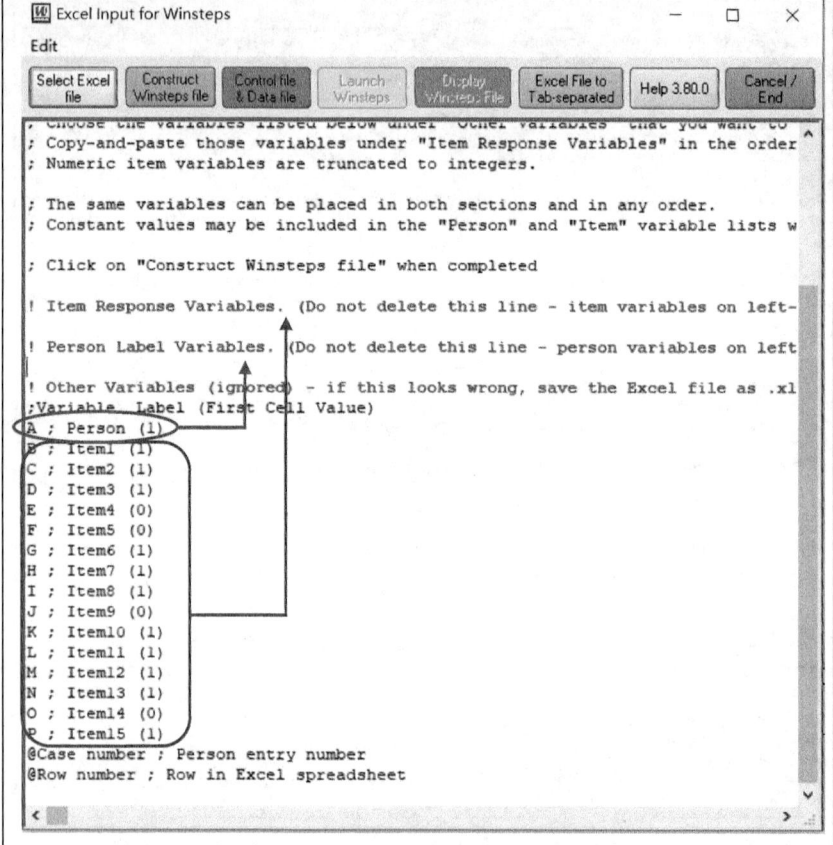

8、单击 "Construct Winsteps file"：

```
[W] Excel Input for Winsteps                          —  □  ×
Edit
Select Excel  Construct   Control file    Launch      Display      Excel File to  Help 3.80.0  Cancel /
file          Winsteps file & Data file   Winsteps    Winsteps File Tab-separated               End
F ; Item5 (0)
G ; Item6 (1)
H ; Item7 (1)
I ; Item8 (1)
J ; Item9 (0)
K ; Item10 (1)
L ; Item11 (1)
M ; Item12 (1)
N ; Item13 (1)
O ; Item14 (0)
P ; Item15 (1)|
! Person Label Variables. (Do not delete this line - person variables on left
A ; Person (1)
! Other Variables (ignored) - if this looks wrong, save the Excel file as .xl
;Variable  Label (First Cell Value)
A ; Person (1)
B ; Item1 (1)
C ; Item2 (1)
D ; Item3 (1)
E ; Item4 (0)
F ; Item5 (0)
G ; Item6 (1)
H ; Item7 (1)
I ; Item8 (1)
J ; Item9 (0)
K ; Item10 (1)
L ; Item11 (1)
M ; Item12 (1)
N ; Item13 (1)
O ; Item14 (0)
P ; Item15 (1)
@Case number ; Person entry number
@Row number ; Row in Excel spreadsheet
```

9、接着，Winsteps 将自动把生成的 txt 控制文件放入与第 5 步 Excel 数据文件所在的相同文件夹内。读者自行输入一个文件名（如下图的 Ch3_Listening data），单击"保存"。

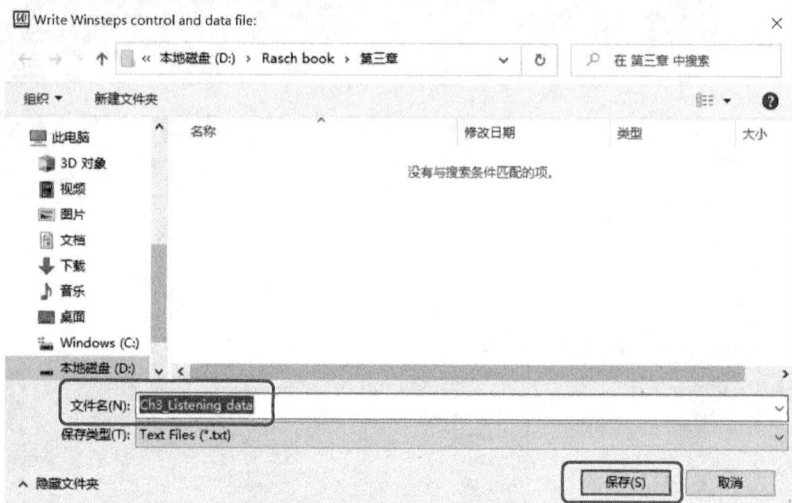

10、待完成运算后，屏幕出现生成的 Winsteps 控制文件。此时可浏览数据，检查是否正确，检查无误后可单击右上角"X"关闭此文件。之前用以导入 Excel 数据的 Winsteps 窗口亦可关闭：

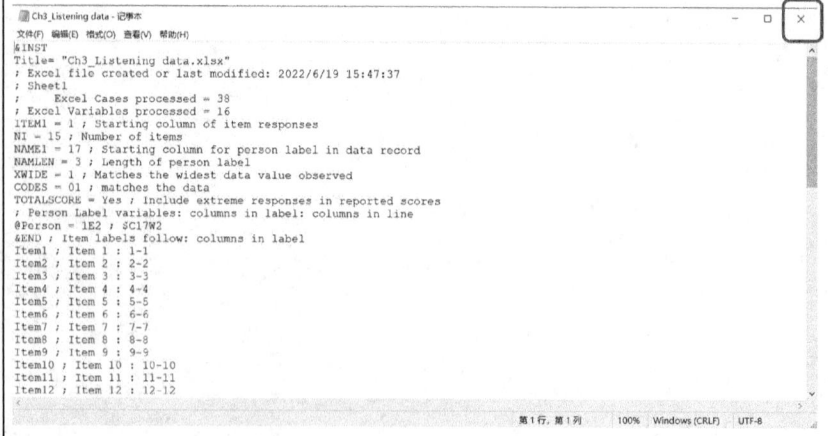

```
Excel Input for Winsteps                              —  □  ×
Edit
[Select Excel file] [Construct Winsteps file] [Control file & Data file] [Launch Winsteps] [Display Winsteps File] [Excel File to Tab-separated] [Help 3.80.0] [Cancel / End]

L ; Item11 (1)                                                        ^
M ; Item12 (1)
N ; Item13 (1)
O ; Item14 (0)
P ; Item15 (1)
! Person Label Variables. (Do not delete this line - person variables on left
A ; Person (1)
! Other Variables (ignored) - if this looks wrong, save the Excel file as .xl
;Variable  Label (First Cell Value)
A ; Person (1)
B ; Item1 (1)
C ; Item2 (1)
D ; Item3 (1)
E ; Item4 (0)
F ; Item5 (0)
G ; Item6 (1)
H ; Item7 (1)
I ; Item8 (1)
J ; Item9 (0)
K ; Item10 (1)
L ; Item11 (1)
M ; Item12 (1)
N ; Item13 (1)
O ; Item14 (0)
P ; Item15 (1)
@Case number ; Person entry number
@Row number ; Row in Excel spreadsheet
; Scanning the data: D:\Rasch book\第三章\Ch3_Listening data.xlsx
;>===================================================<
; Formatting the data: D:\Rasch book\第三章\Ch3_Listening data.txt
;>===================================================<
; Created:  D:\Rasch book\第三章\Ch3_Listening data.txt
<
```

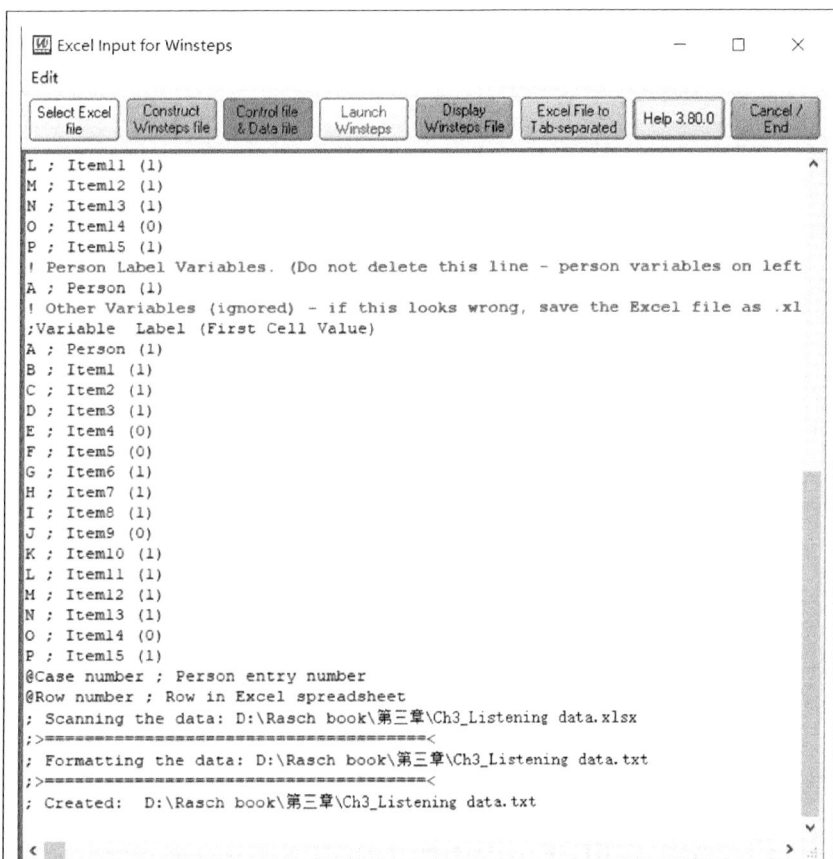

11、回到 Winsteps 主窗口，单击回车键，在弹出的对话框中，找到第 9 步保存 Winsteps 控制文件的文件夹，选中所需 txt 控制文件，单击"打开"：

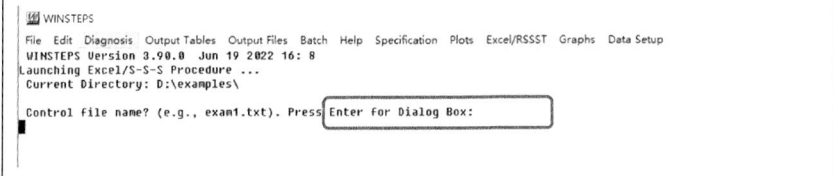

```
WINSTEPS
File Edit Diagnosis Output Tables Output Files Batch Help Specification Plots Excel/RSSST Graphs Data Setup
WINSTEPS Version 3.90.0  Jun 19 2022 16: 8
Launching Excel/S-S-S Procedure ...
Current Directory: D:\examples\

Control file name? (e.g., exam1.txt). Press [Enter for Dialog Box:]
```

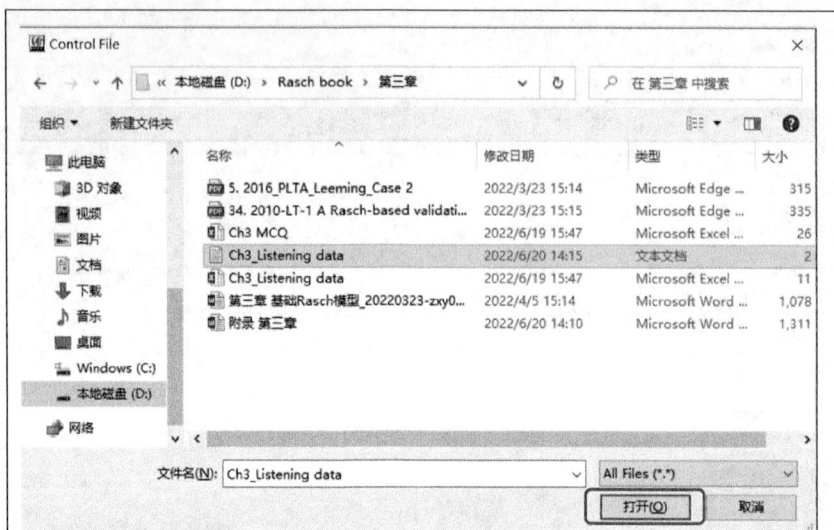

12、屏幕出现以下画面，单击回车：

```
Ch3_Listening data.txt
File  Edit  Diagnosis  Output Tables  Output Files  Batch  Help  Specification  Plots  Excel/RSSST  Graphs  Data Setup
WINSTEPS Version 3.90.0  Jun 20 2022 14:13
Launching Excel/S-S-S Procedure ...
 Current Directory: D:\examples\

 Control file name? (e.g., exam1.txt). Press Enter for Dialog Box:

Previous Directory: D:\examples\
 Current Directory: D:\Rasch book\第三章\

D:\Rasch book\第三章\Ch3_Listening data.txt

 Report output file name (or press Enter for temporary file, Ctrl+O for Dialog Box):
```

13、屏幕出现以下画面，继续单击回车：

```
Ch3_Listening data.txt
File  Edit  Diagnosis  Output Tables  Output Files  Batch  Help  Specification  Plots  Excel/RSSST  Graphs  Data Setup
WINSTEPS Version 3.90.0  Jun 20 2022 14:13
Launching Excel/S-S-S Procedure ...
 Current Directory: D:\examples\

 Control file name? (e.g., exam1.txt). Press Enter for Dialog Box:

Previous Directory: D:\examples\
 Current Directory: D:\Rasch book\第三章\

D:\Rasch book\第三章\Ch3_Listening data.txt

 Report output file name (or press Enter for temporary file, Ctrl+O for Dialog Box):

 Extra specifications (if any). Press Enter to analyze:
```

14、经过短暂计算后，屏幕定格在以下画面，代表 Winsteps 计算完成：

15、此时，可通过单击顶部功能栏的 "Output tables" 查看 Winsteps 的运算结果，这些结果与第三章 3.2 至 3.6 节中图表的对应关系如下所示。多项选择题的干扰项分析也可在 Output Tables 中的试题统计分析中进行，具体操作步骤见本附录第二部分。接下来，我们介绍如何在 Winsteps 把被试能力测量值转换为分数。

16、在 Winsteps 中进行分数转换：单击"Output Tables"中的"20. Score table"，在弹出页面中找到"To set measure range to match raw score range"一行，记下 UIMEAN=7.5034，USCALE=1.7423。这里的意思是，如果我们想要将学生能力估值转换为与试卷原始分相匹配的数值，我们需要将被试能力平均值设为新值 7.5034，将定标设为新值 1.7423。

17、回到 Winsteps 的主分析页面，单击"Help"，选择下拉菜单中的"Scaling calculator"。在弹出的页面中，将上一步中记下的"UIMEAN=7.5034 USCALE=1.7423"输入计算器中，单击"Specify New"，Winsteps 即自动将学生能力估值转换为与试卷原始分相匹配的数值。这一转换结果可以通过再次访问"Output Tables"下拉菜单中的"Table 20. Score Table"获得（见本步骤中的最后一张图 TABLE OF MEASURES ON TEST OF 15 ITEM）。例如，能力估值为 2.26 logits 的学生，其得分可直接报为 1 分，能力估值为 15.00 logits 的学生，其得分可直接报为满分 15 分。

若我们想将考生能力值转换为百分制分数进行报告，我们需在步骤 16 的弹出页面中找到"To set measure range as 0-100"一行，记下相应新值并重复步骤 17。

```
                    TABLE OF MEASURES ON TEST OF 15 ITEM
---------------------------------------------------------------------
| SCORE  MEASURE    S.E.  | SCORE  MEASURE    S.E. | SCORE  MEASURE    S.E. |
|------------------------+-----------------------+------------------------|
|    0     .00E     3.24  |    6    6.66     1.01 |   12    10.36     1.20 |
|    1    2.26     1.85  |    7    7.23      .99 |   13    11.30     1.39 |
|    2    3.70     1.39  |    8    7.79      .99 |   14    12.74     1.85 |
|    3    4.65     1.20  |    9    8.36     1.00 |   15    15.00E    3.24 |
|    4    5.40     1.10  |   10    8.95     1.04 |                        |
|    5    6.06     1.04  |   11    9.60     1.10 |                        |
---------------------------------------------------------------------
```

第二部分：多项选择题干扰项分析

1、新运行一个 Winsteps 程序，选择文件夹中"Ch3_MCQ"Excel 数据文件，重复第一部分的步骤 1—10，生成 Winsteps 控制文件"Ch3_MCQ.txt"。由于原数据文件中并未提供每道题的答案，我们需打开这个生成控制文件"Ch3_MCQ.txt"，按照下图方式插入"KEY = DBBCBADABCCBADDCDAAC ;keys of items 1-20"补充这一信息，并保存更改：

```
Ch3_MCQ - 记事本
文件(F) 编辑(E) 格式(O) 查看(V) 帮助(H)
&INST
Title= "Ch3_MCQ.xlsx"
; Excel file created or last modified: 2022/6/21 14:40:04
; Sheet1
;        Excel Cases processed = 100
; Excel Variables processed = 21
ITEM1 = 1 ; Starting column of item responses
NI = 20 ; Number of items
NAME1 = 22 ; Starting column for person label in data record
NAMLEN = 4 ; Length of person label
XWIDE = 1 ; Matches the widest data value observed
; GROUPS = 0 ; Partial Credit model: in case items have different rating scales
CODES = "DCAB " ; matches the data
TOTALSCORE = Yes ; Include extreme responses in reported scores
; Person Label variables: columns in label: columns in line
@Candidate = 1-3 ; $C22W3
&END ; Item labels follow: columns in label
ITEM1 ; Item 1 : 1-1
ITEM2 ; Item 2 : 2-2
ITEM3 ; Item 3 : 3-3
ITEM4 ; Item 4 : 4-4
ITEM5 ; Item 5 : 5-5
ITEM6 ; Item 6 : 6-6
ITEM7 ; Item 7 : 7-7
ITEM8 ; Item 8 : 8-8
ITEM9 ; Item 9 : 9-9
ITEM10 ; Item 10 : 10-10
ITEM11 ; Item 11 : 11-11
ITEM12 ; Item 12 : 12-12
ITEM13 ; Item 13 : 13-13
ITEM14 ; Item 14 : 14-14
ITEM15 ; Item 15 : 15-15
ITEM16 ; Item 16 : 16-16
ITEM17 ; Item 17 : 17-17
ITEM18 ; Item 18 : 18-18
ITEM19 ; Item 19 : 19-19
ITEM20 ; Item 20 : 20-20
END NAMES
DCCDACADABABBCDADCAC    1
DAACABADBCCCAADCBCDA    2
BACDCCADBAABAAADDCDD    3
CDDDBDBDBBDDBBABACDC    4
```

此行后另起一行，插入"KEY = DBBCBADABCCBADDCDAAC ;keys of items 1-20"，如下所示。

```
CODES = "DCAB " ; matches the data
KEY = DBBCBADABCCBADDCDAAC ;keys of items 1-20
TOTALSCORE = Yes ; Include extreme responses in reported scores
```

2、在 Winsteps 中运行修改后的 txt 控制文件 "Ch3_MCQ"（即重复第一部分中的步骤 11—14 ）。屏幕定格在以下画面，表示 Winsteps 运算完成：

```
Ch3_MCQ.txt

File  Edit  Diagnosis  Output Tables  Output Files  Batch  Help  Specification  Plots  Excel/RSSST  Graphs  Data Setup
|Control: \Rasch book\?-  -\Ch3_MCQ.txt Output: \?-  -\ZOU874WS.TXT
|    JMLE     MAX SCORE    MAX LOGIT    LEAST CONVERGED    CATEGORY STRUCTURE|
| ITERATION   RESIDUAL*     CHANGE    PERSON    ITEM    CAT   RESIDUAL   CHANGE|
>===========================================<
|     1        -.90       -.0313      9       17*                           |
>===========================================<
|     2        -.28       -.0106      9       17*                           |
>===========================================<
|     3        -.08       -.0033      9        9*                           |
----------------------------------------------

Calculating Fit Statistics
>===========================================<
Time for estimation: 0:0:0.800
Processing Table 0
Ch3_MCQ.xlsx

| PERSON     100 INPUT    100 MEASURED             INFIT        OUTFIT    |
|            TOTAL     COUNT    MEASURE   REALSE   IMNSQ  ZSTD  OMNSQ  ZSTD|
| MEAN        5.3      20.0     -1.26     .58     1.00    .1   1.05    .1|
| P.SD        2.0       .0       .63      .10      .16    .7    .66    .8|
| REAL RMSE   .59 TRUE SD   .20 SEPARATION  .34 PERSON RELIABILITY  .11|
----------------------------------------------
| ITEM       20 INPUT     20 MEASURED             INFIT        OUTFIT    |
|            TOTAL     COUNT    MEASURE   REALSE   IMNSQ  ZSTD  OMNSQ  ZSTD|
| MEAN       26.5     100.0      .00      .26     1.00    .0   1.05    .1|
| P.SD       14.2       .0       .85      .06      .04    .6    .28    .8|
| REAL RMSE   .27 TRUE SD   .81 SEPARATION  2.99 ITEM RELIABILITY  .90|
----------------------------------------------
Output written to D:\Rasch book\第三章\ZOU874WS.TXT
CODES= DCAB
Measures constructed: use "Diagnosis" and "Output Tables" menus
```

3、单击 "Output Tables"，选择试题统计分析相关表格。我们这里以题号顺序为标准进行选择，单击 "14. ITEM: entry"，即可得到第三章中干扰项分析的输出表格。

表3.7 多项选择题干扰项分析结果例证
（基础Rasch模型）

附录二 在 Winsteps 中运行部分得分模型与评分量表模型的操作步骤

本附录主要对应第四章"部分得分模型与评分量表模型"。附录分为两部分：第一部分介绍如何在 Winsteps 软件中使用部分得分模型进行分析（数据文件：Ch4_Spot dicatation.xlsx）；第二部分介绍使用评分量表模型的操作步骤（数据文件：Ch4_Test anxiety organized data. xlsx）。本书读者可在随书附上的"附录二数据"文件夹中找到相应 Excel 数据与已生成的 txt 控制文件。

第一部分：部分得分模型

1、双击运行 Winsteps 软件：

2、单击 "Import from Excel, R, SAS, SPSS, STATA, Tabbed Text"：

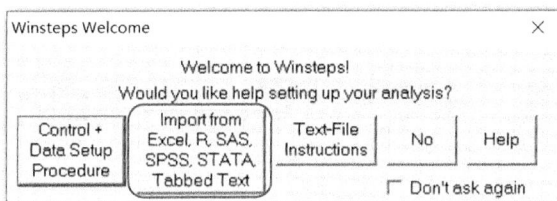

3、单击 "Excel"（本附录以 Excel 数据为例进行导入，读者也可按照自己的需求将数据保存为下图中其他格式的文件进行导入）：

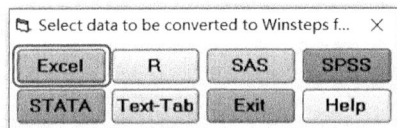

4、单击 "Select Excel file"：

5、选择需导入数据的文件路径，单击 "打开"（这里，我们以作者在自己电脑上的文件保存数据路径为例，读者在实际操作时，可按照个人习惯将数据文件存放在合适的文件夹里）：

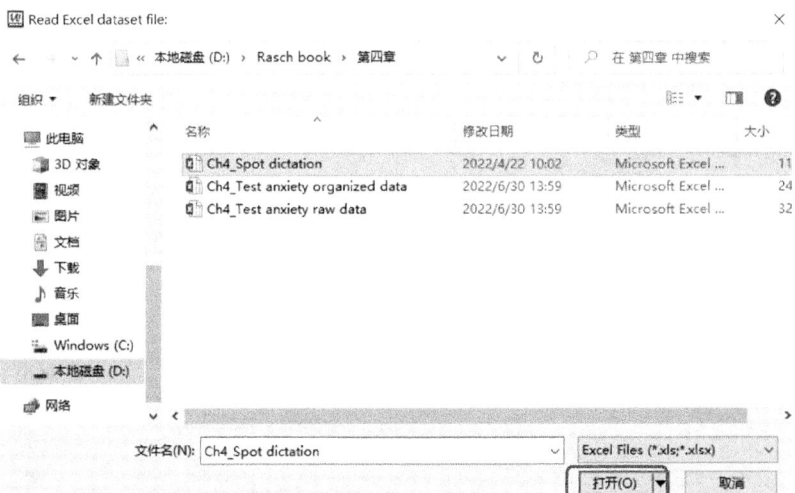

6、打开数据文档后，屏幕出现以下数据准备页面：

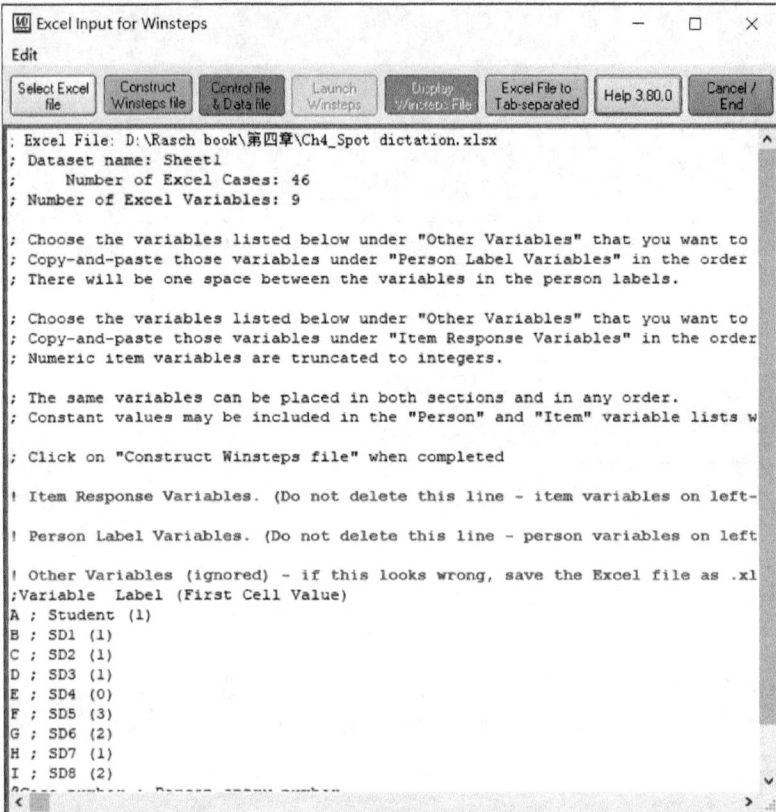

7、剪切并粘贴所有被试变量（下图椭圆形框）至 "Person Label Variables" 下；剪切并粘贴所有项目变量（下图矩形框）至 "Item Response Variables" 下：

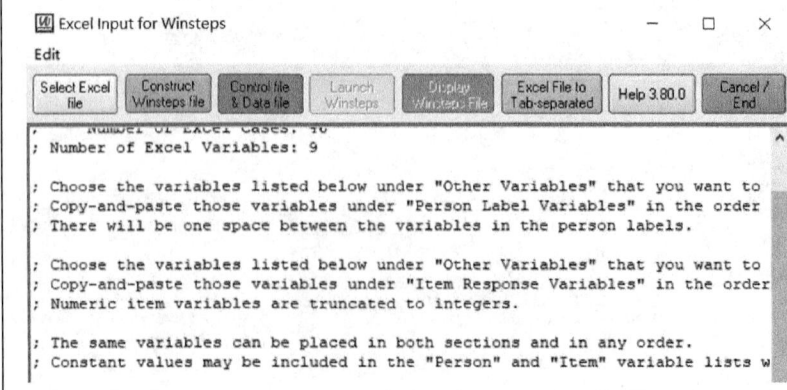

```
; Click on "Construct Winsteps file" when completed

! Item Response Variables. (Do not delete this line - item variables on left-

! Person Label Variables. (Do not delete this line - person variables on left

! Other Variables (ignored) - if this looks wrong, save the Excel file as .xl
;Variable  Label (First Cell Value)
A ; Student (1)
B ; SD1 (1)
C ; SD2 (1)
D ; SD3 (1)
E ; SD4 (0)
F ; SD5 (3)
G ; SD6 (2)
H ; SD7 (1)
I ; SD8 (2)
@Case number ; Person entry number
@Row number ; Row in Excel spreadsheet
```

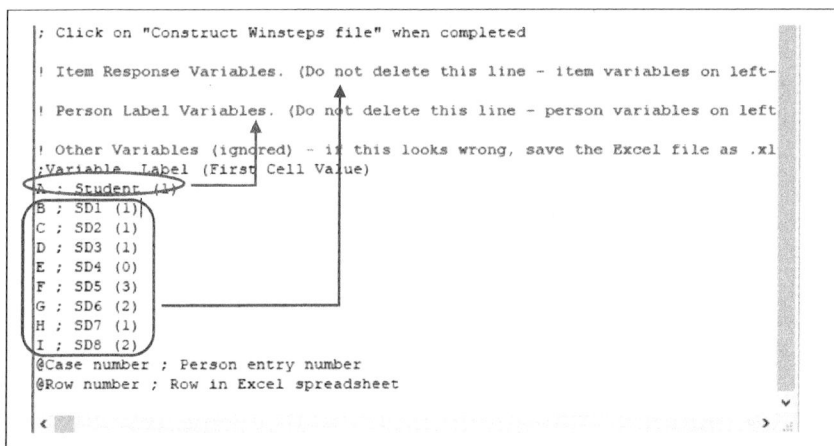

8、单击 "Construct Winsteps File"：

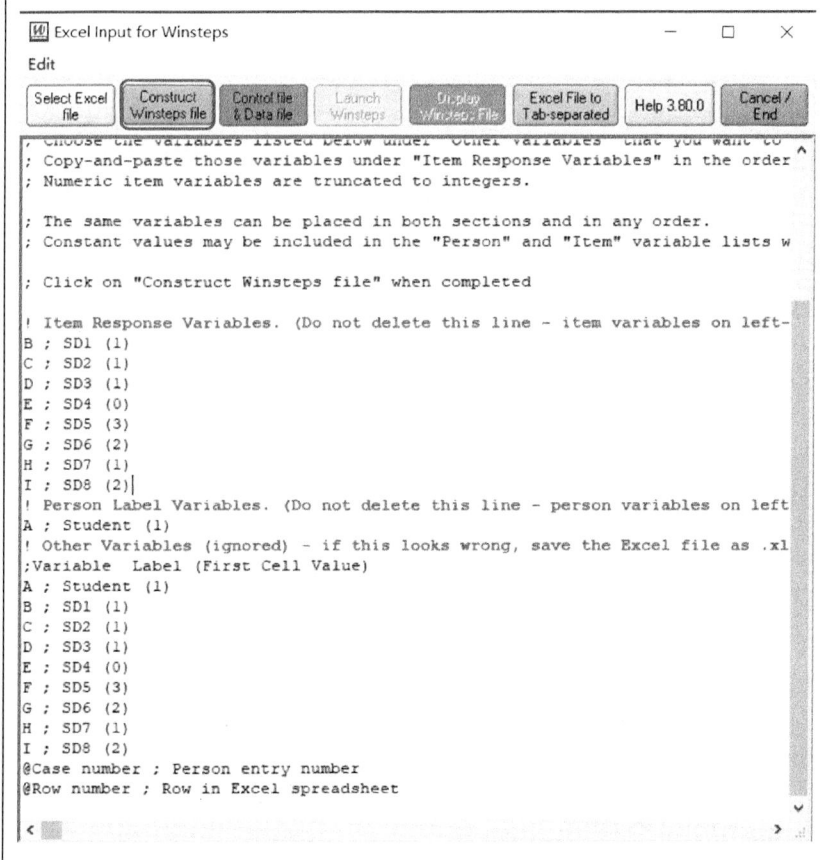

Excel Input for Winsteps — □ ×

Edit

| Select Excel file | Construct Winsteps file | Control file & Data file | Launch Winsteps | Display Winsteps File | Excel File to Tab-separated | Help 3.80.0 | Cancel / End |

```
; Choose the variables listed below under "Other variables" that you want to
; Copy-and-paste those variables under "Item Response Variables" in the order
; Numeric item variables are truncated to integers.

; The same variables can be placed in both sections and in any order.
; Constant values may be included in the "Person" and "Item" variable lists w

; Click on "Construct Winsteps file" when completed

! Item Response Variables. (Do not delete this line - item variables on left-
B ; SD1 (1)
C ; SD2 (1)
D ; SD3 (1)
E ; SD4 (0)
F ; SD5 (3)
G ; SD6 (2)
H ; SD7 (1)
I ; SD8 (2)
! Person Label Variables. (Do not delete this line - person variables on left
A ; Student (1)
! Other Variables (ignored) - if this looks wrong, save the Excel file as .xl
;Variable  Label (First Cell Value)
A ; Student (1)
B ; SD1 (1)
C ; SD2 (1)
D ; SD3 (1)
E ; SD4 (0)
F ; SD5 (3)
G ; SD6 (2)
H ; SD7 (1)
I ; SD8 (2)
@Case number ; Person entry number
@Row number ; Row in Excel spreadsheet
```

9、接着，Winsteps 将把生成的 txt 控制文件保存至第 5 步中 Excel 数据文件所在的文件夹中。我们可自行输入一个文件名（如下图的 Ch4_Spot dictation），单击"保存"：

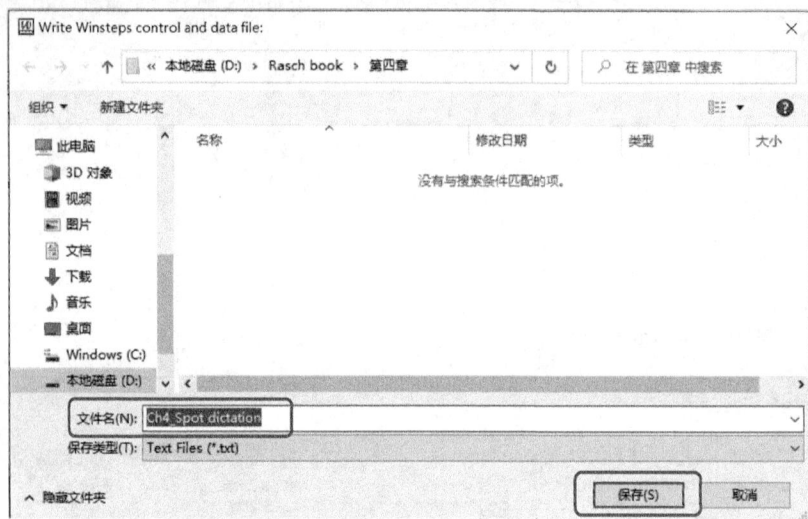

10、待完成运算后，屏幕出现生成的 Winsteps 控制文件，我们这里需对该文件中的命令作一点小改动，让 Winsteps 识别我们采用的是部分评分模型。

首先，Winsteps 控制文件是通过"ISGROUPS="或"GROUPS="命令识别模型的。当控制文件省略"ISGROUPS="或"GROUPS="这一命令时：

1) 如果输入数据仅含两个类别，那么 Winsteps 默认使用基础 Rasch 模型；

2) 如果输入数据包含的类别超过两个，那么 Winsteps 默认使用评分量表模型。

当控制文件中包含"ISGROUPS=0"或"GROUPS=0"这一命令时，Winsteps 使用部分评分模型。

这里需要说明的是，控制文件省略某一命令，可以有两种呈现形式：

1）控制文件中没有出现相关命令，如附录一（第三章附录）中的控制文件"Ch3_Listening data.txt"。由于在数据文件 Listening data 中我们用的是 0/1 数据，因此 Winsteps 默认使用基础 Rasch 模型。

2）相关文字出现在分号后面。Winsteps 控制文件中分号后的内容是对分号前指令的补充说明，分号后的内容并不会被 Winsteps 软件识别运算。例如，在这一步生成的控制文件中的"; GROUPS = 0 ; Partial Credit model: in case items have different rating scales"（见下图画横线部分），并不会被 Winsteps 软件识别。由于我们这里输入数据包含的类别超过两个，因此该 Winsteps 控制文件是默认使用评分量表模型的。

至此，相信读者朋友已经可以推断出，我们为了让 Winsteps 知道我们使用的是部分得分模型，需要对上述命令"; GROUPS = 0 ; Partial Credit model: in case items have different rating scales"作何改动了——非常简单，删除句首的分号即可（如下图所示）。如此一来，Winsteps 就能识别我们这里使用的是部分得分模型了。

在完成上述修改后，我们需要保存所作修改，在此之后可以关闭控制文件和之前生成控制文件的窗口：

```
Ch4_Spot dictation - 记事本                                    —    □    ×
文件(F)  编辑(E)  格式(O)  查看(V)  帮助(H)
&INST
Title= "Ch4_Spot dictation.xlsx"
; Excel file created or last modified: 2022/4/22 10:02:28
; Sheet1
;        Excel Cases processed = 46
; Excel Variables processed = 9
ITEM1 = 1 ; Starting column of item responses
NI = 8 ; Number of items
NAME1 = 10 ; Starting column for person label in data record
NAMLEN = 3 ; Length of person label
XWIDE = 1 ; Matches the widest data value observed
; GROUPS = 0 ; Partial Credit model: in case items have different rating
CODES = 01234 ; matches the data
TOTALSCORE = Yes ; Include extreme responses in reported scores
; Person Label variables: columns in label: columns in line
@Student = 1E2 ; $C10W2
&END ; Item labels follow: columns in label
SD1 ; Item 1 : 1-1
SD2 ; Item 2 : 2-2        删除句首的分号，其他部分保持不变，如下所示。
SD3 ; Item 3 : 3-3        GROUPS = 0 ; Partial Credit model: in case items have
SD4 ; Item 4 : 4-4        different rating scales
SD5 ; Item 5 : 5-5
SD6 ; Item 6 : 6-6
SD7 ; Item 7 : 7-7
SD8 ; Item 8 : 8-8
END NAMES
11103212  1
11013242  2
11113122  3
11112113  4
11113112  5
第 1 行，第 1 列    100%   Windows (CRLF)   UTF-8
```

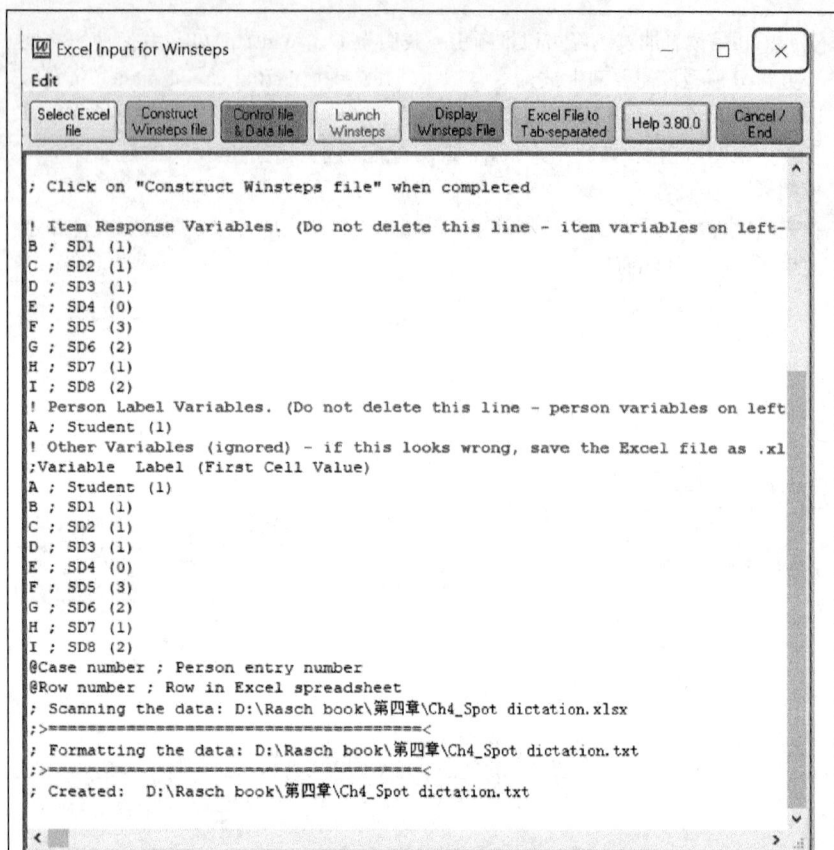

```
; Click on "Construct Winsteps file" when completed

! Item Response Variables. (Do not delete this line - item variables on left-
B ; SD1 (1)
C ; SD2 (1)
D ; SD3 (1)
E ; SD4 (0)
F ; SD5 (3)
G ; SD6 (2)
H ; SD7 (1)
I ; SD8 (2)
! Person Label Variables. (Do not delete this line - person variables on left
A ; Student (1)
! Other Variables (ignored) - if this looks wrong, save the Excel file as .xl
;Variable  Label (First Cell Value)
A ; Student (1)
B ; SD1 (1)
C ; SD2 (1)
D ; SD3 (1)
E ; SD4 (0)
F ; SD5 (3)
G ; SD6 (2)
H ; SD7 (1)
I ; SD8 (2)
@Case number ; Person entry number
@Row number ; Row in Excel spreadsheet
; Scanning the data: D:\Rasch book\第四章\Ch4_Spot dictation.xlsx
;>================================<
; Formatting the data: D:\Rasch book\第四章\Ch4_Spot dictation.txt
;>================================<
; Created:  D:\Rasch book\第四章\Ch4_Spot dictation.txt
```

11、回到 Winsteps 主窗口，单击回车键，接着在弹出的对话框中，找到第 9 步保存 Winsteps 控制文件的文件夹，选中 txt 控制文件，单击"打开"：

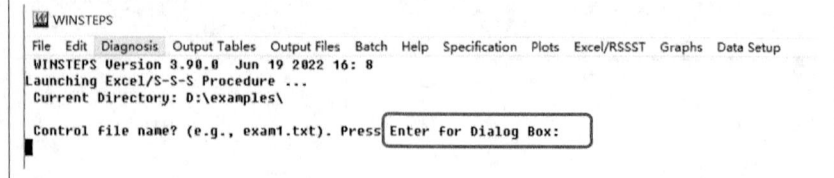

```
WINSTEPS

File Edit Diagnosis Output Tables Output Files Batch Help Specification Plots Excel/RSSST Graphs Data Setup
WINSTEPS Version 3.90.0  Jun 19 2022 16: 8
Launching Excel/S-S-S Procedure ...
 Current Directory: D:\examples\

 Control file name? (e.g., exam1.txt). Press Enter For Dialog Box:
```

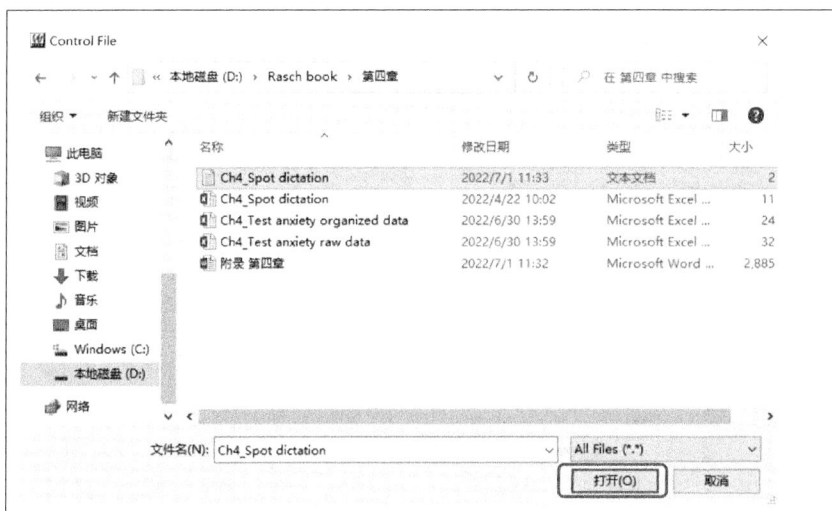

12、屏幕出现以下画面，单击回车：

13、屏幕出现以下画面，继续单击回车：

14、经过短暂计算后，屏幕定格在以下画面，代表 Winsteps 计算完成：

15、此时，可通过单击顶部功能栏的"Output tables"查看 Winsteps 的运算结果，这些结果与第四章 4.2.1 至 4.2.3 节中内容的对应关系如下。

我们将在后续步骤中介绍查看概率图分析、项目特征曲线和把被试能力转换为百分制分数进行报道的相关步骤。需要注意的是，由于 Winsteps 软件版本的差异，有时候生成的变量图在呈现上可能有细微差异，读者无需担心。为了方便截图，读者也可以根据自身需求在控制文件中使用一些命令改变变量图的大小。例如，我们可用"MAXPAGE="这一命令改变变量图的长短，用"LINELENGTH="这一命令改变变量图的宽窄。

16、概率图分析和项目特征曲线：我们可通过单击顶部功能栏的"Graphs"查看项目概率图分析和项目特征曲线，这些图片与第四章 4.2.4 至 4.2.5 节中内容的对应关系如下。

首先，我们可单击"Graphs"下的"Category Probability Curves"查看概率分析图。Winsteps 默认按照项目录入顺序展示的概率分析图，下图中的标题"1.SD1"即表示该图是 SD1 的概率分析图。若我们想要查看其他项目的概率分析图，只需单击图片右侧面板中的"Select Curves"，在弹出的窗口中选择想查看的项目。例如，我们想查看 SD8，那么在弹窗中单击"8.SD8"，屏幕上即会出现相应的概率分析曲线。

在概率分析图右侧面板中，我们也可以通过单击"Expected Score ICC"快速查看各项目的模型预期项目特征曲线，或单击"Exp+Empirical ICC"快速查看模型预期与实际项目特征曲线。当然，读者也可从工具栏上的"Graphs-Expected Score ICC"查看这些曲线（见本步骤第一张图）。

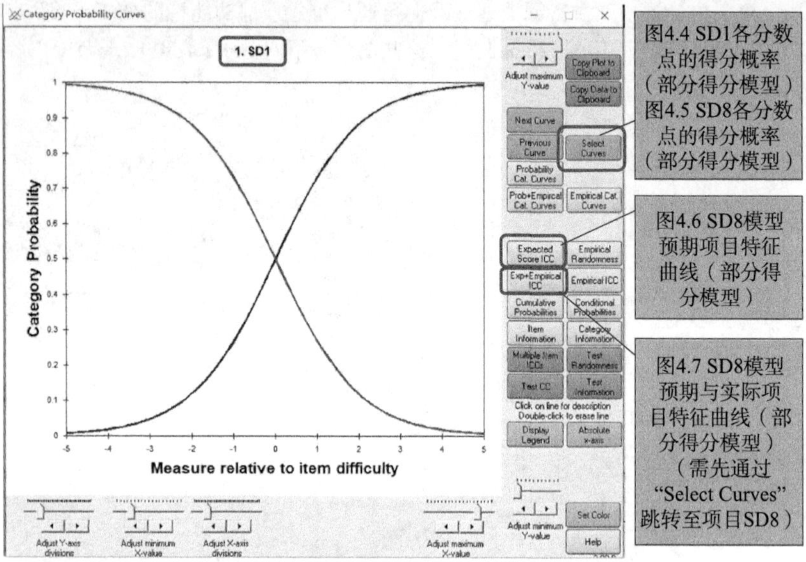

图4.4 SD1各分数点的得分概率（部分得分模型）
图4.5 SD8各分数点的得分概率（部分得分模型）

图4.6 SD8模型预期项目特征曲线（部分得分模型）

图4.7 SD8模型预期与实际项目特征曲线（部分得分模型）（需先通过"Select Curves"跳转至项目SD8）

17、在 Winsteps 中将被试能力转换为百分制分数进行报道：我们在附录一中介绍了如何在 Winsteps 中将被试能力估值转换为与试卷原始分相匹配的数值，这里我们介绍如何将被试能力估计值转换为百分制分数进行成绩报告。操作步骤与附录一中的相似，但我们需要注意使用 Winsteps 提供的另一组被试能力平均值与定标值。

首先，单击"Output Tables"中的"20. Score table"，在弹出页面中找到"TO SET MEASURE RANGE AS 0-100, UIMEAN=43.1180 USCALE=10.1821"一行，记下 UIMEAN=43.1180，USCALE=10.1821。这里的意思是，如果我们想要将被试能力估值转换为百分制，我们需要将被试能力平均值设为新的43.1180，将定标设为新的10.1821。

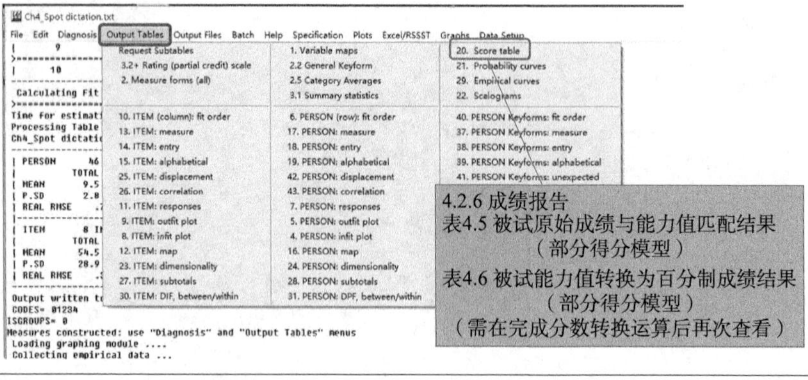

4.2.6 成绩报告
表4.5 被试原始成绩与能力值匹配结果（部分得分模型）
表4.6 被试能力值转换为百分制成绩结果（部分得分模型）（需在完成分数转换运算后再次查看）

```
20-135WS - 记事本                                           —    □    ×
文件(F) 编辑(E) 格式(O) 查看(V) 帮助(H)
TABLE 20.1 Ch4_Spot dictation.xlsx              ZOU135WS.TXT   Jul  1 2022 13:
INPUT: 46 PERSON  8 ITEM  REPORTED: 46 PERSON  8 ITEM  23 CATS  WINSTEPS 3.90
-------------------------------------------------------------------------------
               TABLE OF MEASURES ON TEST OF 8 ITEM
-------------------------------------------------------------------------------
| SCORE  MEASURE   S.E. | SCORE  MEASURE   S.E. | SCORE  MEASURE   S.E. |
|-----------------------+-----------------------+-----------------------|
|   1    -4.23E    1.89 |   7    -.33     .57   |   13    2.32     .82  |
|   2    -2.88     1.10 |   8     .00     .58   |   14    3.06     .92  |
|   3    -2.00      .82 |   9     .35     .61   |   15    4.12    1.17  |
|   4    -1.44      .69 |  10     .74     .64   |   16    5.59E   1.93  |
|   5    -1.02      .62 |  11    1.19     .69   |                       |
|   6     -.66      .58 |  12    1.71     .75   |                       |
-------------------------------------------------------------------------------
CURRENT VALUES, UIMEAN=.0000 USCALE=1.0000
TO SET MEASURE RANGE AS 0-100, UIMEAN=43.1180 USCALE=10.1821
TO SET MEASURE RANGE TO MATCH RAW SCORE RANGE, UIMEAN=7.4677 USCALE=1.5273
Predicting Score from Measure: Score = Measure * 1.8140 + 6.7624
Predicting Measure from Score: Measure = Score * .5290 + -3.5606
Statistically different levels of performance = 2.8 Reliability of levels = .8

          RAW SCORE-MEASURE OGIVE FOR COMPLETE TEST
     -+---------+---------+---------+---------+---------+---------+-
  16 +                                              E          +
E 15 +                                     *                   +
X 14 +                               *                         +
P 13 +                          *                              +
E 12 +                     *                                   +
C 11 +               *                                         +
```

18、回到 Winsteps 的主分析页面，单击"Help"，选择下拉菜单中的"Scaling calculator"。在弹出的页面中，将上一步中记下的"UIMEAN=43.1180，USCALE=10.1821"输入计算器，单击"Specify New"，Winsteps 即自动将学生能力估值转换为百分制分数。这一转换结果可以通过再次访问"Output Tables"下拉菜单中的"Table 20. Score Table"获得。

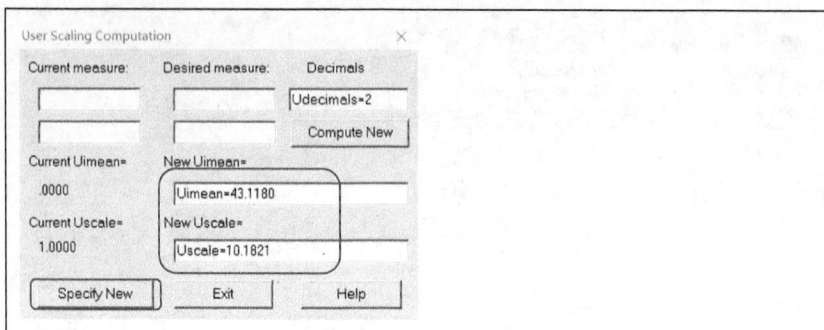

第二部分：评分量表模型

1、新运行一个 Winsteps 程序，选择文件夹中"Ch4_Test anxiety organized data. xlsx"的 Excel 数据文件，重复本附录第一部分的步骤 1—9。为便于读者理解数据，我们还在文件夹中提供了原始问卷数据（Ch4_Test anxiety raw data. xlsx）。待运算完成后，屏幕出现生成 Winsteps 控制文件"Ch4_Test anxiety organized data.txt"。查阅该控制文件可知，"GROUPS="这一命令夹被省略（相关内容位于分号后面）。由于我们输入数据中的类别超过两个，因此 Winsteps 在此情况下默认使用评分量表模型（参考本附录第一部分步骤 10 的说明）。所以，我们不用对该控制文件作修改，可以直接将其关闭，同时亦可将之前生成控制文件的 Winsteps 窗口关闭：

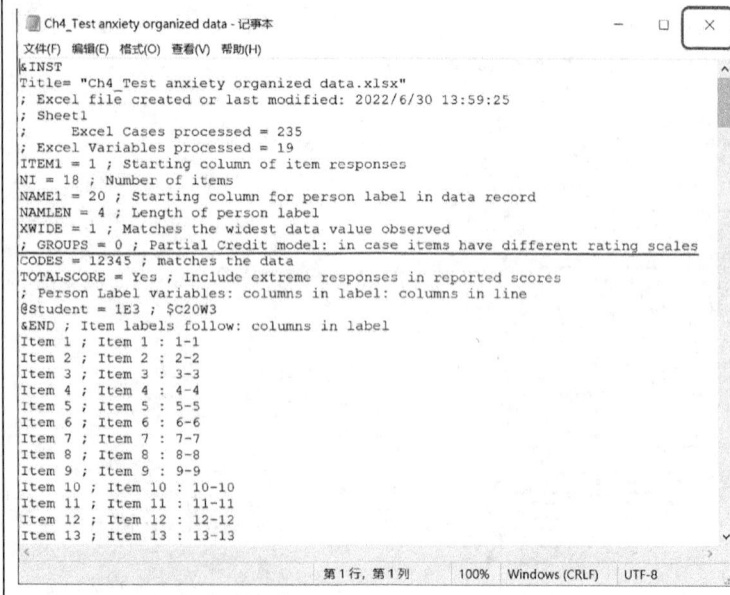

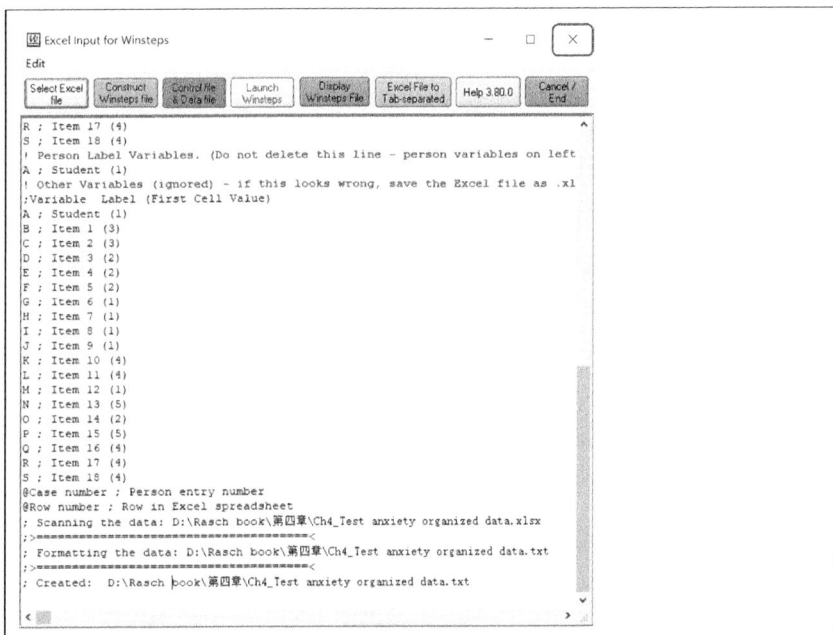

2、重复本附录第一部分的步骤 11—14。完成后，我们可通过单击 Winsteps 主窗口顶部功能栏的 "Output tables" 和 "Graphs" 查看 Winsteps 的运算结果，这些结果与第四章 4.3.2 至 4.3.3 节中内容的对应关系如下。

图4.11 变量图（评分量表模型）

表4.8 被试总体分析结果（评分量表模型）
表4.9 试题总体分析结果（评分量表模型）

表4.12 量表类别的整体分析结果（评分量表模型）

表4.10 试题难度分析（评分量表模型）
表4.11 第17题类别分析结果（评分量表模型）

类别概率图和项目特征曲线的查看与部分得分模型一样，在此不再赘述，还请读者参考本附录第一部分的步骤 16。我们将在下一步中介绍绘制气泡图的具体方法。

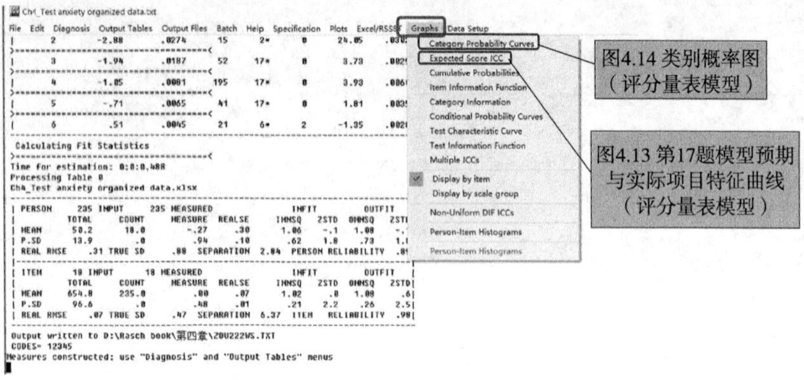

图4.14 类别概率图
（评分量表模型）

图4.13 第17题模型预期
与实际项目特征曲线
（评分量表模型）

3、绘制气泡图：首先，单击 Winsteps 主分析页面顶部功能栏的"Plots"，选中下面的"Bubble chart (Pathway)"：

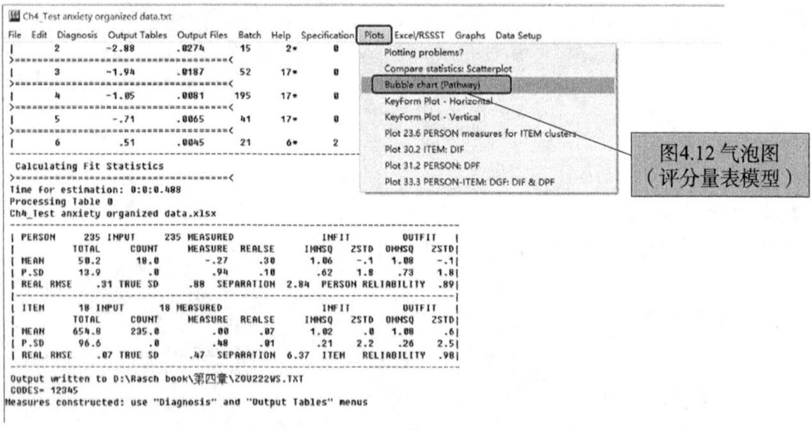

图4.12 气泡图
（评分量表模型）

4、在弹出的页面框中，我们可以对气泡图的各项属性进行设置。在第四章中，我们将"Fit statistic"中默认的"Outfit (unweighted)"项改为了"Infit (information-weighted)"，其余均为默认设置。读者可根据自己的需求对各项属性进行修改，完成后单击"OK"：

Bubble Chart (Pathway) Specifications　　　　　　　　　　×

Display a Bubble Chart for:
　　☐ Persons (Rows in data)
　　☑ Items (Columns in data)
Display bubbles:
　　◉ Measures vertically, Fit horizontally
　　○ Measures horizontally, Fit vertically

○ x-axis at top

y-axis at left ◉　　○ y-axis at right

◉ x-axis at bottom

Fit statistic type:
　　○ Outfit (unweighted)
　　◉ Infit (information-weighted)
Fit statistic expression:
　　◉ Standardized (t, ZStd)
　　○ Mean-square (interval scaled = log)
　　○ Mean-square (chi-squared/d.f.)

OK　　　　Cancel　　　　Help

5、接着，在弹出的页面中选择气泡图中数据点的标注方式。这里，我们单击"Entry number"，即按照数据输入顺序标注：

Plot data-point label ....

How are the plotted datapoints to be labeled?

| Marker | Entry number | Help |
| Label | Entry+Label | Cancel |

Only part of the label?

6、接着，Excel 程序会自动执行上述命令，在 Excel 中绘制气泡图。在此期间 Winsteps 视图显示系统正在激活 Excel 程序，我们可能需要视电脑运行速度等待数秒：

▨ Ch4_Test anxiety organized data.txt

File　Edit　Diagnosis　Output Tables　Output Files　Batch　Help　Specification　Plots　Excel/RSSST　Graphs　Data Setup

	3	-1.94	.0187	52	17*	0	3.73	.0029|
>==<
	4	-1.05	.0081	195	17*	0	3.93	.0060|
>==<
	5	-.71	.0065	41	17*	0	1.81	.0035|
>==<
	6	.51	.0045	21	6*	2	-1.35	.0028|

```
Calculating Fit Statistics
>=====================================<
Time for estimation: 0:0:0.488
Processing Table 0
Ch4_Test anxiety organized data.xlsx
-----------------------------------------------------------------
| PERSON    235 INPUT    235 MEASURED          INFIT      OUTFIT   |
|            TOTAL    COUNT    MEASURE  REALSE   IMNSQ  ZSTD  OMNSQ  ZSTD|
| MEAN       50.2     18.0     -.27      .30     1.06   -.1   1.08   -.1|
| P.SD       13.9      .0       .94      .10      .62   1.8    .73   1.8|
| REAL RMSE  .31  TRUE SD  .88  SEPARATION  2.84  PERSON RELIABILITY  .89|
|---------------------------------------------------------------|
| ITEM       18 INPUT     18 MEASURED           INFIT      OUTFIT   |
|            TOTAL    COUNT    MEASURE  REALSE   IMNSQ  ZSTD  OMNSQ  ZSTD|
| MEAN      654.8    235.0      .00      .07     1.02    .0   1.08    .6|
| P.SD      96.6      .0       .48      .01      .21   2.2    .26   2.5|
| REAL RMSE  .07  TRUE SD  .47  SEPARATION  6.37  ITEM   RELIABILITY  .98|
-----------------------------------------------------------------
Output written to D:\Rasch book\第四章\ZOU222WS.TXT
CODES= 12345
Measures constructed: use "Diagnosis" and "Output Tables" menus
Processing Bubble Chart with Excel ....
Activating Excel interface ...
Excel will activate soon. Please continue ...
```

7、Excel 打开后呈现如下视图。我们可以看到，此时的气泡体积非常大，既不清晰、也不美观。我们可以对其进行修缮，步骤如下：

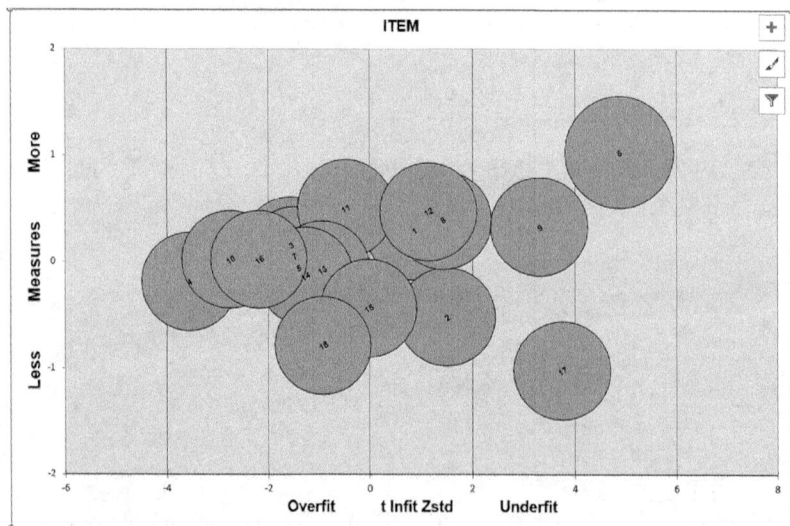

首先，我们将电脑光标停在任意绿色气泡上，此时页面会显示该气泡的属性：

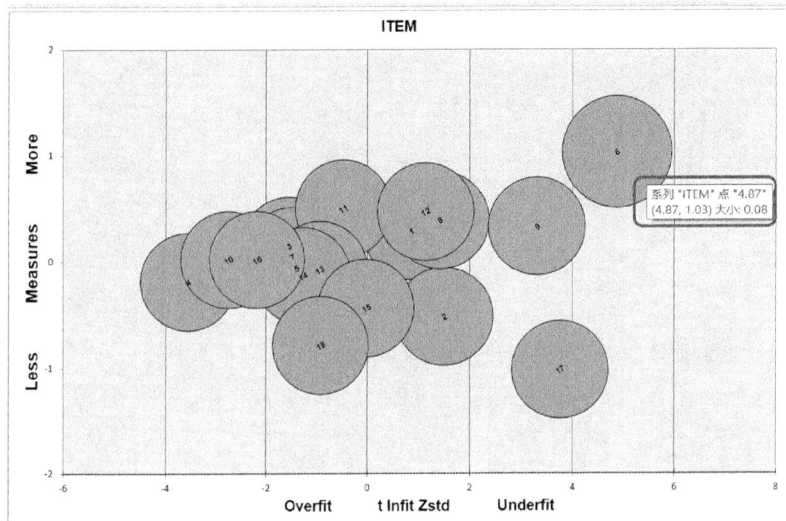

接着，双击鼠标左键。此时气泡图右侧出现"设置数据系列格式"。我们找到"缩放气泡大小（S）"功能，右侧数据框中是默认的气泡大小"100"：

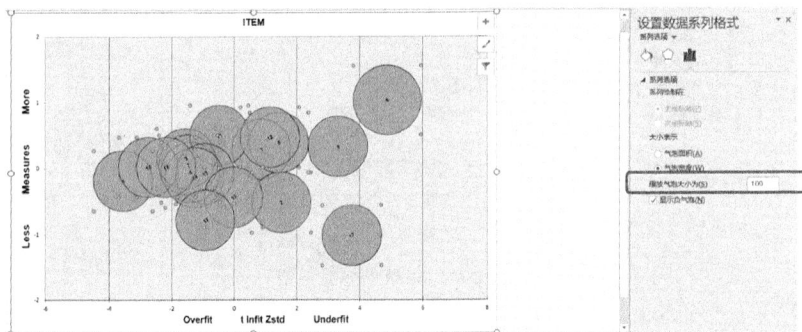

我们可以根据需求对气泡大小进行更改。例如这里，我们将其改为"15"、并单击键盘上的回车键"Enter"：

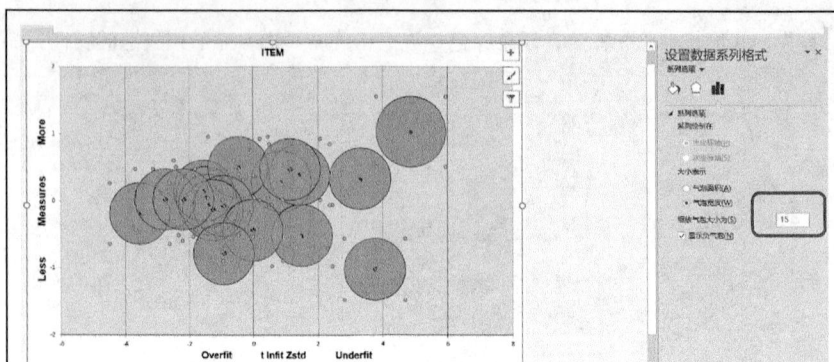

至此，我们便绘制成了一幅清晰美观的气泡图：

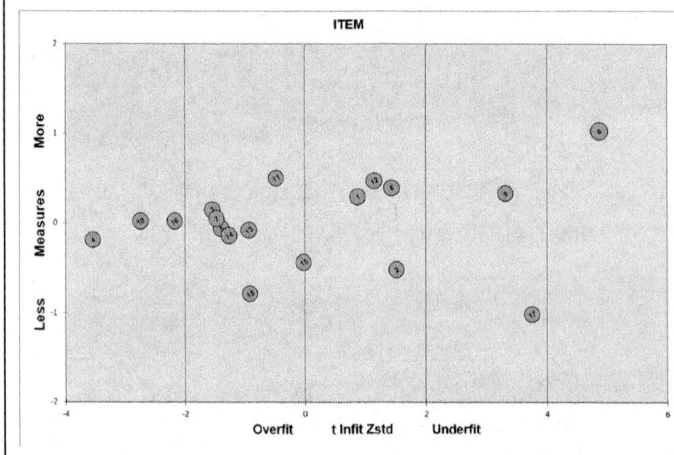

图4.12 气泡图
（评分量表模型）

附录三　在 FACETS 中运行多层面 Rasch 模型的操作步骤

　　本附录主要对应第五章"多层面 Rasch 模型"，我们将向读者展示如何利用 FACETS 软件分析 5.3 节中的"课堂翻译考试数据"（数据文件：Ch5_Translation.xlsx）。使用多层面 Rasch 模型分析该数据所需的控制文件为"Ch5_Translation.txt"。我们也为读者提供了在 FACETS 中运行多层面 Rasch 模型的 txt 控制文件模板（文件名：Facets_Template.txt），读者可根据自身需求对该模板进行编辑和使用。上述 Excel 数据和对应的 txt 控制文件、txt 控制文件模板，均可在随书附上的"附录三数据"文件夹中找到。

1、双击运行 Facets 软件：

Facets
Rasch

2、单击"Files-Specification File Name?":

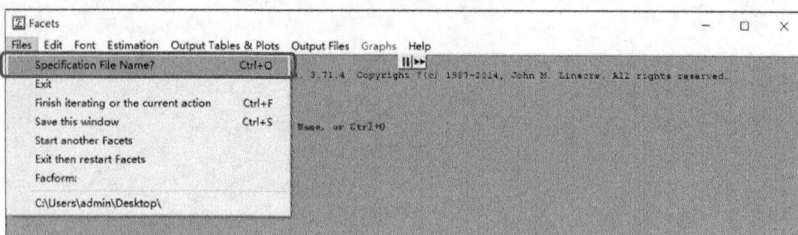

3、在电脑中选择运行数据所需的控制文件路径，并单击"打开"（这里，我们以作者在自己电脑上的文件路径为例。读者在实际操作时，可按照个人习惯将数据文件和控制文件存放在合适的文件夹里）：

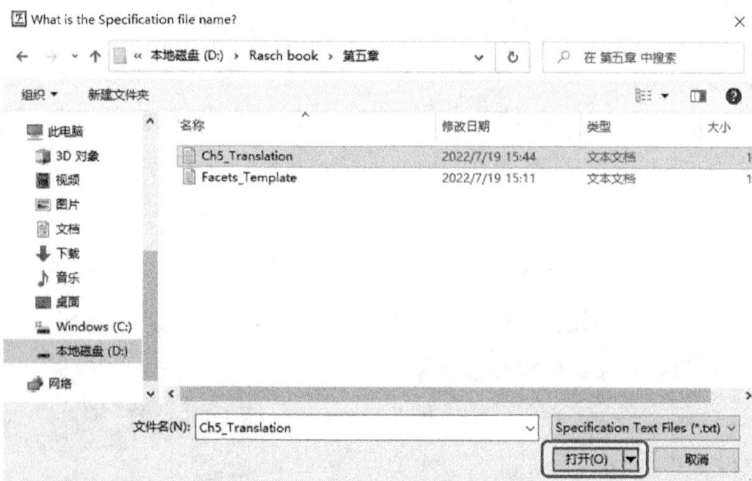

4、单击"OK"：

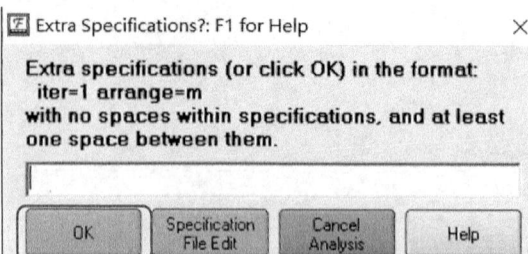

5、Facets 软件默认将输出文件保存在控制文件所在的文件夹里，并命名为
"控制文件名.out"（如这里的"Ch5_Translation.out"）。在这一步，我们只需单
击"打开"即可：

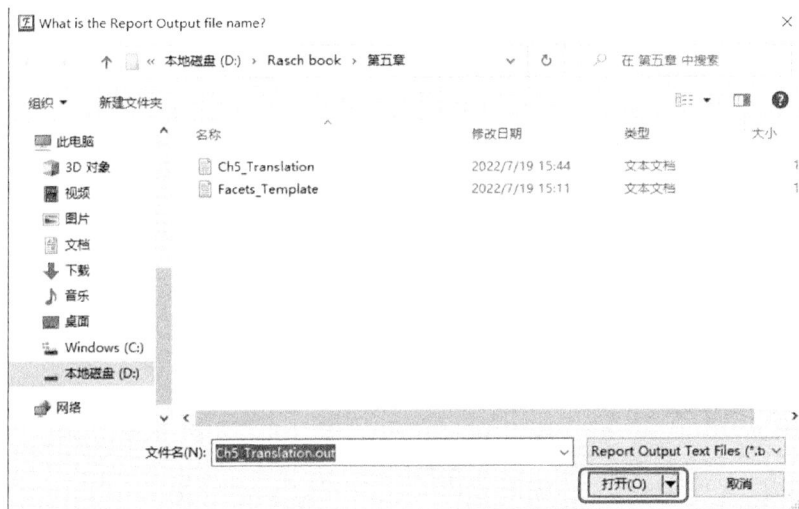

6、接着，FACETS 开始自动运行多层面 Rasch 模型。待完成运算后，主屏幕
出现"Subset connection O.K."一行字，说明我们的数据符合 FACETS 在数据
连接方面的要求：

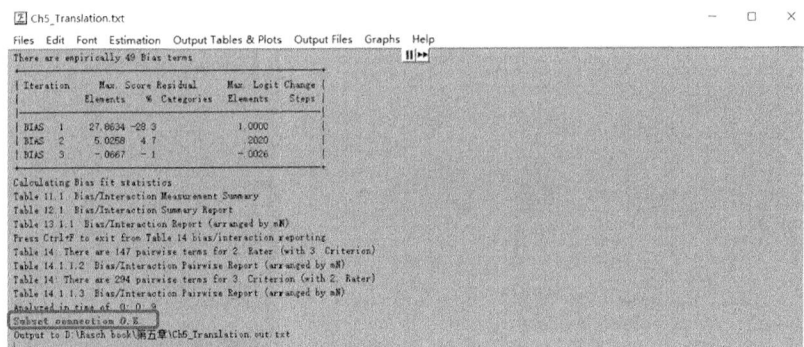

与此同时，屏幕上也自动弹出 FACETS 的输出文档"Ch5_Translation.out"，我
们可以在该文档中找到所有分析的结果。当然，我们也可以从 FACETS 主分析
页面的"Output Tables & Plots"和"Graphs"下拉菜单中找到相应的分析结果
（我们将在后续步骤中逐一介绍）：

```
🔲 Ch5_Translation.out - 记事本                                    —   □   ×
文件(F) 编辑(E) 格式(O) 查看(V) 帮助(H)
Facets (Many-Facet Rasch Measurement) Version No. 3.71.4  Copyright ?(c) 1987-201 ∧
2022/7/19 15:46:44

Translation Rating Analysis 2022/7/19 15:46:44
Table 1. Specifications from file "D:\Rasch book\第五章\Ch5_Translation.txt".

Title = Translation Rating Analysis 2022/7/19 15:46:44

;; Comments =
  Duplicate specification ignored: Pearsondf = Yes ; report chi-square result

Data file = Ch5_Translation.xlsx
Output file = D:\Rasch book\第五章\Ch5_Translation.out.txt

; Data specification
Facets = 3
Delements = N
Non-centered = 1
Positive = 1
Labels =
 1,Examinee ; (elements = 89)
 2,Rater ; (elements = 7)
 3,Criterion ; (elements = 7)
Model = ?,?B,?B,R4,1

; Output description
Arrange tables in order = mN
Bias/Interaction direction = plus ; ability, easiness, leniency: higher score = p
Fair score = Mean
Pt-biserial = Measure
<                                                                              >
              第1行，第1列        100%   Windows (CRLF)    ANSI
```

7、查看变量图：即"Ch5_Trasnlation.out"中的"Table 6.0"。与 Winsteps 类似，由于 Facets 软件版本的差异，有时候生成的变量图在呈现上可能有细微差异，读者无需担心：

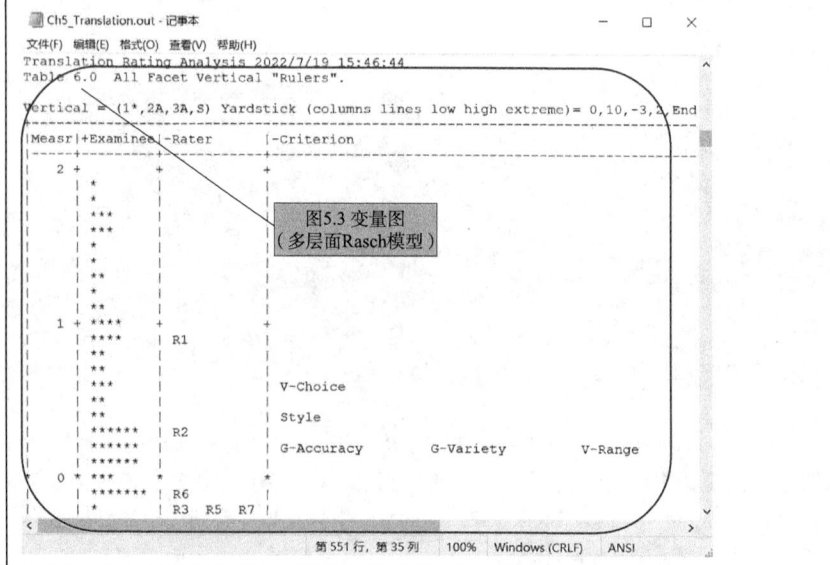

图5.3 变量图
（多层面Rasch模型）

我们也可从 FACETS 主分析页面找到变量图。单击 "Output Tables & Plots—Table 6: Vertical Rulers":

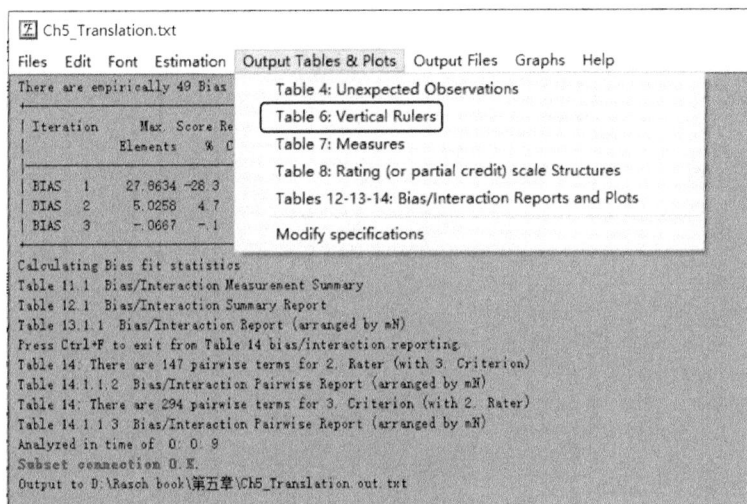

我们可以在弹出的对话框中设置变量图的属性。一般情况下无需作更改，直接根据需求选择变量图的输出方式即可:

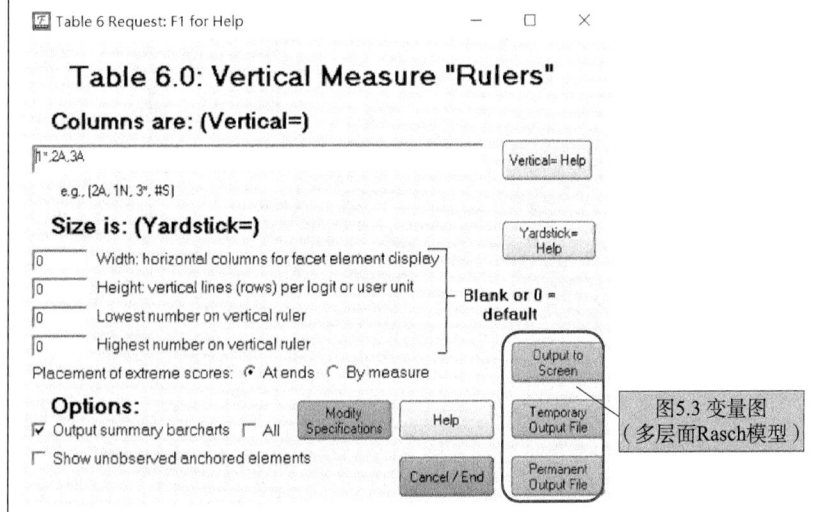

图5.3 变量图（多层面Rasch模型）

8、查看总体分析结果："Ch5_Translation.out" Table 5 下方即可查到总体分析结果：

Ch5_Translation.out - 记事本

文件(F) 编辑(E) 格式(O) 查看(V) 帮助(H)

```
Translation Rating Analysis 2022/7/19 15:46:44
Table 5. Measurable Data Summary.

+--------------------------------------------------------+
| Cat  Score  Exp.  Resd StRes|                          |
|-----------------------------+--------------------------|
| 2.52  2.52  2.52   .00   .00 | Mean (Count: 3774)     |
|  .73   .73   .40   .61 1.00 | S.D. (Population)      |
|  .73   .73   .40   .61 1.00 | S.D. (Sample)          |
+--------------------------------------------------------+
Data log-likelihood chi-square = 6820.8936
Approximate degrees of freedom = 3671
Chi-square significance prob.  = .0000
                                           Count   Mean    S.D.    Params
Responses used for estimation       =       3774   2.52    0.73      103
Count of measurable responses       =       3774
Raw-score variance of observations   =     0.54 100.00%
Variance explained by Rasch measures =     0.16  29.91%
Variance of residuals                =     0.38  70.09%

Translation Rating Analysis 2022/7/19 15:46:44
Table 6.0  All Facet Vertical "Rulers".

Vertical = (1*,2A,3A,S) Yardstick (columns lines low high extreme)= 0,10,-3,2,End
+--------------------------------------------------------------------------------
|Measr|+Examinee|-Rater       |-Criterion
|-----+---------+-------------+--------------------------------------------------
|   2 +         +             +
|     | *       |             |
```

第 1 行，第 1 列　100%　Windows (CRLF)　ANSI

图5.4 数据与模型的拟合程度（多层面Rasch模型）

9、查看标准化残差值大于 3 的数据："Ch5_Translation.out" 中的 Table 4.1：

Ch5_Translation.out - 记事本

文件(F) 编辑(E) 格式(O) 查看(V) 帮助(H)

```
Translation Rating Analysis 2022/7/19 15:46:44
Table 4.1 Unexpected Responses (13 residuals sorted by u).

+------------------------------------------------------------------+
| Cat  Score  Exp.  Resd StRes| Nu Ex N Ra N Criterion             |
|-----------------------------+------------------------------------|
|  4     4     2.1   1.9  3.6 | 44 44 3 R3 2 V-Range               |
|  4     4     2.2   1.8  3.3 | 45 45 5 R5 2 V-Range               |
|  4     4     2.2   1.8  3.3 | 58 58 3 R3 4 G-Accuracy            |
|  4     4     2.2   1.8  3.2 |  1  1 4 R4 6 Mechanics             |
|  4     4     2.2   1.8  3.2 |  6  6 3 R3 3 V-Choice              |
|  4     4     2.2   1.8  3.2 | 22 22 1 R1 3 V-Choice              |
|  4     4     2.2   1.8  3.2 | 48 48 3 R3 1 Understanding ST      |
|  4     4     2.2   1.8  3.1 |  5  5 1 R1 5 G-Variety             |
|  4     4     2.2   1.8  3.1 | 13 13 6 R6 3 V-Choice              |
|  1     1     3.1  -2.1 -3.1 | 86 86 5 R5 1 Understanding ST      |
|  2     2     3.6  -1.6 -3.0 | 57 57 3 R3 1 Understanding ST      |
|  4     4     2.3   1.7  3.0 | 83 83 3 R3 2 V-Range               |
|  4     4     2.3   1.7  3.0 | 83 83 3 R3 4 G-Accuracy            |
|-----------------------------+------------------------------------|
| Cat  Score  Exp.  Resd StRes| Nu Ex N Ra N Criterion             |
+------------------------------------------------------------------+

Translation Rating Analysis 2022/7/19 15:46:44
Table 9.1  Bias Iteration Report.

Bias/Interaction: 2. Rater, 3. Criterion
```

第 551 行，第 35 列　100%　Windows (CRLF)　ANSI

表5.6 标准化残差值大于3的数据（多层面Rasch模型）

我们也可从Facets主分析页面中找到该分析结果。首先，单击"Output Tables & Plots—Table 4: Unexpected Observation"：

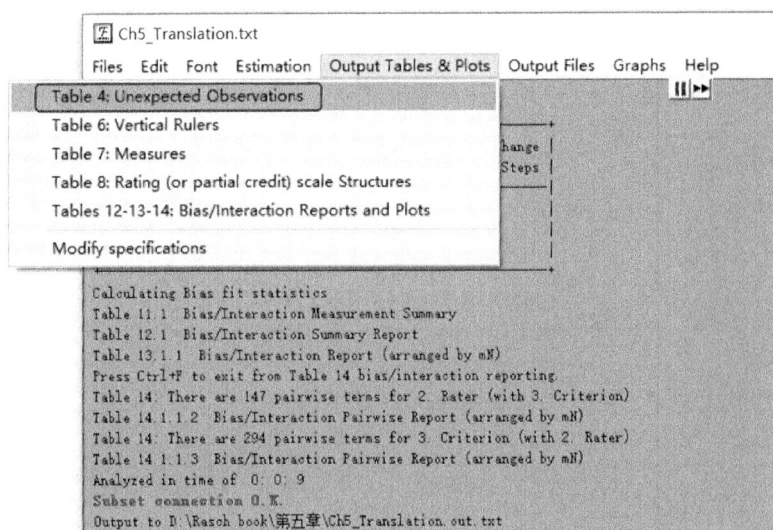

在弹出的对话框中，我们可以设定基于数据的标准化残差值（该值默认为3）。第五章中，我们保持默认值3。待设置完毕后，我们可以根据需求选择表格的输出方式：

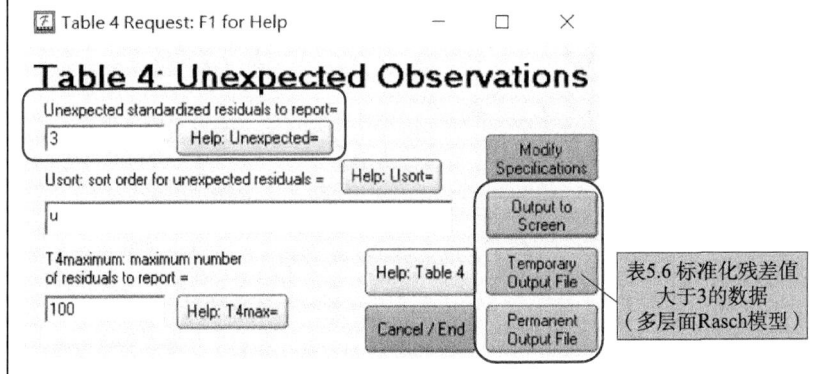

表5.6 标准化残差值大于3的数据（多层面Rasch模型）

10、查看层面分析结果。

评分员层面："Ch5_Translation.out"中的 Table7.2.1：

表5.7 评分员层面分析报告
（多层面Rasch模型）

c 评分量表层面："Ch5_Translation.out"中的 Table7.3.1：

表5.8 评分量表层面分析报告
（多层面Rasch模型）

被试层面："Ch5_Translation.out"：中的 Table 7.1.1：

表5.9 被试层面分析报告
（多层面Rasch模型）

我们也可以从 FACETS 主分析页面中找到层面分析的结果。首先，单击
"Output Tables & Plots — Table 7: Measures"：

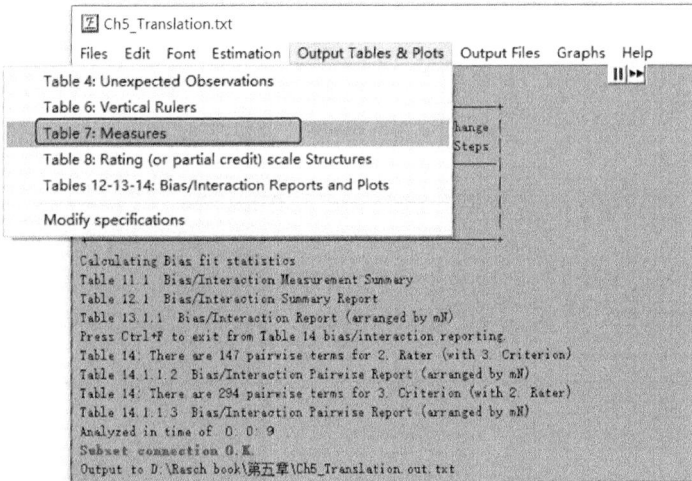

在弹出的对话框中，我们可以选择查看的层面（Select Facet），也可以选择输出结果的排序方式（Select Arrangement）。设置完毕后，我们可以根据需求选择表格的输出方式：

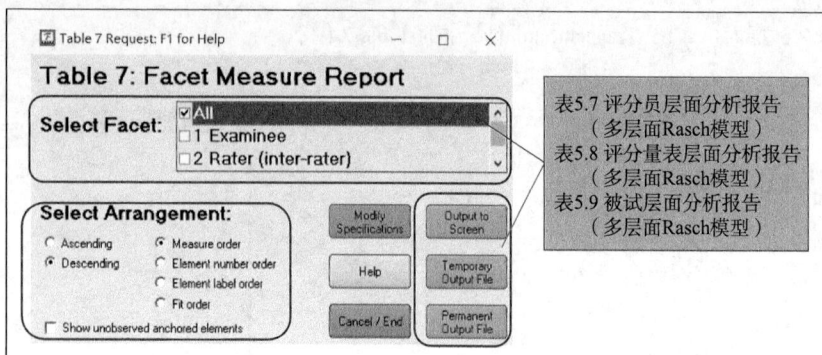

表5.7 评分员层面分析报告
（多层面Rasch模型）
表5.8 评分量表层面分析报告
（多层面Rasch模型）
表5.9 被试层面分析报告
（多层面Rasch模型）

11、查看考试特征曲线图：Table 8.1 下的 "Expected Score Ogive (Model ICC)"：

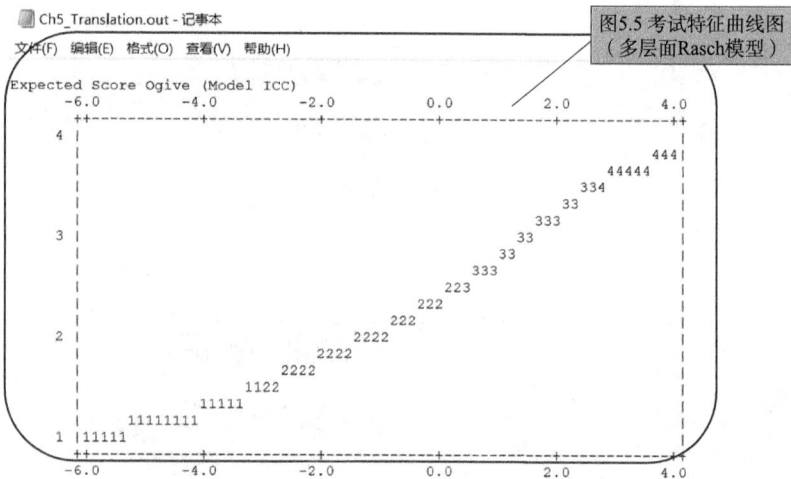

图5.5 考试特征曲线图
（多层面Rasch模型）

细心的读者可以发现，这里 txt 格式的考试特征曲线图比较粗糙。因此，我们一般从 FACETS 主分析页面获取这一图像。首先，单击主分析页面上的 "Graphs"：

```
Ch5_Translation.txt
Files  Edit  Font  Estimation  Output Tables & Plots  Output Files  Graphs  Help

Bias/Interaction: 2. Rater; 3. Criterion
There are empirically 49 Bias terms
+----------------------------------------------------------------+
| Iteration      Max. Score Residual      Max. Logit Change |
|              Elements  % Categories    Elements    Steps  |
+----------------------------------------------------------------+
| BIAS  1      27.8634  -28.3            1.0000            |
| BIAS  2       5.0258    4.7             .2020            |
| BIAS  3       -.0667    -.1            -.0026            |
+----------------------------------------------------------------+
Calculating Bias fit statistics
Table 11.1  Bias/Interaction Measurement Summary
Table 12.1  Bias/Interaction Summary Report
Table 13.1.1  Bias/Interaction Report (arranged by mN)
Press Ctrl+F to exit from Table 14 bias/interaction reporting.
Table 14: There are 147 pairwise terms for 2. Rater (with 3. Criterion)
Table 14.1.1.2  Bias/Interaction Pairwise Report (arranged by mN)
Table 14: There are 294 pairwise terms for 3. Criterion (with 2. Rater)
Table 14.1.1.3  Bias/Interaction Pairwise Report (arranged by mN)
Analyzed in time of  0: 0: 9
Subset connection O.K.
Output to D:\Rasch book\第五章\Ch5_Translation.out.txt
```

接着，屏幕上即弹出量表各类别的概率曲线图（然而这并不是我们需要的考试特征曲线图）。我们需继续单击下图右侧面板的"Expected Score ICC"，从而得到考试特征曲线图：

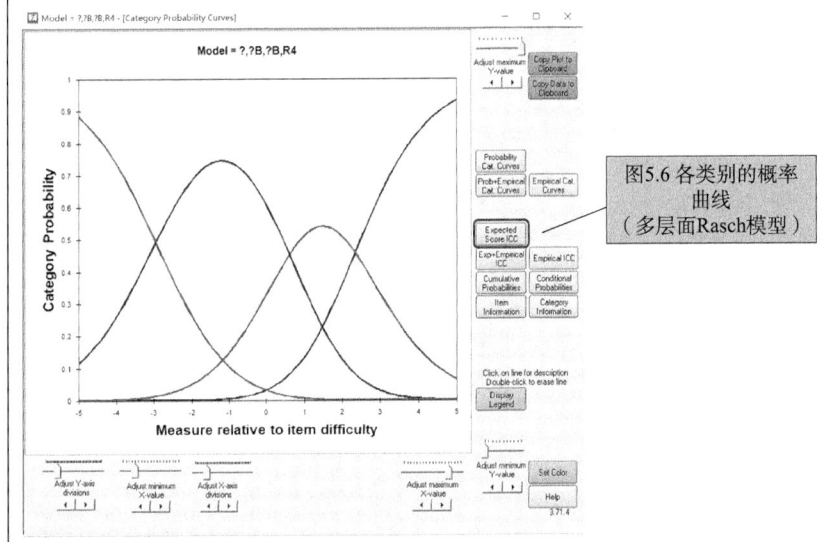

图5.6 各类别的概率曲线（多层面Rasch模型）

12、查看评分量表分析结果："Ch5_Tranlsation.out"中的 Table 8.1：

表5.11 评分量表分析结果
（多层面Rasch模型）

我们也可以从 FACETS 分析主页面找到该表。首先，单击"Output Tables & Plots — Table 8: Rating (or partial credit) scale Structures"：

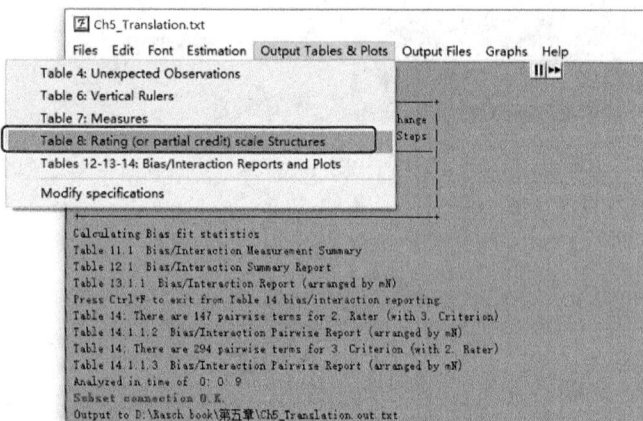

在弹出的对话框中，我们可以对评分量表分析结果的格式等进行设置。一般情况下我们保持默认设置，直接根据需求查看结果即可：

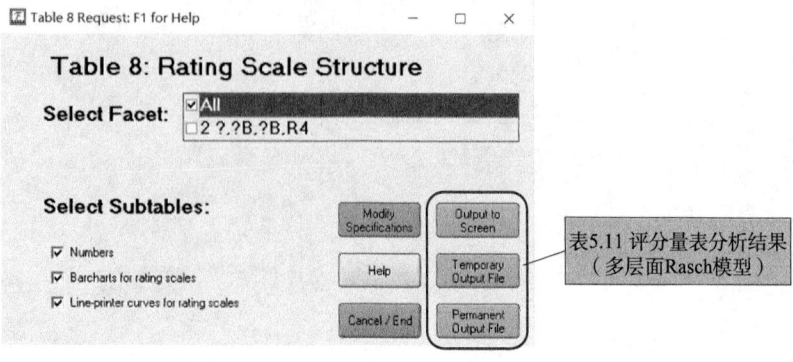

表5.11 评分量表分析结果
（多层面Rasch模型）

13、查看各类别的概率曲线：我们可以在 "Ch5_Translation.out" 的 Table8.1 下找到该曲线图（Probability Curves）：

图5.6 各类别的概率曲线
（多层面Rasch模型）

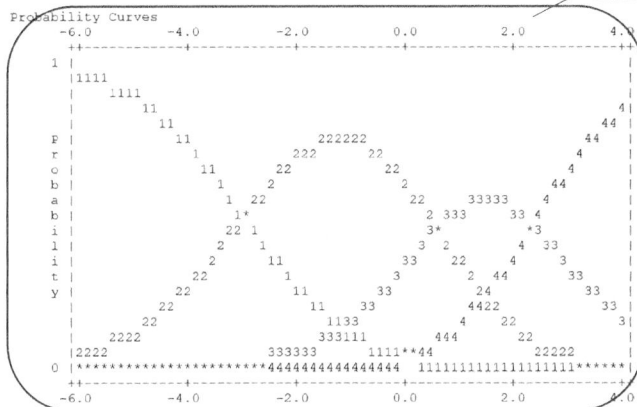

和步骤 11 中以 txt 格式的考试特征曲线图相似，这里的曲线图也比较粗糙。因此，我们一般从 Facets 主分析页面获取这一图像，单击主分析页面上的 "Graphs" 即可得到该图：

图5.6 各类别的概率曲线
（多层面Rasch模型）

14、查看交互作用分析结果："Ch5_Translation.out"中的 Table 13.1.1（由于结果排列方式的差异，下图中的表格和第五章的表 5.12 呈现方式有所差异。我们将在下文中介绍如何设置输出表格中的数据排列）：

> 表5.12 评分员与评分维度之间的交互效应分析结果（多层面Rasch模型）

```
Ch5_Translation.out - 记事本
文件(F) 编辑(E) 格式(O) 查看(V) 帮助(H)

Translation Rating Analysis 2022/7/19 15:46:44
Table 13.1.1 Bias/Interaction Report (arranged by mN).

Bias/Interaction: 2. Rater, 3. Criterion (higher score = higher bias measure)

|Observd Expctd Observed Obs-Exp  Bias  Model                     |  Infit Outfit|         Rater      Criterion                 |
| Score  Score  Count  Average|  Size  S.E.    t   d.f. Prob. | MnSq MnSq | Sq N Ra measr N Criterion          measr |
| 169   141.14    63     .44    1.20  .20   6.06  62 .0000 |  .4   .4  | 44 2 R2  .27  7 Style              .36 |
| 235   200.49    84     .32     .79  .17   4.67  83 .0000 | 1.2  1.2  | 24 3 R3 -.22  4 G-Accuracy        .23 |
| 196   177.22    84     .30     .32  .20   3.44  62 .0004 |  .3   .3  |  2 2 R2  .27  1 Understanding ST -1.15 |
| 117   111.38    42     .13     .32  .24   1.35  41 .1839 |  .6   .6  |  1 1 R1  .88  1 Understanding ST -1.15 |
| 228   217.78    89     .11     .30  .17   1.78  88 .0790 |  .7   .7  | 13 6 R6 -.15  2 V-Range           .22 |
| 322   212.65    89     .11     .20  .17   1.65  88 .1020 | 1.0  1.1  | 14 4 R4 -.39  3 V-Choice          .62 |
|  59    85.66    42     .08     .27  .28    .96  41 .3436 |  .9   .9  | 15 1 R1  .88  3 V-Choice          .62 |
| 212   205.10    84     .08     .22  .18   1.24  83 .2190 | 1.1  1.1  | 14 7 R7 -.17  2 V-Range           .22 |
|  93    90.70    42     .05     .17        .64  41 .5271 |  .7   .6  |  8 1 R1  .88  2 V-Range           .22 |
| 243   243.49    89             .15  .16    .91  88 .3668 | 1.4  1.4  | 40 5 R5 -.21  6 Mechanics        -.45 |
| 225   219.97    89     .06     .15  .17    .87  88 .3868 | 1.1  1.0  | 12 5 R5 -.21  2 V-Range           .22 |
| 163   159.37    63     .06     .15  .20    .74  62 .4638 |  .6   .6  | 37 2 R2  .27  6 Mechanics        -.45 |
| 226   221.70    89     .05     .13  .17    .74  88 .4614 | 1.0   .9  | 33 5 R5 -.21  5 G-Variety         .17 |
| 233   228.79    83     .05     .12  .17    .71  82 .4767 | 1.1  1.1  | 38 3 H3 -.23  6 Mechanics        -.45 |
| 208   204.55    84     .04     .11  .18    .62  83 .5370 | 1.0  1.0  | 28 7 R7 -.17  4 G-Accuracy        .23 |
| 254   250.10    89     .04     .10  .17    .51  88 .5253 | 1.5  1.6  | 39 4 R4 -.39  6 Mechanics        -.45 |
| 210   206.70    84     .04     .10  .18    .59  83 .5577 |  .7   .6  | 35 7 R7 -.17  5 G-Variety         .17 |
| 260   256.44    84     .04     .10  .17    .60  83 .5511 | 1.1  1.2  |  3 3 R3 -.22  1 Understanding ST -1.15 |
| 195   193.13    84     .02     .07  .19    .35  83 .7269 |  .9   .9  | 37 2 R7 -.17  3 V-Choice          .62 |
| 207   205.05    89     .02     .06  .18    .35  88 .7242 |  .9   .9  | 20 6 R6 -.15  3 V-Choice          .62 |
| 215   213.01    89     .02     .06  .18    .35  88 .7259 |  .8   .8  | 48 6 R6 -.15  7 Style             .36 |
| 219   217.20    89     .02     .05  .17    .35  88 .7544 |  .8   .8  | 27 6 R6 -.15  4 G-Accuracy        .23 |
| 229   227.81    89     .01     .03  .17    .20  88 .8403 | 1.0   .9  | 32 4 R4 -.39  5 G-Variety         .17 |
| 220   219.49    89     .01     .02  .17    .09  88 .9297 |  .9   .9  | 34 6 R6 -.15  5 G-Variety         .17 |
| 226   226.02    89     .00     .00  .17    .00  88 .9972 |  .9   .9  | 11 4 R4 -.39  2 V-Range           .22 |
| 207   207.07    89     .00    -.01  .18   -.01  88 .9906 | 1.2  1.3  | 45 5 R5 -.21  3 V-Choice          .62 |
| 269   269.86    89    -.01    -.02  .16   -.14  88 .8883 | 1.2  1.3  |  5 5 R5 -.21  1 Understanding ST -1.15 |
|  91    91.37    42    -.01    -.03  .28   -.10  41 .9102 |  .9   .9  | 29 1 R1  .88  6 Mechanics        -.45 |
| 226   227.01    84    -.01    -.03  .17   -.17  88 .8634 | 1.1  1.1  | 42 7 R7 -.17  6 Mechanics        -.45 |
|  90    90.47    42    -.01    -.03  .17   -.13  41 .8958 |  .8   .8  | 41 1 R1  .88  5 G-Variety         .17 |
| 209   210.69    84    -.02    -.05  .18   -.30  83 .7658 | 1.2  1.1  | 43 4 R4 -.39  5 G-Variety         .17 |
| 219   221.02    89    -.02    -.06  .17   -.35  88 .7284 |  .8   .8  | 46 4 R4 -.39  7 Style             .36 |
| 195   196.78    84    -.02    -.06  .19   -.33  83 .7423 |  .9   .9  | 25 3 R3 -.22  3 V-Choice          .62 |
| 216   220.02    87    -.04    -.06  .17   -.33  83 .6009 | 1.1  1.0  |  9 4 R4 -.39  4 G-Accuracy        .23 |
|  87    88.82    42    -.04    -.15  .28   -.51  41 .6110 |  .6   .6  | 43 1 R1  .88  7 Style             .36 |
| 196   200.61    84    -.05    -.16  .19   -.84  83 .4034 | 1.0  1.0  | 47 5 R5 -.21  7 Style             .36 |
| 210   215.14    89    -.06    -.16  .18   -.84  88 .3700 |  .9   .9  | 47 5 R5 -.21  7 Style             .36 |
| 234   241.07    89    -.08    -.20  .17  -1.17  88 .2465 | 1.0  1.0  |  1 8 R8 -.15  6 Mechanics        -.45 |
| 269   276.45    89    -.08    -.20  .16  -1.23  88 .2225 | 1.0  1.0  |  4 4 R4 -.39  1 Understanding ST -1.15 |
| 258   267.40    89    -.11    -.20  .16  -1.53  88 .1286 |  .9   .9  |  1 6 R6 -.15  1 Understanding ST -1.15 |
```

我们也可以通过 Facets 主分析页面查看交互作用分析结果。首先，单击"Output Tables & Plots—Tables 12-13-14: Bias/Intraction Reports and Plots"：

```
Ch5_Translation.txt
Files  Edit  Font  Estimation  Output Tables & Plots  Output Files  Graphs  Help
Table 4: Unexpected Observations
Table 6: Vertical Rulers
Table 7: Measures
Table 8: Rating (or partial credit) scale Structures
Tables 12-13-14: Bias/Interaction Reports and Plots
Modify specifications
                                                              porting
Table 14: There are 147 pairwise terms for 2. Rater (with 3. Criterion)
Table 14.1.1.2 Bias/Interaction Pairwise Report (arranged by mN)
Table 14: There are 294 pairwise terms for 3. Criterion (with 2. Rater)
Table 14.1.1.3 Bias/Interaction Pairwise Report (arranged by mN)
Analyzed in time of 0: 0: 9
Subset connection O.K.
Output to D:\Rasch book\第五章\Ch5_Translation.out.txt
```

在弹出的对话框中，我们可以选择：1）参与交互作用分析的层面（Select Facet）；2）交互分析结果表格内数据的排序（Select Arrangement）；3）需要输出的分析结果（Select Output）。第五章中，我们按照如下图所示进行设置。读者也可以根据自己的需求，选择不同的数据排列方式、勾选更多的输出结果进行查看分析。当设置完毕后，我们便可以输出结果了。

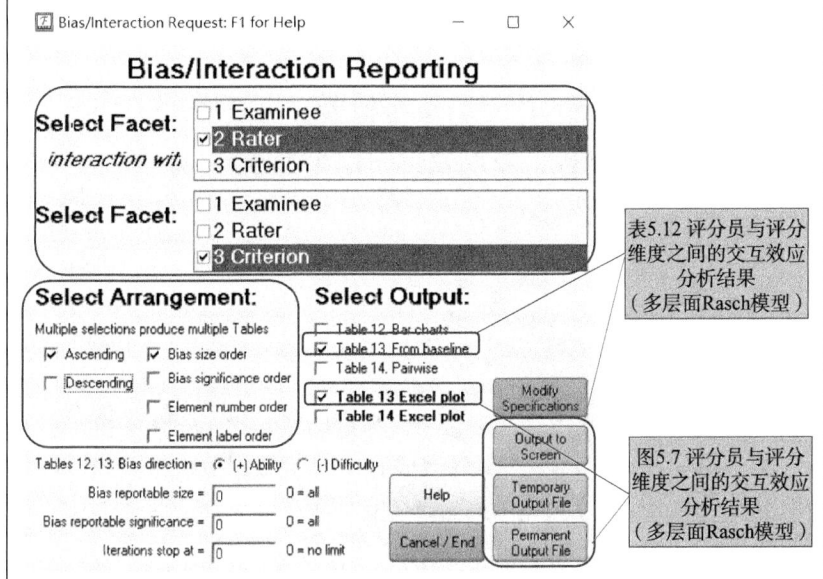

表5.12 评分员与评分维度之间的交互效应分析结果（多层面Rasch模型）

图5.7 评分员与评分维度之间的交互效应分析结果（多层面Rasch模型）

附录四 在 Winsteps 中运行单维检验、试题独立性检验、试题差异分析、等值分析的操作步骤

本附录主要对应第八章"Rasch 分析高阶话题"。附录分为三部分：第一部分介绍如何在 Winsteps 软件中进行数据单维检验和试题独立性检（数据文件：Ch8_UniD.txt）；第二部分介绍试题差异分析，包括一致性和非一致性 DIF 分析（数据文件：Ch8_DIF.xlsx）；第三部分介绍等值分析（数据文件：Ch8_Reference form.xlsx 和 Ch8_New form. xlsx）。本书读者可在随书附上的"附录四数据"文件夹中找到相应 Excel 数据与已生成的 txt 控制文件。

第一部分：数据单维检验和试题独立性检验

1、双击运行 Winsteps 软件：

2、本部分我们直接运行 txt 控制文件（无需进行数据导入），这一步单击右上角"X"关闭该对话框即可：

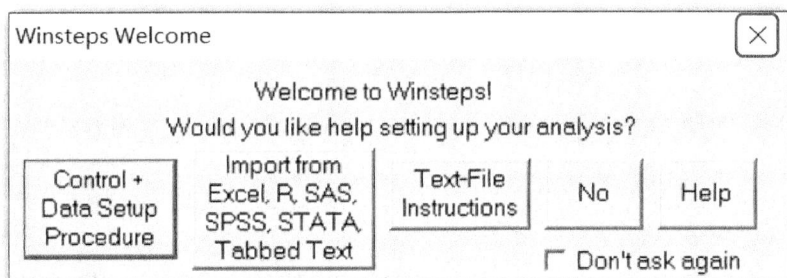

3、在 Winsteps 主窗口中单击回车键，在弹出的对话框中，找到需要的 Winsteps 控制文件"Ch8_UniD.txt"并选中，单击"打开"：

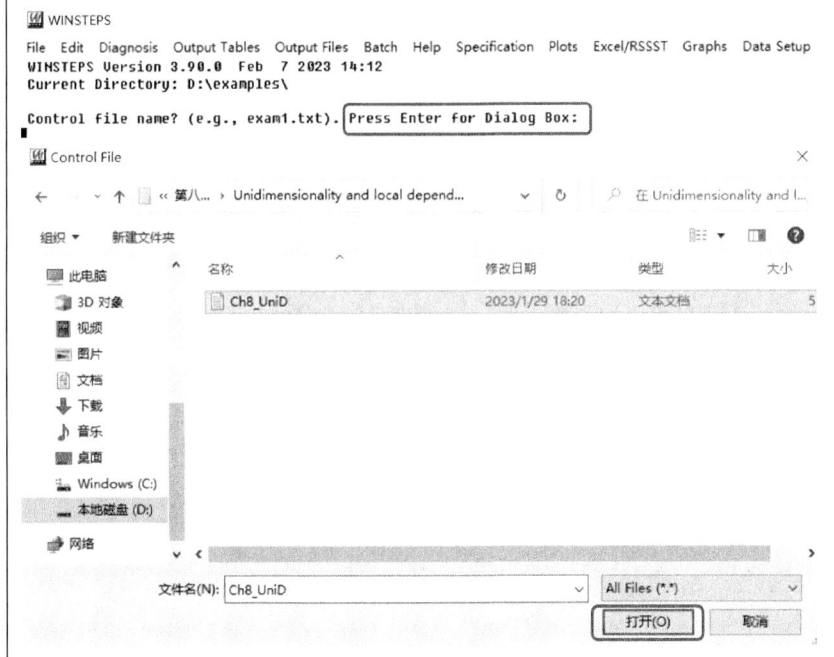

4、屏幕出现以下画面，单击回车：

```
Ch8_UniD.txt

File  Edit  Diagnosis  Output Tables  Output Files  Batch  Help  Specification  Plots  Excel/RSSST  Graphs  Data Setup
WINSTEPS Version 3.90.0  Feb  7 2023 14:12
Current Directory: D:\examples\

Control file name? (e.g., exam1.txt). Press Enter for Dialog Box:

Previous Directory: D:\examples\
Current Directory: D:\Rasch book\第八章\Unidimensionality and local dependence\

D:\Rasch book\第八章\Unidimensionality and local dependence\Ch8_UniD.txt

Report output file name (or press Enter for temporary file, Ctrl+O for Dialog Box):
▌
```

5、屏幕出现以下画面，继续单击回车：

```
Ch8_UniD.txt

File  Edit  Diagnosis  Output Tables  Output Files  Batch  Help  Specification  Plots  Excel/RSSST  Graphs  Data Setup
WINSTEPS Version 3.90.0  Feb  7 2023 14:12
Current Directory: D:\examples\

Control file name? (e.g., exam1.txt). Press Enter for Dialog Box:

Previous Directory: D:\examples\
Current Directory: D:\Rasch book\第八章\Unidimensionality and local dependence\

D:\Rasch book\第八章\Unidimensionality and local dependence\Ch8_UniD.txt

Report output file name (or press Enter for temporary file, Ctrl+O for Dialog Box):

Extra specifications (if any). Press Enter to analyze:
▌
```

6、经过短暂计算后，屏幕定格在以下画面，代表 Winsteps 计算完成：

```
Ch8_UniD.txt

File  Edit  Diagnosis  Output Tables  Output Files  Batch  Help  Specification  Plots  Excel/RSSST  Graphs  Data Setup
|     3       -1.80      .0532      31     5*    2         .98    -.0174|
>==============================<
|     4        .49       .0117      95     6*    2         .30     .0288|
>==============================<
|     5       -.41       .0112       7     5*    3        -.21     .0025|
>==============================<
|     6       -.14       .0038      28     5*    3        -.06     .0064|
>==============================<
|     7       -.12       .0031      26     5*    3        -.06     .0021|

 Calculating Fit Statistics
>==============================<
Time for estimation: 0:0:0.312
Processing Table 0
Winsteps specification file_Unidimensinality and local independence.xlsx
==============================================================
| PERSON     106 INPUT     106 MEASURED           INFIT        OUTFIT    |
|          TOTAL      COUNT      MEASURE  REALSE   IMNSQ  ZSTD  OMNSQ  ZSTD|
| MEAN      22.3       25.0        1.03    .48      .97    .0   1.01    .1|
| P.SD       5.2         .0        1.04    .17      .27    .8    .40    .9|
| REAL RMSE  .51 TRUE SD   .91 SEPARATION 1.80 PERSON RELIABILITY  .76|
|--------------------------------------------------------------|
| ITEM        25 INPUT      25 MEASURED           INFIT        OUTFIT    |
|          TOTAL      COUNT      MEASURE  REALSE   IMNSQ  ZSTD  OMNSQ  ZSTD|
| MEAN      94.5      106.0         .00    .24      .99    .0   1.01    .1|
| P.SD      56.6         .0         .88    .05      .11   1.0    .21   1.1|
| REAL RMSE  .24 TRUE SD   .85 SEPARATION 3.54 ITEM   RELIABILITY  .93|
--------------------------------------------------------------
```

```
Output written to D:\Rasch book\第八章\Unidimensionality and local dependence\ZOU305WS.TXT
CODES= 01234
ISGROUPS= 0
Measures constructed: use "Diagnosis" and "Output Tables" menus
▌
```

7、查看数据单维性：单击"Diagnosis—D. Dimensionality"即可查看 PCAR 分析结果。此结果也可通过单击"Output Tables-23.ITEM: dimensionality"查得：

Ch8_UniD.txt

File Edit Diagnosis Output Tables Output Files Batch Help Specification Plots Excel/RSSST Graphs Data Setup

```
| PERSO┌─────────────────────────────────────────────┐ INFIT      OUTFIT   |
|      │ A. Item Polarity (Table 26)                 │ SQ   ZSTD  OMNSQ  ZSTD|
| MEAN │ B. Empirical Item-Category Measures (Table 2.6) │ 97   .0   1.01   .1|
| P.SD │ C. Category Function (Table 3.2+)           │ 27   .8    .40    .9|
| REAL │ D. Dimensionality Map (Table 23)            │ PERSON RELIABILITY .76|
|──────│                                             │─────────────────────|
| ITEM │ E. Item Misfit Table (Table 10)             │ INFIT      OUTFIT   |
|      │ F. Construct KeyMap (Table 2.2)             │ SQ   ZSTD  OMNSQ  ZSTD|
| MEAN │ G. Person Misfit Table (Table 6)            │ 99   .0   1.01   .1|
| P.SD │ H. Separation Table (Table 3.1)             │ 11   1.0   .21   1.1|
| REAL └─────────────────────────────────────────────┘ ITEM RELIABILITY .93|
```

```
Output written to D:\Rasch book\第八章\Unidimensionality and local dependence\ZOU305WS.TXT
CODES= 01234
ISGROUPS= 0
```

53-305WS - 记事本
文件(F) 编辑(E) 格式(O) 查看(V) 帮助(H)

```
□TABLE 23.1 Winsteps specification file Unidimens ZOU305WS.TXTo Feb
INPUT: 106 PERSON  25 ITEM  REPORTED: 106 PERSON  25 ITEM  58 CATS
```

图8.1 PCAR分析结果

```
        Table of STANDARDIZED RESIDUAL variance in Eigenvalue units = ITEM information units
                                              Eigenvalue  Observed    Expected
Total raw variance in observations      =      40.5767   100.0%      100.0%
  Raw variance explained by measures    =      15.5767    38.4%       36.8%
    Raw variance explained by persons   =       7.1058    17.5%       16.8%
    Raw Variance explained by items     =       8.4709    20.9%       20.0%
  Raw unexplained variance (total)      =      25.0000    61.6% 100.0% 63.2%
    Unexplned variance in 1st contrast  =       1.9066     4.7%   7.6%
```

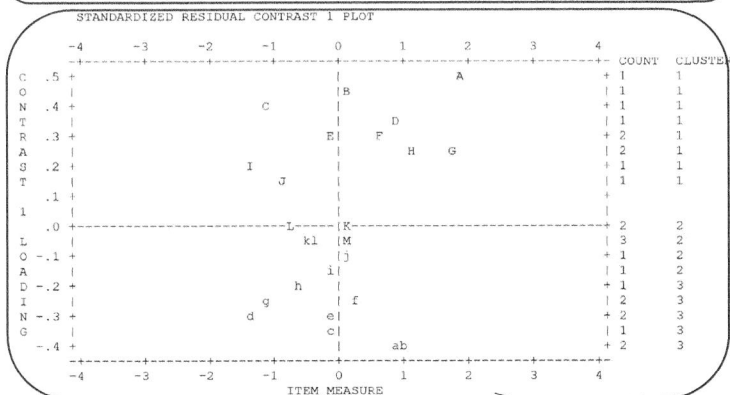

```
            STANDARDIZED RESIDUAL CONTRAST 1 PLOT

        -4      -3      -2      -1       0       1       2       3       4
      -+-------+-------+-------+-------+-------+-------+-------+-------+-    COUNT CLUSTER
C  .5 +                               |               A               +     1      1
O     |                               |B                              |     1      1
N  .4 +                       C       |                               +     1      1
T     |                               |   D                           |     1      1
R  .3 +                             E |  F                            +     2      1
A     |                               |      H   G                    |     2      1
S  .2 +                   I           |                               +     1      1
T     |                        J      |                               |     1      1
   .1 +                               |                               +
1     |                               |                               |
   .0 +-----------------------------L-|-K-----------------------------+     2      2
L     |                          kl   |M                              |     3      2
O -.1 +                               |j                              +     1      2
A     |                               |i                              |     1      2
D -.2 +                         h     |  f                            +     1      3
I     |                       g       |                               |     2      3
N -.3 +                     d         |e                              +     1      3
G     |                               |c                              |     1      3
  -.4 +                               |         ab                    +     2      3
      -+-------+-------+-------+-------+-------+-------+-------+-------+-
        -4      -3      -2      -1       0       1       2       3       4
                                ITEM MEASURE
```

图8.2 第一contrast的
标准化残差分布图

8、将上述文档继续下拉至最后，得到试题独立性检验的分析结果：

```
53-305WS - 记事本                                            —    □    ×
文件(F)  编辑(E)  格式(O)  查看(V)  帮助(H)

        LARGEST STANDARDIZED RESIDUAL CORRELATIONS
        USED TO IDENTIFY DEPENDENT ITEM

   |CORREL-| ENTRY          | ENTRY          |
   | ATION |NUMBER ITE      |NUMBER ITE      |
   |-------+----------------+----------------|
   |  .32  |   17 AL1       |   19 AL3       |
   |  .23  |    2 SD2       |    6 SD6       |
   |  .22  |    2 SD2       |    3 SD3       |
   |  .20  |   11 C3        |   12 C4        |
   |  .20  |   16 C8        |   18 AL2       |
   |-------+----------------+----------------|
   | -.28  |    9 C1        |   18 AL2       |
   | -.27  |    8 SD8       |   11 C3        |
   | -.25  |    5 SD5       |   14 C6        |
   | -.24  |    7 SD7       |   18 AL2       |
   | -.23  |    4 SD4       |   16 C8        |
   | -.23  |    7 SD7       |   13 C5        |
   | -.23  |    7 SD7       |   20 AL4       |
   | -.23  |   13 C5        |   20 AL4       |
   | -.23  |    1 SD1       |   18 AL2       |
   | -.22  |    1 SD1       |   12 C4        |
   | -.21  |    2 SD2       |   16 C8        |
   | -.21  |    7 SD7       |   23 AL7       |
   | -.21  |    6 SD6       |   19 AL3       |
   | -.20  |    6 SD6       |   22 AL6       |
   | -.20  |   19 AL3       |   21 AL5       |

                                  第1行，第1列   100%  Windows (CRLF)   UTF-8
```

表8.1 试题残差之间的相关性系数

第二部分：一致性和非一致性试题差异（DIF）分析

1、双击运行 Winsteps 软件：

Winsteps
Rasch

2、单击 "Import from Excel, R, SAS, SPSS, STATA, Tabbed Text"：

```
Winsteps Welcome                                    ×

              Welcome to Winsteps!
     Would you like help setting up your analysis?

  Control +      Import from      Text-File
  Data Setup     Excel, R, SAS,   Instructions      No      Help
  Procedure      SPSS, STATA,
                 Tabbed Text                    □ Don't ask again
```

3、单击"Excel"（本附录以 Excel 数据为例进行导入，读者也可按照自己的需求将数据保存为下图中其他格式的文件进行导入）：

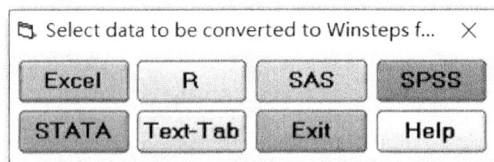

4、单击"Select Excel file"：

5、选择需导入数据的文件路径，单击"打开"（这里，我们以作者在自己电脑上的文件保存数据路径为例，读者在实际操作时，可按照个人习惯将数据文件存放在合适的文件夹里）：

6、打开数据文档后，屏幕出现以下数据准备页面：

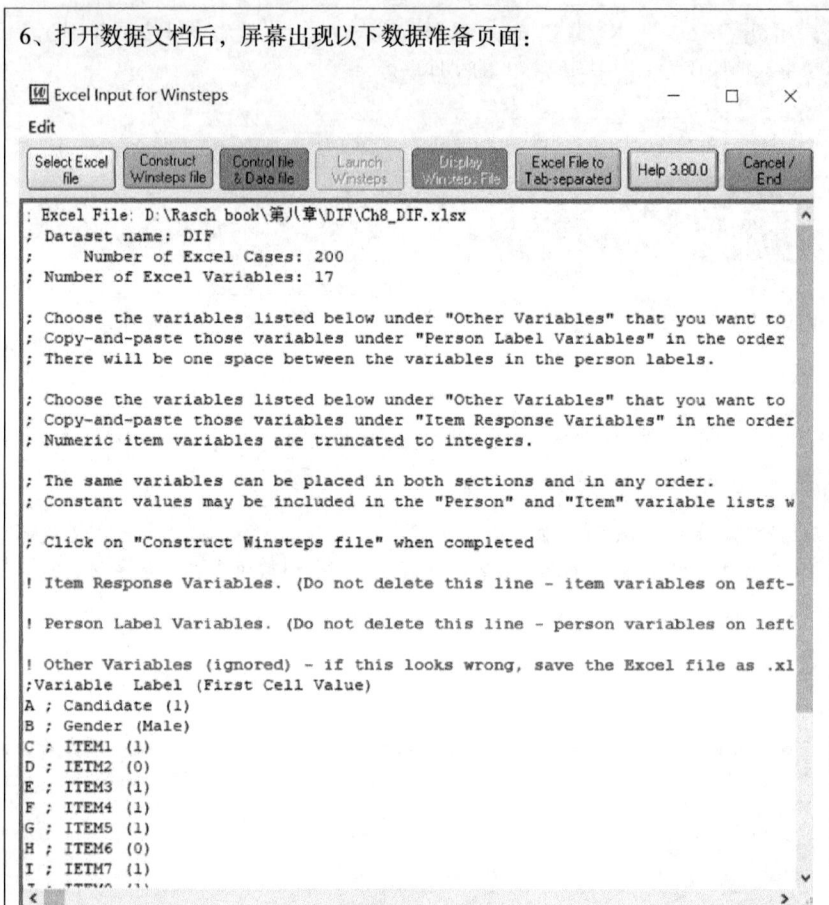

7、剪切并粘贴所有被试变量（下图椭圆形框）至"Person Label Variables"下；剪切并粘贴所有项目变量（下图矩形框）至"Item Response Variables"下：

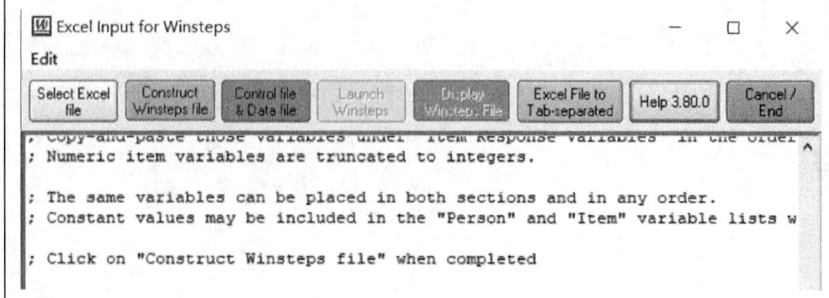

```
! Item Response Variables. (Do not delete this line - item variables on left-
! Person Label Variables. (Do not delete this line - person variables on left
! Other Variables (ignored) - if this looks wrong, save the Excel file as .xl
;Variable  Label (First Cell Value)
A ; Candidate (1)
B ; Gender (Male)
C ; ITEM1 (1)
D ; IETM2 (0)
E ; ITEM3 (1)
F ; ITEM4 (1)
G ; ITEM5 (1)
H ; ITEM6 (0)
I ; IETM7 (1)
J ; ITEM8 (1)
K ; ITEM9 (0)
L ; ITEM10 (0)
M ; ITEM11 (0)
N ; IETM12 (1)
O ; ITEM13 (1)
P ; ITEM14 (0)
Q ; ITEM15 (0)
@Case number ; Person entry number
@Row number ; Row in Excel spreadsheet
```

8、单击 "Construct Winsteps File"：

```
W  Excel Input for Winsteps                          —  □  ×
Edit
[Select Excel file] [Construct Winsteps file] [Control file & Data file] [Launch Winsteps] [Display Winsteps File] [Excel File to Tab-separated] [Help 3.80.0] [Cancel / End]
; Copy-and-paste those variables under "Item Response variables" in the order
; Numeric item variables are truncated to integers.

; The same variables can be placed in both sections and in any order.
; Constant values may be included in the "Person" and "Item" variable lists w

; Click on "Construct Winsteps file" when completed

! Item Response Variables. (Do not delete this line - item variables on left-
C ; ITEM1 (1)
D ; IETM2 (0)
E ; ITEM3 (1)
F ; ITEM4 (1)
G ; ITEM5 (1)
H ; ITEM6 (0)
I ; IETM7 (1)
J ; ITEM8 (1)
K ; ITEM9 (0)
L ; ITEM10 (0)
M ; ITEM11 (0)
N ; IETM12 (1)
O ; ITEM13 (1)
P ; ITEM14 (0)
Q ; ITEM15 (0)
! Person Label Variables. (Do not delete this line - person variables on left
A ; Candidate (1)
B ; Gender (Male)
! Other Variables (ignored) - if this looks wrong, save the Excel file as .xl
;Variable  Label (First Cell Value)
```

```
@Case number ; Person entry number
@Row number ; Row in Excel spreadsheet
```

9、接着，Winsteps 即把生成的 txt 控制文件保存至步骤 5 中 Excel 数据文件所在的文件夹。我们可自行输入一个文件名（如下图的 Ch8_DIF），单击"保存"：

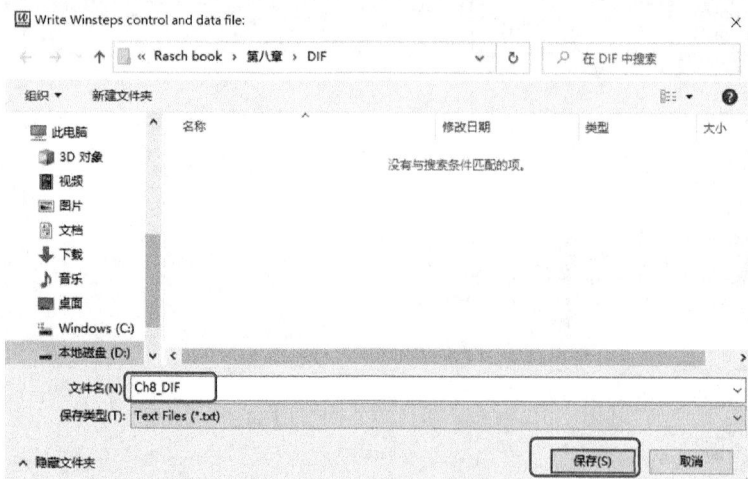

10、待完成运算后，屏幕出现生成的 Winsteps 控制文件，确认内容无误后，可以关闭控制文件和之前生成控制文件的窗口：

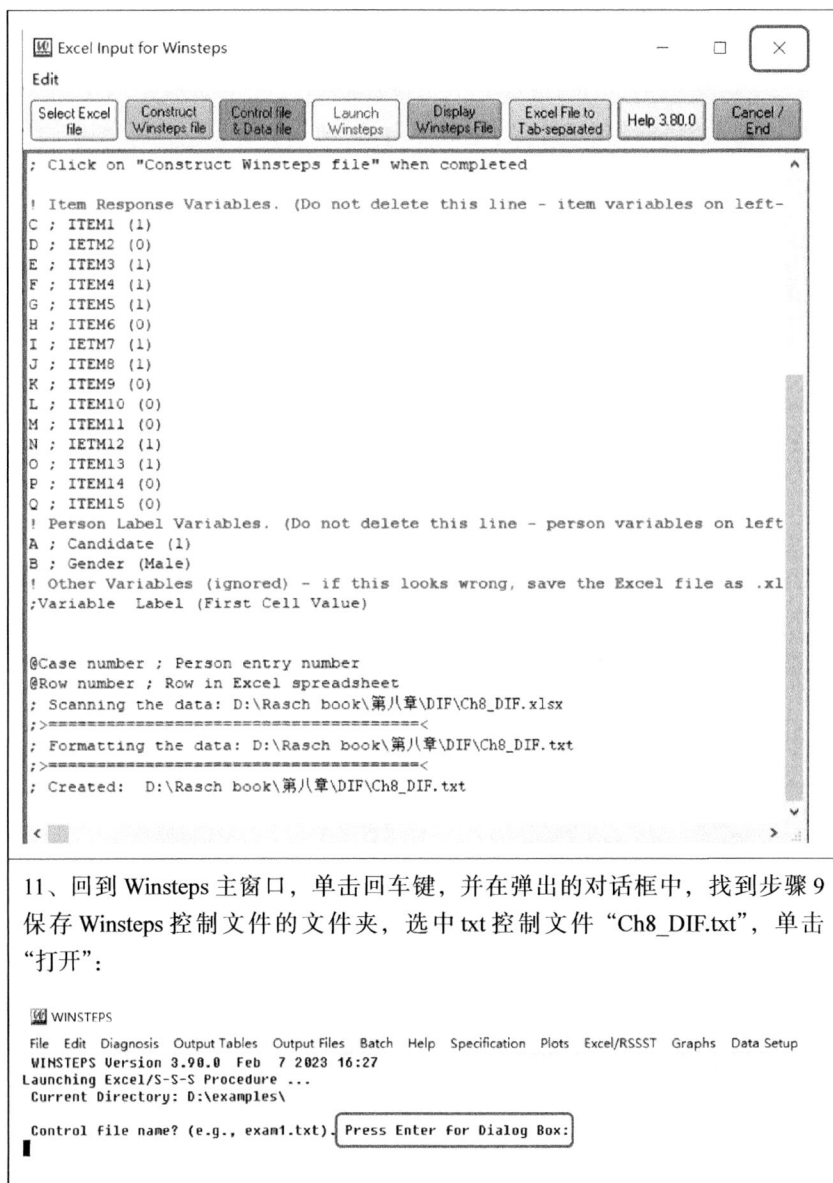

```
; Click on "Construct Winsteps file" when completed

! Item Response Variables. (Do not delete this line - item variables on left-
C ; ITEM1 (1)
D ; IETM2 (0)
E ; ITEM3 (1)
F ; ITEM4 (1)
G ; ITEM5 (1)
H ; ITEM6 (0)
I ; IETM7 (1)
J ; ITEM8 (1)
K ; ITEM9 (0)
L ; ITEM10 (0)
M ; ITEM11 (0)
N ; IETM12 (1)
O ; ITEM13 (1)
P ; ITEM14 (0)
Q ; ITEM15 (0)
! Person Label Variables. (Do not delete this line - person variables on left
A ; Candidate (1)
B ; Gender (Male)
! Other Variables (ignored) - if this looks wrong, save the Excel file as .xl
;Variable  Label (First Cell Value)


@Case number ; Person entry number
@Row number ; Row in Excel spreadsheet
; Scanning the data: D:\Rasch book\第八章\DIF\Ch8_DIF.xlsx
;>======================================<
; Formatting the data: D:\Rasch book\第八章\DIF\Ch8_DIF.txt
;>======================================<
; Created:  D:\Rasch book\第八章\DIF\Ch8_DIF.txt
```

11、回到 Winsteps 主窗口，单击回车键，并在弹出的对话框中，找到步骤 9 保存 Winsteps 控制文件的文件夹，选中 txt 控制文件 "Ch8_DIF.txt"，单击 "打开"：

```
WINSTEPS

File  Edit  Diagnosis  Output Tables  Output Files  Batch  Help  Specification  Plots  Excel/RSSST  Graphs  Data Setup
WINSTEPS Version 3.90.0  Feb  7 2023 16:27
Launching Excel/S-S-S Procedure ...
 Current Directory: D:\examples\

 Control file name? (e.g., exam1.txt). Press Enter for Dialog Box:
```

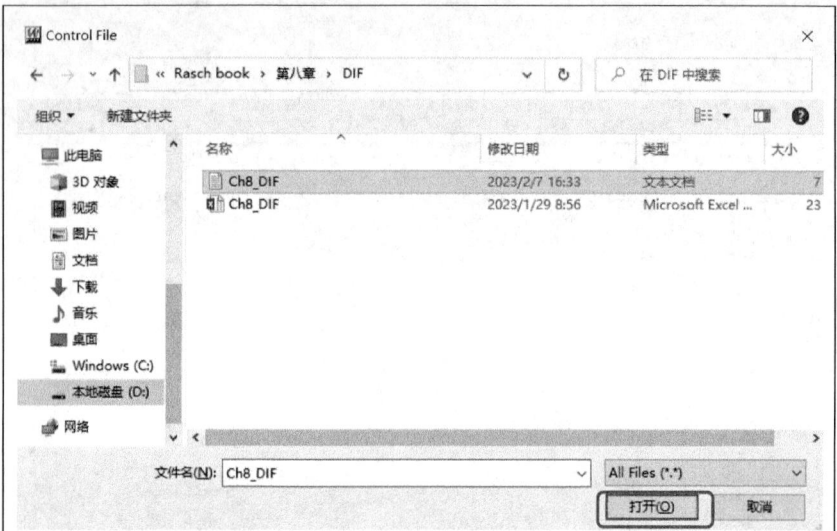

12、屏幕出现以下画面，单击回车：

13、屏幕出现以下画面，继续单击回车：

14、经过短暂计算后，屏幕定格在以下画面，代表 Winsteps 计算完成：

```
Ch8_DIF.txt
File  Edit  Diagnosis  Output Tables  Output Files  Batch  Help  Specification  Plots  Excel/RSSST  Graphs  Data Setup
>========================================<
|       1        4.62        -.1776       32        7*                           |
>========================================<
|       2         .84         .0579        7       11*                           |
>========================================<
|       3         .25         .0193        5       11*                           |
>========================================<
|       4        -.11        -.0076       15        3*                           |
>========================================<
|       5        -.06        -.0031       19        3*                           |

 Calculating Fit Statistics
>========================================<
Time for estimation: 0:0:0.296
Processing Table 0
Ch8_DIF.xlsx
------------------------------------------------------------------------
| PERSON    200 INPUT     200 MEASURED            INFIT       OUTFIT    |
|            TOTAL   COUNT     MEASURE  REALSE   IMNSQ  ZSTD  OMNSQ ZSTD |
| MEAN        8.5    15.0         .46     .64    1.00    .0    .98   .1  |
| P.SD        2.6      .0         .97     .14     .20    .8    .45   .6  |
| REAL RMSE   .65 TRUE SD    .72  SEPARATION 1.11 PERSON RELIABILITY .55 |
|----------------------------------------------------------------------|
| ITEM       15 INPUT      15 MEASURED            INFIT       OUTFIT    |
|            TOTAL   COUNT     MEASURE  REALSE   IMNSQ  ZSTD  OMNSQ ZSTD |
| MEAN      112.8   200.0         .00     .19     .99    .0    .98   .1  |
| P.SD       33.7      .0        1.21     .09     .07   1.1    .16  1.1  |
| REAL RMSE   .21 TRUE SD   1.19  SEPARATION 5.79  ITEM RELIABILITY .97  |
------------------------------------------------------------------------
Output written to D:\Rasch book\第八章\DIF\ZOU930WS.TXT
CODES= 01
Measures constructed: use "Diagnosis" and "Output Tables" menus
```

15、单击顶部功能栏的"Output tables—30. ITEM: DIF, between/within"，在弹出的对话框内选择下拉菜单中的"DIF=@gender"，同时勾选"Display Table"和"Display Plot"（此处的 plot 也可以通过单击顶部功能栏的"Plots—Plot 30.2 ITEM: DIF"获得），单击"OK"：

```
Ch8_DIF.txt
File  Edit  Diagnosis  Output Tables  Output Files  Batch  Help  Specification  Plots  Excel/RSSST  Graphs  Data Setup
```

Request Subtables	1. Variable maps	20. Score table
3.2+ Rating (partial credit) scale	2.2 General Keyform	21. Probability curves
2. Measure forms (all)	2.5 Category Averages	29. Empirical curves
	3.1 Summary statistics	22. Scalograms
10. ITEM (column): fit order	6. PERSON (row): fit order	40. PERSON Keyforms: fit order
13. ITEM: measure	17. PERSON: measure	37. PERSON Keyforms: measure
14. ITEM: entry	18. PERSON: entry	38. PERSON Keyforms: entry
15. ITEM: alphabetical	19. PERSON: alphabetical	39. PERSON Keyforms: alphabetical
25. ITEM: displacement	42. PERSON: displacement	41. PERSON Keyforms: unexpected
26. ITEM: correlation	43. PERSON: correlation	36. PERSON diagnostic PKMAPs
11. ITEM: responses	7. PERSON: responses	35. PERSON Paired Agreement
9. ITEM: outfit plot	5. PERSON: outfit plot	
8. ITEM: infit plot	4. PERSON: infit plot	44. Global fit statistics
12. ITEM: map	16. PERSON: map	34. Comparison of two statistics
23. ITEM: dimensionality	24. PERSON: dimensionality	32. Control variable list
27. ITEM: subtotals	28. PERSON: subtotals	
30. ITEM: DIF, between/within	31. PERSON: DPF, between/within	33. PERSON-ITEM: DGF: DIF & DPF

```
| ITEM       15 INPUT      15 MEASURED            INFIT       OUTFIT    |
|            TOTAL   COUNT     MEASURE  REALSE   IMNSQ  ZSTD  OMNSQ ZSTD |
| MEAN      112.8   200.0         .00     .19     .99    .0    .98   .1  |
| P.SD       33.7      .0        1.21     .09     .07   1.1    .16  1.1  |
| REAL RMSE   .21 TRUE SD   1.19  SEPARATION 5.79  ITEM RELIABILITY .97  |
Output written to D:\Rasch book\第八章\DIF\ZOU930WS.TXT
CODES= 01
Measures constructed: use "Diagnosis" and "Output Tables" menus
```

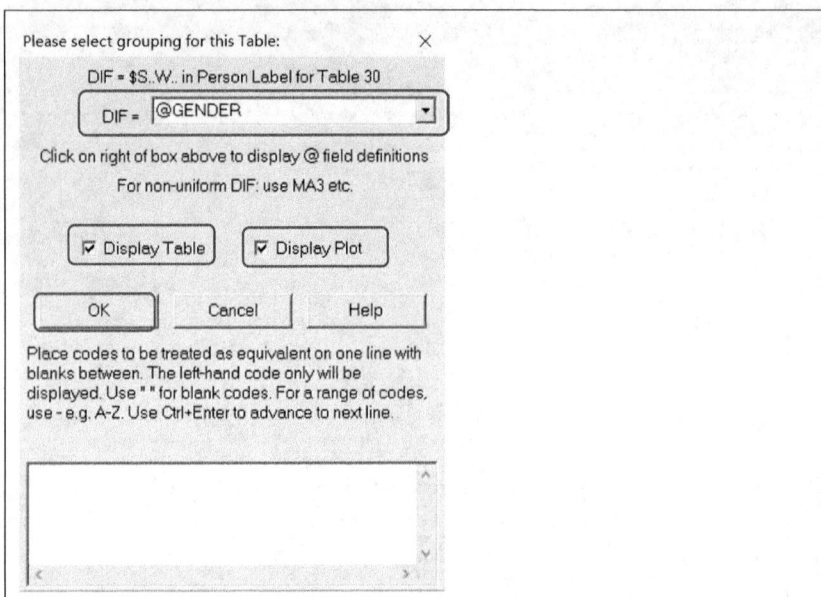

Please select grouping for this Table: ×

DIF = $S..W.. in Person Label for Table 30

DIF = @GENDER

Click on right of box above to display @ field definitions
For non-uniform DIF: use MA3 etc.

☑ Display Table   ☑ Display Plot

OK   Cancel   Help

Place codes to be treated as equivalent on one line with
blanks between. The left-hand code only will be
displayed. Use " " for blank codes. For a range of codes,
use - e.g. A-Z. Use Ctrl+Enter to advance to next line.

16、在弹出的对话框中，按需求选择希望在 DIF 分析中看到项目信息。这里，我们想既看到录入序号、又看到项目标签，因此选择 "Entry+Label" 并单击该选项：

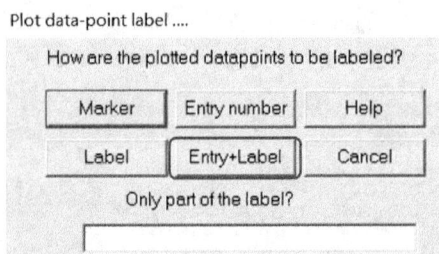

Plot data-point label ....

How are the plotted datapoints to be labeled?

Marker   Entry number   Help

Label   Entry+Label   Cancel

Only part of the label?

17、经过短暂计算，屏幕上将同时出现 Excel 格式的 DIF 分析图像和 txt 格式的一致性 DIF 数据分析结果。

首先，在 Excel 文档中，我们选中底部的 "DIF Measure" 标签，得到我们想要的 DIF 一致性分析结果示意图。不难发现，默认的分析结果示意图中有一条没有图例说明的绿色折线（由于印刷原因，此处为黑色折线，读者可自行在 Winsteps 中操作得到彩色示意图），这条绿线代表对整体样本（不区分性别）而言，每个项目的难度。我们可以在 Excel 中根据需要将这条绿线删除，此外也可以自行编辑男、女性别的图例，如将折线改为虚线等：

图8.3 一致性性别DIF分析结果示意图

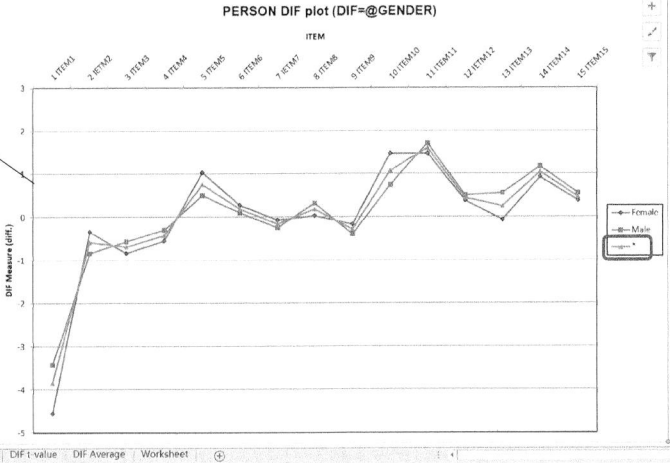

在 txt 格式的数据分析结果中，我们可以查到 DIF 一致性分析的具体结果：

表8.2 一致性性别DIF分析结果

18、非一致性 DIF 效应的分析与一致性 DIF 效应分析大致相同，仅仅是多了将考生按能力高低进行分组这一步。首先，和步骤 15 相同，我们单击顶部功能栏的"Output tables—30. ITEM: DIF, between/within"：

接着，我们将考生按能力进行分组，在弹出的对话框中选择下拉菜单中的"DIF=@gender"后，继续手动输入"+MA2"。此处的"MA"表示 DIF 分析将按照考生能力（M，measures）升序（A，ascending）报告能力与性别相结合的分析结果，数字（2）代表能力分组个数，这里我们仅分高、低能力两组，因此输入数字"2"。最后，和一致性 DIF 效应分析的操作步骤一样，我们同时勾选"Display Table"和"Display Plot"（此处的 plot 也可以通过单击顶部功能栏的"Plots—Plot 30.2 ITEM: DIF"获得），单击"OK"：

19、在弹出的对话框中，按需求选择希望在 DIF 分析中看到项目信息。这里，与一致性 DIF 效应分析一样，我们想既看到录入序号、又看到项目标签，因此选择 "Entry+Label" 并单击该选项：

Plot data-point label ....

How are the plotted datapoints to be labeled?

| Marker | Entry number | Help |
| Label | Entry+Label | Cancel |

Only part of the label?

20、经过短暂计算，屏幕上同时出现 Excel 格式的 DIF 分析图像和 txt 格式的一致性 DIF 数据分析结果。我们重复一致性 DIF 效应分析查看结果的步骤，得到需要的非一致性 DIF 分析结果：

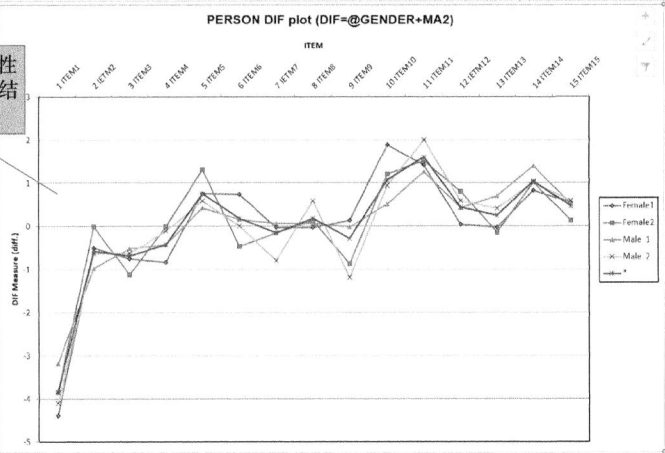

图8.4 非一致性性别DIF分析结果示意图

表8.3 非一致性性别DIF分析结果

第三部分：等值分析

1、参考本附录第二部分步骤 1—14，将参考卷的 Excel 数据（Ch8_Reference form.xlsx）数据导入 Winsteps，生成控制文件（命名为"Ch8_Referecen form.txt"）并保存，然后在 Winsteps 中运行该控制文件，经过短暂计算后，屏幕定格在以下画面，代表 Winsteps 计算完成：

2、单击顶部功能栏 "Output Files—ITEM File IFIEL=":

Ch8_Reference form.txt

File Edit Diagnosis Output Tables **Output Files** Batch Help Specification Plots Excel/RSSST Graphs Data Setup

Time for estimation: 0:0:0.
Processing Table 0
Reference form.xlsx

| PERSON 79 INPUT
| TOTAL COUNT
| MEAN 15.6 25.0
| P.SD 5.2 .0
| REAL RMSE .65 TRUE SD

| ITEM 25 INPUT 25
| TOTAL COUNT
| MEAN 49.4 79.0
| P.SD 19.3 .0
| REAL RMSE .36 TRUE SD

Output written to D:\Rasch bc
CODES= 01
Measures constructed: use "Di

ISELECT = A
"ISELECT=A*" selected 10 ITE
CURRENTLY REPORTABLE ITEM = 1(
Processing Table 14
Building Category/Option/Dis

>======================

Writing ITEM Measure file: D:\ ... form_IFILE_anchor items.txt

>======================
Processing Table 2
Computing Average Measures
>======================

Output Files menu:
- Control variable list=
- PERSON Agreement File AGREEFILE=
- Category/Option/Distractor File DISFILE=
- Expected scores on items file EFILE=
- Graphics File GRFILE=
- Guttmanized File GUTTMAN=
- ITEM S Correlation File ICORFILE=
- ✓ ITEM File IFILE=
- Matrix File IPMATRIX=
- Item-Structure File ISFILE=
- ✓ Report Output File OFILE=
- PERSON S Correlation File PCORFILE=
- PERSON File PFILE=
- Response File RFILE=
- Score File SCFILE=
- Structure-Threshold File SFILE=
- Simulated Data File SIFILE=
- SVD File SVDFILE=
- TCC + TIF File TCCFILE=
- Transposed Data File TRPOFILE=
- Observation File XFILE=
- ConstructMap Item and Student files

3、在弹出的对话框中选中 "Permanent file: request file name",单击 "OK":

Output File Specifications: ITEM File IFILE= ✕

Output File Type: ☑ Display file?   [Select fields + other options]

◉ Text Editor ☑ Column headings
  ◉ Text: space-separated: fixed field
  ○ Text: tab-delimited fields
    ☑ Labels in "quotation marks"
  ○ Text: comma-separated fields ☐ CSV= setting
  ○ Text for scatterplots
○ Excel ☑ Column headings ☐ Convert numerical labels
○ R-Statistics   to numbers
○ SPSS
○ Web page (HTML)
○ Word Doc (HTML)

File status:
  ○ Temporary file: automatic file name
  ◉ Permanent file: request file name

[OK]   Cancel   Help   Set as default

4、这里，我们在弹出的对话框中把文件命名为"Reference form_IFILE"，单击"保存"：

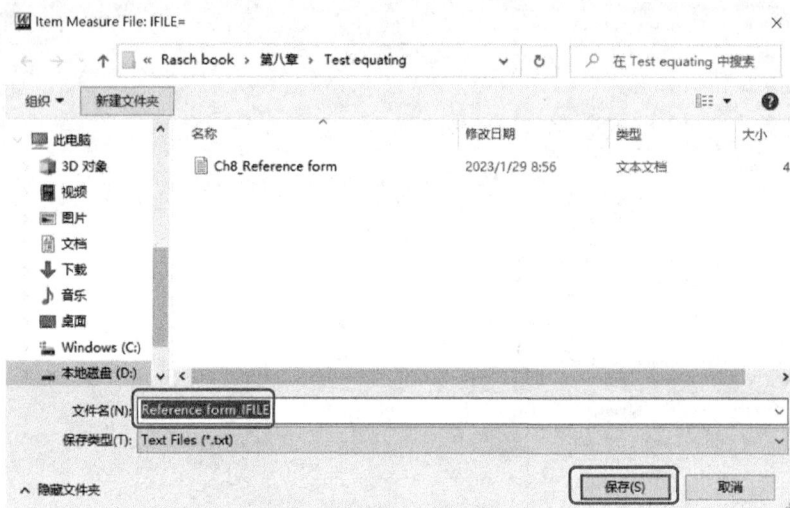

5、接着，屏幕上出现参考卷的项目信息，其中前 10 道为锚题：

```
| ITEM  Reference form.xlsx   Feb  8 2023 22:45
;ENTRY MEASURE ST  COUNT  SCORE MODLSE IN.MSQ IN.ZST OUT.MS OUT.ZS  DISPL    PTMA WEIGHT OBSMA
    1  -1.07  1   79.0   63.0   .33    .72  -1.65    .51   -.94    .00     .62   1.00  89.9
    2   2.10  1   79.0   24.0   .29   1.36   2.32   1.66   1.59    .00     .31   1.00  74.7
    3   -.39  1   79.0   56.0   .30    .96   -.21    .77   -.52    .00     .56   1.00  78.5
    4  -3.07  1   79.0   75.0   .56    .85   -.25    .28   -.75   -.01     .39   1.00  96.2
    5   -.13  1   79.0   53.0   .29    .92   -.54    .94   -.05    .00     .56   1.00  83.5
    6   1.77  1   79.0   28.0   .28   1.20   1.49   1.00    .10    .00     .45   1.00  64.6
    7    .50  1   79.0   45.0   .27    .89   -.85    .84   -.53    .00     .60   1.00  79.7
    8  -1.68  1   79.0   68.0   .37   1.05    .29   1.06    .31   -.01     .41   1.00  87.3
    9    .11  1   79.0   50.0   .28   1.00    .02   1.29    .98    .00     .52   1.00  79.7
   10   -.96  1   79.0   62.0   .32   1.37   1.92   2.77   2.52    .00     .26   1.00  78.5
   11   -.96  1   79.0   62.0   .32   1.07    .44    .93    .03    .00     .47   1.00  81.0
   12  -2.79  1   79.0   74.0   .51   1.05    .25   1.20    .51   -.01     .27   1.00  94.9
   13   1.54  1   79.0   31.0   .28    .74  -2.27    .57  -1.56    .00     .67   1.00  87.3
   14  -1.83  1   79.0   69.0   .39   1.29   1.20   3.93   2.72   -.01     .15   1.00  91.1
   15   2.10  1   79.0   24.0   .29    .79  -1.51    .57  -1.24    .00     .63   1.00  82.3
   16   1.16  1   79.0   36.0   .27   1.15   1.28   1.15    .64    .00     .47   1.00  69.6
   17  -1.30  1   79.0   65.0   .34    .60  -2.30    .41  -1.16   -.01     .65   1.00  92.4
   18  -1.55  1   79.0   67.0   .36   1.11    .54   3.40   2.63   -.01     .32   1.00  88.6
   19   3.46  1   79.0   11.0   .37    .87   -.52    .45   -.84    .01     .52   1.00  88.6
   20    .11  1   79.0   50.0   .28   1.07    .58    .96   -.02    .00     .51   1.00  74.7
   21   4.33  1   79.0    6.0   .47    .69   -.97    .25   -.97    .01     .50   1.00  94.9
   22   -.22  1   79.0   54.0   .29    .98   -.12    .76   -.61    .00     .56   1.00  77.2
   23    .42  1   79.0   46.0   .28    .80  -1.64    .72  -1.05    .00     .64   1.00  77.2
   24    .50  1   79.0   45.0   .27    .90   -.81    .88   -.37    .00     .59   1.00  77.2
   25  -2.15  1   79.0   71.0   .42    .99    .06   1.36    .67   -.01     .37   1.00  91.1
```

6、我们把上图中锚题以外的信息全部删除，仅保留 10 道锚题的信息，并将新文档另存为"Reference form_IFILE_anchor items"，得到参考卷中的锚题分析结果：

```
*Reference form_IFILE - 记事本                                    —   □   ×
文件(F) 编辑(E) 格式(O) 查看(V) 帮助(H)
; ITEM  Reference form.xlsx  Feb  8 2023 15:20
;ENTRY MEASURE ST  COUNT    SCORE MODLSE IN.MSQ IN.ZST OUT.MS OUT.ZS  DISPL   PTMA WEIGHT OBS
    1  -1.07  1   79.0    63.0   .33    .72  -1.65    .51   -.94    .00   .62  1.00  89
    2   2.10  1   79.0    24.0   .29   1.36   2.32   1.66   1.59    .00   .31  1.00  74
    3   -.39  1   79.0    56.0   .30    .96   -.21    .77   -.52    .00   .56  1.00  78
    4  -3.07  1   79.0    75.0   .56    .85   -.25    .28   -.75   -.01   .39  1.00  96
    5   -.13  1   79.0    53.0   .29    .92   -.54    .94   -.05    .00   .56  1.00  83
    6   1.77  1   79.0    28.0   .28   1.20   1.49   1.00    .10    .00   .45  1.00  64
    7    .50  1   79.0    45.0   .27    .89   -.85    .84   -.53    .00   .60  1.00  79
    8  -1.68  1   79.0    68.0   .37   1.05    .29   1.06    .31   -.01   .41  1.00  87
    9    .11  1   79.0    50.0   .28   1.00    .02   1.29    .98    .00   .52  1.00  79
   10   -.96  1   79.0    62.0   .32   1.37   1.92   2.77   2.52    .00   .26  1.00  78
```

表8.4 参考卷中锚题的分析结果

7、参考本部分的步骤 1—6，得到锚题在新卷中的分析结果，保存为"New form_IFILE_anchor items.txt"：

表8.5 新卷中锚题的分析结果

;ENTRY	MEASURE	ST	COUNT	SCORE	MODLSE	IN.MSQ	IN.ZST	OUT.MS	OUT.ZS	DISPL	PTMA	WEIGHT	OBSMA
1	-.01	1	138.0	101.0	.21	1.19	1.61	1.18	1.00	.00	.29	1.00	71.7
2	1.75	1	138.0	55.0	.19	1.33	4.20	1.55	3.58	.00	.13	1.00	55.1
3	1.02	1	138.0	75.0	.19	1.08	1.13	1.08	.69	.00	.38	1.00	63.8
4	-1.44	1	138.0	124.0	.30	.80	-.93	.72	-.62	.00	.47	1.00	90.6
5	.91	1	138.0	78.0	.19	.95	-.62	1.13	1.09	.00	.46	1.00	71.0
6	2.42	1	138.0	38.0	.21	.94	-.62	1.22	1.13	.00	.39	1.00	78.3
7	1.21	1	138.0	70.0	.19	1.11	1.58	1.19	1.61	.00	.33	1.00	64.5
8	-.30	1	138.0	107.0	.23	1.14	1.09	1.00	.06	.00	.34	1.00	76.1
9	1.24	1	138.0	69.0	.19	1.11	1.55	1.15	1.33	.00	.34	1.00	60.9
10	-.01	1	138.0	101.0	.21	1.39	3.14	1.63	3.01	.00	.11	1.00	67.4

8、在分析新卷数据的 Winsteps 窗口中，单击顶部功能栏 "Plots—Compare statistics: Scatterplot"：

9、在弹出的对话框中，选择 "For items"，"2. Measure" 和 "from PFile= or IFILE=.txt file"，接着单击 "Browse"：

10、在弹出的对话框中，选择 "Reference form_IFILE_anchor items"，单击 "打开"：

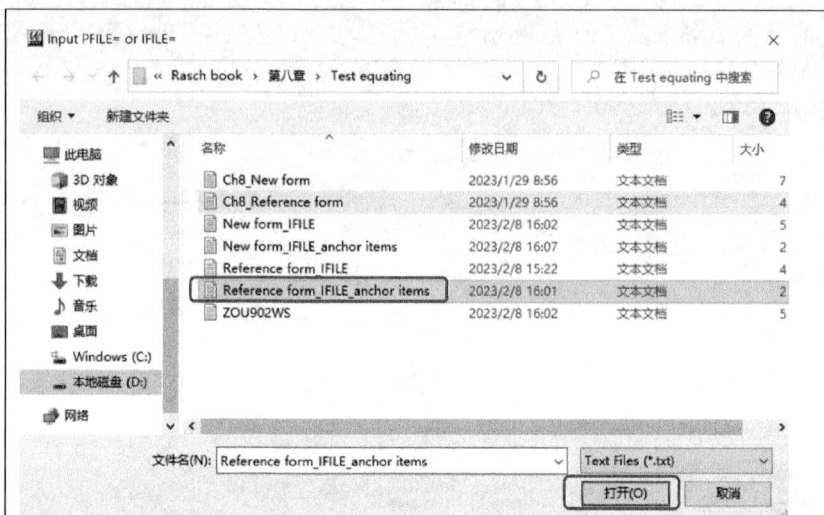

11、回到步骤10中的对话框，确认在对话框的下半部分，选中了"2. Measure"，"from this analysis"，"Excel scatterplot"，接着单击"OK"：

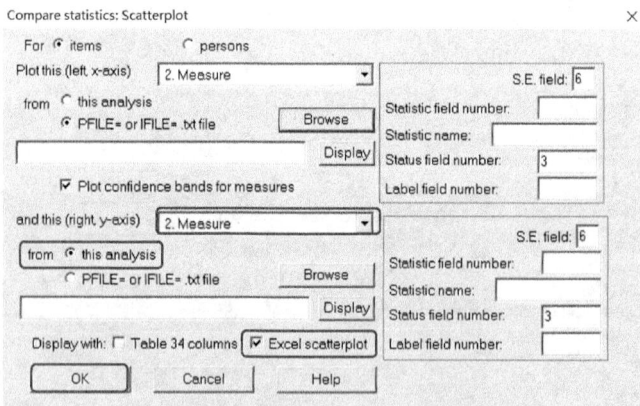

12、在弹出的对话框中，我们可以按需求选择散点图中数据的标注方式。这里，我们选择"Entry number"：

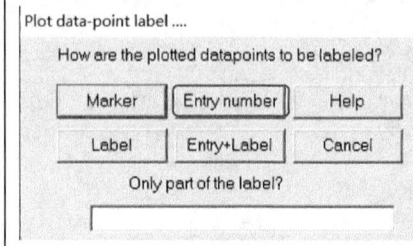

13、接着，Winsteps 经过短暂计算，将在 Excel 中自动打开生成的散点图。我们选中 Excel 底部的“Plot-Empirical line”标签，即得到这 10 道锚题在参考卷和新卷中的难度关系：

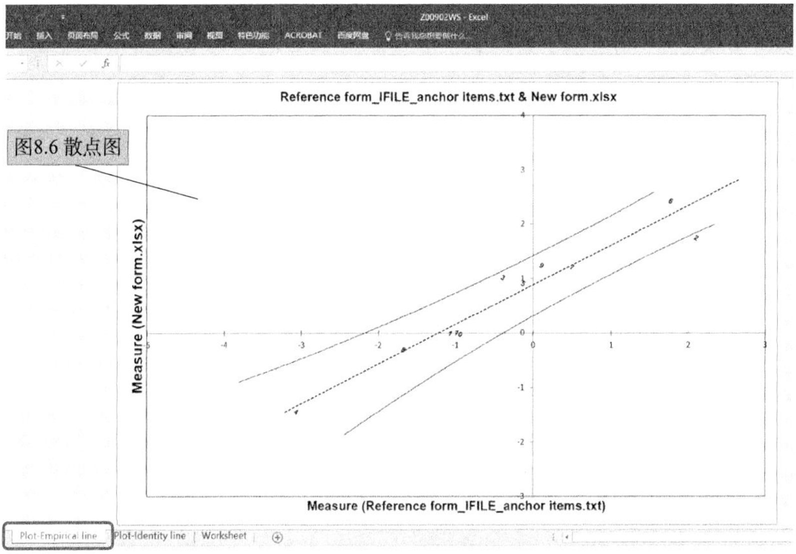

图8.6 散点图

14、选中 Excel 底部的“worksheet”标签，可得到散点图的具体数据信息：

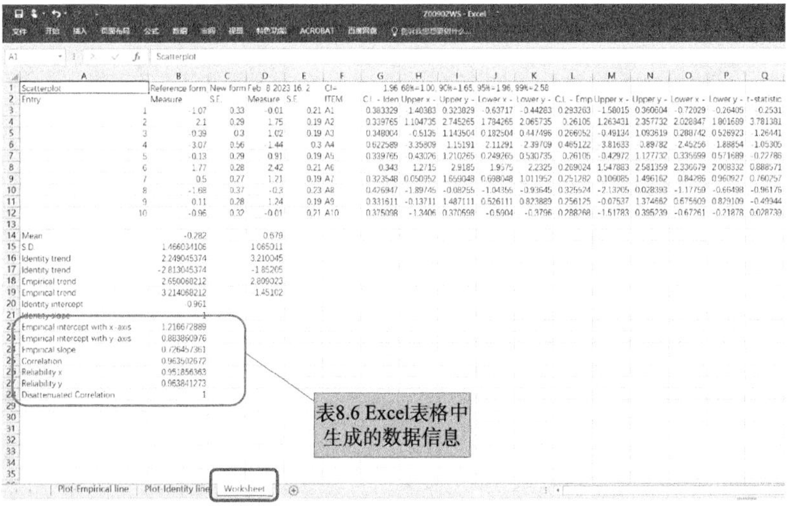

	A	B	C	D	E	F	G	H	I	J	K	L	M	N	O	P	Q
1	Scatterplot	Reference form	New form	Feb 8 2023 16. 2		CI=	1.96	68%=1.00, 90%=1.65, 95%=1.96, 99%=2.58									
2	Entry	Measure	S.E.	Measure	S.E.	ITEM	C.I. - Iden	Upper x -	Upper y -	Lower x -	Lower y -	C.I. - Emp	Upper x -	Upper y -	Lower x -	Lower y -	t-statistic
3	1	-1.07	0.33	-0.01	0.21	A1	0.383329	-1.40383	0.323829	-0.63717	-0.44283	0.293263	-1.58015	0.360604	-0.72029	-0.26405	0.2531
4	2	2.1	0.29	1.75	0.19	A2	0.339765	1.104735	2.745265	1.784265	2.065735	0.26105	1.263431	2.357732	2.028847	1.801689	3.781381
5	3	-0.39	0.3	1.02	0.19	A3	0.348004	-0.5135	1.143504	0.182504	0.447496	0.266052	-0.49134	1.093619	0.288742	0.526923	-1.26441
6	4	-3.07	0.56	-1.44	0.3	A4	0.622589	-3.35809	-1.15191	-2.11291	-2.39709	0.465122	-3.81633	-0.89782	-2.45256	-1.88854	-1.05305
7	5	-0.13	0.29	0.91	0.19	A5	0.339765	0.43026	1.210265	0.249265	0.530735	0.26105	-0.42972	1.127732	0.335699	0.571689	-0.72786
8	6	1.77	0.28	2.42	0.21	A6	0.343	1.2715	2.9185	1.9575	2.2325	0.269024	1.547883	2.581359	2.336679	2.008332	0.888571
9	7	0.5	0.27	1.21	0.19	A7	0.323548	0.050952	1.659048	0.698048	1.011952	0.251282	0.106085	1.496162	0.84286	0.960927	0.760257
10	8	-1.68	0.37	-0.3	0.23	A8	0.426947	-1.89745	-0.08255	-1.04355	-0.93645	0.325524	-2.13205	0.028393	-1.17759	-0.66498	-0.96176
11	9	0.11	0.28	1.24	0.19	A9	0.331611	-0.13711	1.487111	0.526111	0.823889	0.256125	-0.07537	1.374662	0.675609	0.829109	-0.49944
12	10	-0.96	0.32	-0.01	0.21	A10	0.375098	-1.3406	0.370698	-0.5904	-0.3796	0.288268	-1.51783	0.395239	-0.67261	-0.21878	0.028739
13																	
14	Mean	-0.282		0.679													
15	S.D.	1.466034106		1.065011													
16	Identity trend	2.249045374		3.210045													
17	Identity trend	-2.813045374		-1.85205													
18	Empirical trend	2.650068212		2.809023													
19	Empirical trend	3.214068212		1.45102													
20	Identity intercept	0.961															
21	Identity slope	1															
22	Empirical intercept with x-axis	1.216672889															
23	Empirical intercept with y-axis	0.883860976															
24	Empirical slope	0.726457361															
25	Correlation	0.963502677															
26	Reliability x	0.951856363															
27	Reliability y	0.963841273															
28	Disattenuated Correlation	1															

表8.6 Excel表格中生成的数据信息

15、步骤 14 中的 empirical slope 为 0.73，显著偏离 1，因此需要对数据进行调整。首先，回到新卷数据分析的 Winsteps 窗口，单击 "Specification"，在弹出的窗口中输入 "UIMEAN= -1.216672889"（此处的 -1.216672889 即步骤 14 中实证趋势线与 x 轴的截距 Empirical intercept with X-axis），接着单击 "OK and again"：

16、继续在对话框中输入 "USCALE=1.37654328"（此处输入的数据是 1 除以步骤 14 中实证趋势线斜率 Empirical scale 的结果，即 1/ 0.726457361= 1.37654328)"，接着单击 "OK"：

17、接着，我们重复本部分的步骤 8—14，再次绘制实证散点图，得到调整后的散点图和数据信息，此时实证曲线斜率为 1.00：

图8.7 调整后的散点图

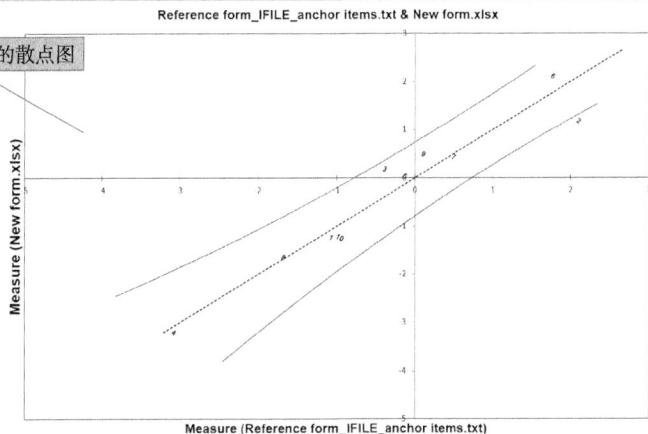

表8.7 调整后Excel表格中生成的数据信息

18、接下来，我们查阅新卷除锚题外的题目原始分和测量值的关系：回到新卷数据分析的 Winsteps 窗口，单击"Specification"，在弹出的对话框中输入"IDELETE=1-10"（表示删除前 10 个项目，即锚题），接着单击"OK"：

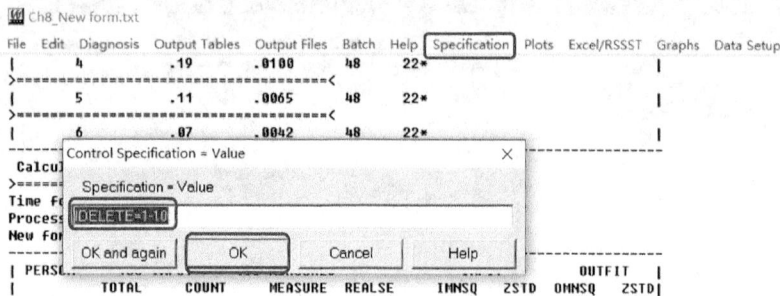

19、单击下拉菜单中的"Output Tables—20. Score table"：

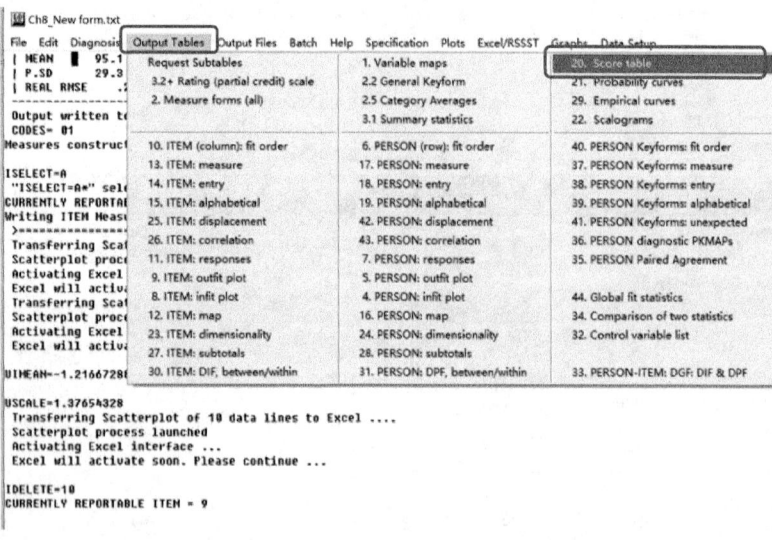

20、在弹出的分析结果窗口，即可得到新卷中原始分与测量值之间的对应关系：

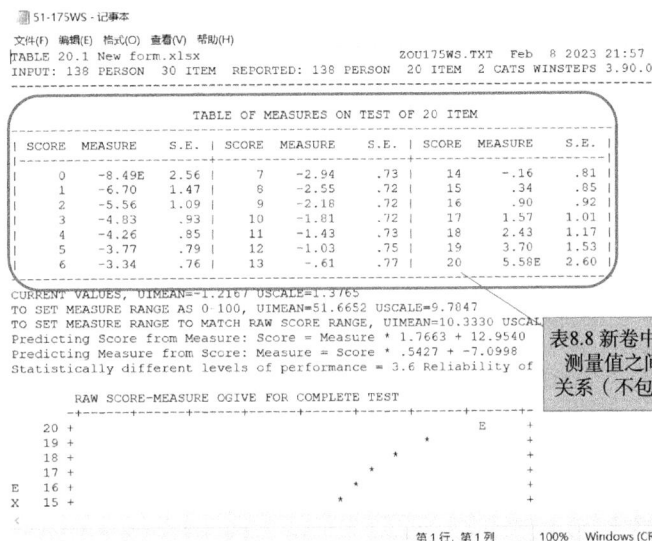

表8.8 新卷中原始分与测量值之间的对应关系（不包括锚题）

21、现在，我们查阅参考卷除锚题外的题目原始分和测量值的关系：新建一个参考卷数据分析的 Winsteps 窗口（运行参考卷数据控制文件 Ch8_Reference form.txt），参照本部分步骤 18-20，得到参考卷中原始分与测量值之间的对应关系：

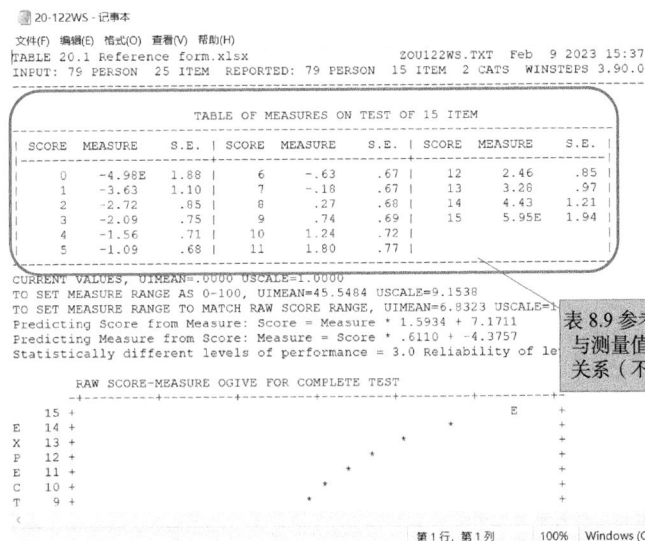

表 8.9 参考卷中原始分与测量值之间的对应关系（不包括锚题）

22、如果本部分步骤 14 中的 empirical slope 十分接近 1，落在 [0.9, 1.1] 或 [0.8, 1.2] 的区间内，那么就无需进行调整，直接调整新卷中试题的难度估计值即可。相关操作步骤如下（附录补充内容，正文中无对应图表）。

首先，打开本部分步骤 6 中参考卷的锚题分析结果 "Reference form_IFILE_anchor items.txt"，删除其余信息，仅保留 10 道锚题的难度测量值，同时把 ";Entry" 栏每道锚题的信息改为它们在新卷中的项目名称（下图方框）。编辑完成后，将文档另存为 "Rfdif.txt" 作为锚值文件。注意，必须将该文档存为 txt 格式，否则 Winsteps 无法识别：

23、接着，运行一个新的新卷数据分析 Winsteps 窗口，单击"Enter"回车键：

```
Ch8_New form.txt
File  Edit  Diagnosis  Output Tables  Output Files  Batch  Help  Specification  Plots  Excel/RSSST  Graphs  Data Setup
WINSTEPS Version 3.90.0  Feb  9 2023 16:48
Current Directory: D:\examples\

Control file name? (e.g., exam1.txt). Press Enter for Dialog Box:

Previous Directory: D:\examples\
 Current Directory: D:\Rasch book\第八章\Test equating\

D:\Rasch book\第八章\Test equating\Ch8_New form.txt

 Report output file name (or press Enter for temporary file, Ctrl+O for Dialog Box):
```

24、在窗口中出现的附加命令"Extra specifications"一行下方，输入调整新卷试题难度值需要的锚值文件名"IAFILE=Rfdif.txt"（下图横线），然后单击"Enter"回车键：

```
Ch8_New form.txt
File  Edit  Diagnosis  Output Tables  Output Files  Batch  Help  Specification  Plots  Excel/RSSST  Graphs  Data Setup
WINSTEPS Version 3.90.0  Feb  9 2023 16:48
Current Directory: D:\examples\

Control file name? (e.g., exam1.txt). Press Enter for Dialog Box:

Previous Directory: D:\examples\
 Current Directory: D:\Rasch book\第八章\Test equating\

D:\Rasch book\第八章\Test equating\Ch8_New form.txt

 Report output file name (or press Enter for temporary file, Ctrl+O for Dialog Box):

 Extra specifications (if any). Press Enter to analyze:
IAFILE=Rfdif.txt
```

25、经过短暂计算后，Winsteps 窗口停在以下画面，表示分析完成：

```
Ch8_New form.txt
File  Edit  Diagnosis  Output Tables  Output Files  Batch  Help  Specification  Plots  Excel/RSSST  Graphs  Data Setup
>==================================<
|     2      -.97     .0288     52      26*                          |
>==================================<
|     3      -.58     .0182     18      26*                          |
>==================================<
|     4      -.29     .0096     35      26*                          |
>==================================<
|     5      -.16     .0054     35      26*                          |
>==================================<
|     6      -.09     .0030     48      26*                          |

 Calculating Fit Statistics
>==================================<
Time for estimation: 0:0:0.297
Processing Table 0
New form.xlsx

| PERSON    138 INPUT    138 MEASURED         INFIT      OUTFIT   |
|          TOTAL    COUNT   MEASURE  REALSE   IMNSQ  ZSTD  OMNSQ  ZSTD|
| MEAN     20.7     30.0      .30     .55     1.07    .3   1.11    .3|
| P.SD      4.9      .0      1.18     .09      .26   1.0    .65   1.0|
| REAL RMSE  .56 TRUE SD    1.03  SEPARATION 1.84 PERSON RELIABILITY .77|
|-----------------------------------------------------------------|
| ITEM      30 INPUT     30 MEASURED          INFIT      OUTFIT   |
|          TOTAL    COUNT   MEASURE  REALSE   IMNSQ  ZSTD  OMNSQ  ZSTD|
| MEAN     95.1    138.0     -.94     .27     1.07    .5   1.11    .4|
| P.SD     29.3      .0      1.53     .08      .30   2.0    .64   1.8|
| REAL RMSE  .28 TRUE SD    1.50  SEPARATION 5.33 ITEM  RELIABILITY .97|

Output written to D:\Rasch book\第八章\Test equating\ZOU108WS.TXT
CODES= 01
Measures constructed: use "Diagnosis" and "Output Tables" menus
```

26、单击顶部功能栏 "Output Tables—14. ITEM: entry"，可以查得调整后新卷中每道试题的难度值。图中前十道为锚题，在它们的测量值旁边有一个字母 "A"：

菜单部分：

Ch8_New form.txt									
File	Edit	Diagnosis	Output Tables	Output Files	Batch	Help	Specification	Plots	Excel/RSSST	Graphs	Data Setup

Request Subtables

3.2+ Rating (partial credit) scale	1. Variable maps	20. Score table
2. Measure forms (all)	2.2 General Keyform	21. Probability curves
	2.5 Category Averages	29. Empirical curves
	3.1 Summary statistics	22. Scalograms
10. ITEM (column): fit order	6. PERSON (row): fit order	40. PERSON Keyforms: fit order
13. ITEM: measure	17. PERSON: measure	37. PERSON Keyforms: measure
14. ITEM: entry	18. PERSON: entry	38. PERSON Keyforms: entry
15. ITEM: alphabetical	19. PERSON: alphabetical	39. PERSON Keyforms: alphabetical
25. ITEM: displacement	42. PERSON: displacement	41. PERSON Keyforms: unexpected
26. ITEM: correlation	43. PERSON: correlation	36. PERSON diagnostic PKMAPs
11. ITEM: responses	7. PERSON: responses	35. PERSON Paired Agreement
9. ITEM: outfit plot	5. PERSON: outfit plot	
8. ITEM: infit plot	4. PERSON: infit plot	44. Global fit statistics
12. ITEM: map	16. PERSON: map	34. Comparison of two statistics
23. ITEM: dimensionality	24. PERSON: dimensionality	32. Control variable list
27. ITEM: subtotals	28. PERSON: subtotals	
30. ITEM: DIF, between/within	31. PERSON DPF, between/within	33. PERSON-ITEM: DGF: DIF & DPF

14-108WS - 记事本

文件(F) 编辑(E) 格式(O) 查看(V) 帮助(H)

```
TABLE 14.1 New form.xlsx                    ZOU108WS.TXT  Feb  9 2023 16:55
INPUT: 138 PERSON  30 ITEM  REPORTED: 138 PERSON  30 ITEM  2 CATS WINSTEPS 3.90.0
--------------------------------------------------------------------------------
PERSON: REAL SEP.: 1.84  REL.: .77 ... ITEM: REAL SEP.: 5.33  REL.: .97

        ITEM STATISTICS:  ENTRY ORDER
```

ENTRY NUMBER	TOTAL SCORE	TOTAL COUNT	MEASURE	MODEL S.E.	INFIT MNSQ	INFIT ZSTD	OUTFIT MNSQ	OUTFIT ZSTD	PTMEASUR-AL CORR.	PTMEASUR-AL EXP.	EXACT MATCH OBS%	EXACT MATCH EXP%	DISPLACE	ITEM
1	101	138	-1.07A	.22	1.27	2.1	1.30	1.4	.29	.44	71.7	79.6	.13	A1
2	55	138	2.10A	.23	2.20	6.9	3.97	6.2	.13	.44	61.6	82.0	-1.18	A2
3	75	138	-.39A	.20	1.28	2.9	1.18	1.3	.38	.46	58.7	73.1	.50	A3
4	124	138	-3.07A	.38	1.41	1.4	1.35	.7	.47	.29	90.6	94.1	.68	A4
5	78	138	-.13A	.20	.99	-.1	1.17	1.3	.46	.46	71.0	71.1	.13	A5
6	38	138	1.77A	.22	1.04	.4	1.52	2.0	.39	.46	78.3	78.4	-.23	A6
7	70	138	.50A	.19	1.14	1.9	1.29	2.2	.34	.45	61.6	68.8	-.20	A7
8	107	138	-1.68A	.25	1.44	2.6	1.33	1.1	.34	.41	77.5	84.0	.44	A8
9	69	138	.11A	.19	1.17	2.1	1.19	1.5	.34	.46	62.3	69.8	.22	A9
10	101	138	-.96A	.22	1.44	3.4	1.76	3.2	.11	.45	67.4	78.6	.02	A10
11	123	138	-2.31	.30	1.20	1.0	1.66	1.5	.17	.36	88.4	89.5	.00	11
12	130	138	-3.10	.39	.97	.0	.56	-.7	.35	.29	93.5	94.2	.00	12
13	127	138	-2.71	.34	.81	-.8	.49	-1.1	.47	.32	92.8	92.2	.00	13
14	87	138	-.35	.20	1.01	.2	1.03	.2	.45	.46	71.7	72.7	.00	14
15	67	138	.41	.19	.97	-.4	.92	-.6	.48	.45	72.5	68.9	.00	15
16	121	138	-2.14	.28	1.08	.5	.94	.0	.34	.37	86.2	88.3	.00	16
17	118	138	-1.91	.27	.95	-.3	.67	-1.0	.46	.39	86.2	86.6	.00	17
18	89	138	-.43	.20	1.24	2.5	1.51	3.1	.25	.46	68.1	73.4	.00	18
19	66	138	.44	.19	.98	-.2	1.00	.0	.46	.45	67.4	68.8	.00	19
20	27	138	2.06	.23	1.18	1.3	1.14	.6	.23	.35	79.0	81.6	.00	20
21	118	138	-1.91	.27	.77	-1.4	.69	-.9	.54	.39	89.1	86.6	.00	21
22	120	138	-1.77	.26	.90	-.6	.86	-.4	.46	.40	88.4	85.5	.00	22
23	120	138	-2.06	.28	.90	-.5	1.07	.3	.42	.38	89.9	87.7	.00	23
24	103	138	-1.04	.22	.76	-2.2	.90	-2.3	.63	.44	83.3	79.3	.00	24
25	122	138	-2.22	.29	.67	-1.8	.33	-2.2	.62	.37	90.6	88.9	.00	25
26	42	138	1.36	.20	.85	-1.7	.76	-1.4	.52	.41	78.3	73.9	.00	26
27	110	138	-1.40	.24	.86	-1.0	.83	-.6	.51	.42	85.5	82.6	.00	27
28	107	138	-1.24	.23	.70	-2.5	.52	-2.5	.66	.43	87.7	81.2	.00	28
29	108	138	-1.29	.23	.82	-1.4	.75	-1.1	.56	.43	87.0	81.7	.00	29
30	134	138	-3.89	.53	1.09	.4	.95	.2	.16	.21	97.1	97.1	.00	30
MEAN	95.1	138.0	-.94	.25	1.07	.5	1.11	.4			79.4	81.4		
P.SD	29.3	.0	1.53	.07	.30	2.0	.64	1.8			10.9	8.1		

左侧被遮挡统计框：

```
)----------------
|        2
)----------------
|        3
)----------------
|        4
)----------------
|        5
)----------------
|        6
-----------------
Calculating Fit
)----------------
Time for estimati
Processing Table
New form.xlsx
-----------------
| PERSON          138
|         TOTAL
| MEAN    20.7
| P.SD     4.9
| REAL RMSE   .
-----------------
| ITEM    30 INPUT    30 MEASURED    INFIT    OUTFIT
|         TOTAL   COUNT   MEASURE  REALSE  IMNSQ  ZSTD  OMNSQ  ZSTD
| MEAN    95.1    138.0     -.94     .27   1.07    .5   1.11    .4
| P.SD    29.3      .0     1.53     .08    .30   2.0    .64   1.8
```

27、重复本部分步骤 18—20，即可查得新卷除锚题外的题目原始分和测量值的关系：

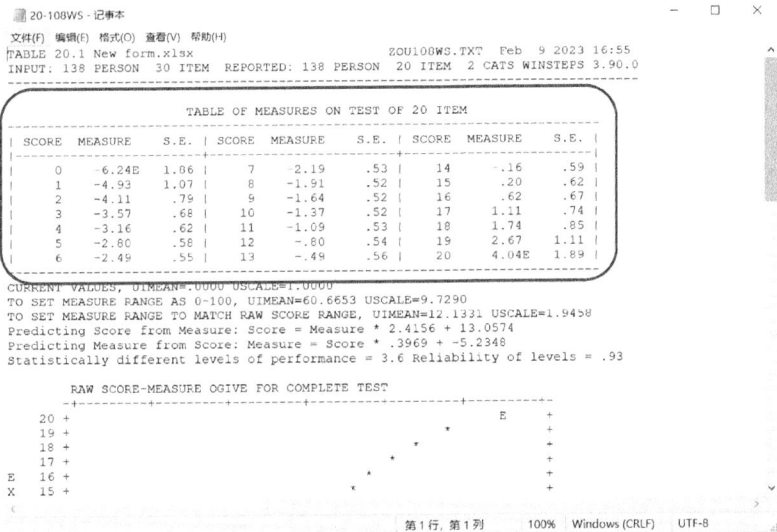

```
20-108WS - 记事本                                            —   □   ×
文件(F) 编辑(E) 格式(O) 查看(V) 帮助(H)
TABLE 20.1 New form.xlsx              ZOU108WS.TXT  Feb  9 2023 16:55
INPUT: 138 PERSON  30 ITEM REPORTED: 138 PERSON  20 ITEM  2 CATS WINSTEPS 3.90.0
------------------------------------------------------------------------

              TABLE OF MEASURES ON TEST OF 20 ITEM
------------------------------------------------------------------------
| SCORE  MEASURE    S.E. | SCORE  MEASURE    S.E. | SCORE  MEASURE    S.E. |
|------------------------+------------------------+------------------------|
|   0    -6.24E   1.86 |   7    -2.19    .53 |  14     -.16    .59 |
|   1    -4.93   1.07 |   8    -1.91    .52 |  15      .20    .62 |
|   2    -4.11    .79 |   9    -1.64    .52 |  16      .62    .67 |
|   3    -3.57    .68 |  10    -1.37    .52 |  17     1.11    .74 |
|   4    -3.16    .62 |  11    -1.09    .53 |  18     1.74    .85 |
|   5    -2.80    .58 |  12     -.80    .54 |  19     2.67   1.11 |
|   6    -2.49    .55 |  13     -.49    .56 |  20     4.04E  1.89 |

CURRENT VALUES, UIMEAN=.0000 USCALE=1.0000
TO SET MEASURE RANGE AS 0-100, UIMEAN=60.6653 USCALE=9.7290
TO SET MEASURE RANGE TO MATCH RAW SCORE RANGE, UIMEAN=12.1331 USCALE=1.9458
Predicting Score from Measure: Score = Measure * 2.4156 + 13.0574
Predicting Measure from Score: Measure = Score * .3969 + -5.2348
Statistically different levels of performance = 3.6 Reliability of levels = .93

         RAW SCORE-MEASURE OGIVE FOR COMPLETE TEST
      -+---------+---------+---------+------------------+---------+-
  20 +                                              E   +
  19 +                                          *       +
  18 +                                      *           +
  17 +                                  *               +
E 16 +                              *                   +
X 15 +                          *                       +
<
                                    第1行, 第1列    100%  Windows (CRLF)    UTF-8
```

28、查阅参考卷除锚题外的题目原始分和测量值的关系操作同前，参考本部分步骤 21。